문제 반정
나는 이렇게 본다

더 나은
세상을 꿈꾸는
보리
한국사 2

문제 반정
나는 이렇게 본다

| 김용심 글 |

보리 한국사를 펴내며
비판과 창조 정신을 배우자

　역사는 누가 바로 알아야 할까? 누가 읽어야 할까?
　못사는 사람이 알아야 한다. 못살게 된 젊은이들이 읽어야 한다. 나쁜 세상에서 버림받는 이들이 알아야 하고, 또 읽어야 한다. 그래야 더는 버림받지 않고, 더는 못살지 않는다.
　이 나쁜 세상에서 잘 먹고 잘사는 사람들은 역사를 바로 알려고 하지 않는다. 그 사람들에게 힘센 자들이 만들어 온 삐뚤어진 역사는 거저 물려받은 선물일 뿐이다. 자기네들 편할 때 끌어다 써먹는 고마운 치부책일 뿐이다.

　그렇다면 우리가 사는 이 세상, 나쁜 세상일까?
　그렇다.
　지금 당장 못사는 99퍼센트에게도 살기 나쁜 세상이다. 저 높은 곳에서 사는 1퍼센트가 혼자 잘살아 보겠다고 땅 죽이고, 물 더럽히고, 숨 쉴 공기 흐려 놓지 않았던가. 하지만 그렇게 세상이 쓰레기 더미가 되는 바람에 물려받을 것이라고는 오로지 죽음의 세계,

사는 게 끔찍한 악몽일 수밖에 없는 '젊은 세대'에게는 더더욱 나쁜 세상이다. 그런 세상은 바꿔야 한다.

하지만 좋은 세상은 두 손 모아 빈다고 저절로 오지 않는다. 내 탓이 아니라고 책임을 미루거나, 나만 잘살면 된다며 둘레 사람 살피지 않고 혼자만 쌩쌩 앞서 간다고 오지 않는다. 좋은 세상은 모두가 함께 힘을 모아야 비로소 만들 수 있다.

그렇다면 어떤 세상이 좋은 세상일까?
어려운 말 들먹일 것 없다. 있을 게 있고, 없을 게 없으면 된다.
"아무도 버림받지 않고, 아무것도 버릴 게 없는" 세상.
"있을 것만 있고, 없을 것은 없는" 살림터.
그것이 진짜 좋은 세상이다.

나쁜 세상은 없어야 할 것투성이다. 깡그리 없애야 한다. 그러려면 현실을 바로 볼 수 있어야 한다. 나쁜 것이 어디서 시작되어 어떻게 가고 있는지 알아야 한다. 그리고 다시는 그 나쁜 일이 되풀이되지 않게 똑바로 잘못을 짚어 내고 반성해야 한다.
 그것이 역사에서 얻어야 할 바른 '비판' 정신이다.

 나쁜 세상은 또한 있을 것이 없는 세상이다. 그러므로 새로 빚어야 한다. 어디에, 무엇이, 왜, 없는지 둘러보아야 한다. 그리고 가장 필요한 것, 가장 소중한 것, 모든 사람들이 함께 누리며 가장 행복할 수 있는 것들을 새로 빚어 채워 넣어야 한다.
 그것이 역사에서 찾아내야 할 바른 '창조' 정신이다.

 그러므로 역사를 배워야 한다. 역사에서 올바른 가르침을 끌어내야 한다. 그래서 현재의 잘못을 깨닫고, 그 깨달음으로 미래를 바꿔야 하는 것이다. 과거의 역사를 배워, 현재의 잘못을 깨닫고, 미래를 좀 더 바르게 바꾸는 것. 그것은 이 땅에 사는 모든 젊은이들의 몫이다.

젊은이들은 비판과 창조 정신으로 무장하여, '없을 것'을 없애 버리고, 그 빈터에 '있을 것'을 일구고 가꾸어 채워 나가야 한다. 그렇게 파괴와 건설의 일꾼으로 거듭나야 한다.

보리가 역사를 되살피고, 그 성과를 젊은이들을 위해 새롭게 엮어 내야 하는 까닭을, "나는 이렇게 본다."

윤구병 (농부 · 철학자)

일러두기

1 이 책은 '더 나은 세상을 꿈꾸는' 보리 한국사 둘째 권이다.
2 중국 지명은 국립국어원 외래어 표기법을 따라 '베이징'이라 쓰지 않고, '북경'처럼 한자음을 그대로 살려 썼다.
3 《조선왕조실록》과 《홍재전서》는 한국고전번역원의 번역을, 박지원의 글은 겨레고전문학선집의 번역을, 이옥의 글은 실시학사 고전문학연구회의 번역을 기초로 삼아 책 내용에 맞게 손질하여 넣었다.
4 제8장 〈나가는 글〉에 나오는 '세계의 혁명과 문체' 부분은 보리 한국사 기획자 윤구병의 2010년 대중 강연에서 뽑아 인용한 것이다.

차례

보리 한국사를 펴내며   4

들어가는 글   13

정조, 얼음과 불꽃의 임금
그때 그 백성들은   33
피눈물의 임금   37
삼종혈맥, 고귀하여 죽음을 부른   45
아, 나는 사도세자의 아들이다   52

새로운 문체에 딴지 거는 임금
문풍이 날로 고약해지니   62
허물은 고치는 것이 중요하다   73

학문이냐 정치냐, 그것이 문제로다
문체는 세도와 함께 오르락내리락하니   88
잗달게 조잘거리는 말이 아닌가?   93
어찌 한결같이 사형에 처하겠느냐   101
근본을 고치는 것이 말단을 잡는 것보다 낫다   108

문체반정의 뒤끝

뒤에서 호박씨를 까니 120
너무너무 잘못해서 반성문도 못 쓰것다? 127
철즙을 물들이지 않았더라 132
열녀라도 어찌 지나치지 않으리오 139
부자들의 토지를 나누어 주어라 150

너나 하세요, 문체반정

멍멍아, 내일모레 시집간단다 163
뾰족뾰족 들쭉날쭉 집채만 하더라 174
글은 아니지만 글의 나머지는 되더라 184
가장 아름다운 시의 정수, 여자 188
지키고, 구경하고, 대항하고 199

같은 시대, 다른 문체

정조, 얼음 갑옷을 입은 임금　205
박지원, 아침 햇살을 쬐는 선비　215
이옥, 홑겹 옷을 걸친 비단옷 사내　227
같은 시대, 다른 생각, 다른 문체　241

나가는 글　245

부록

1. 문체반정 속 논쟁, 이동직 대 정조　262
2. 바른 문체와 막된 문체, 정조 대 정조　274
3. 《조선왕조실록》속 문체반정　287

들어가는 글

정조는 속된 소설책들은 어려서부터 한 번도 본 적이 없다는 말을 강조합니다. 그만큼 소설과 자신 사이에 '거리 두기'를 하는 것이지요. 그리고 이 거리 두기의 정점에 있는 것이 바로 문체반정이 아닐까 싶습니다. 그런데, 문체라는 것이 나라가 나서서 쓰지 말라 한다고 사라지는 것일까요?

정조 8년 일입니다.

이때 정조는 무슨 일인지 몹시 아파서 앓아누워 있었지요. 병명이 무엇인지 따로 기록되어 있지는 않지만, "한밤중이 아니면 잠자리에 들지 않고, 날이 밝기 전에는 반드시 일어나 옷을 갖춰 입는" 이 부지런한 임금이 아무것도 못 하고 누워만 있자니 얼마나 심심했을까요. 보다 못한 신하가 옆에서 놀잇거리를 권해 줍니다.

"전하, 소설이라도 읽으면서 시간을 때우심이 어떠실까요?"

그러나 정조는 대번에 고개를 설레설레 젓습니다.

"소설이라니, 내 평생 그런 잡서는 구경도 안 해 봤느니라."

그리고 이렇게 덧붙입니다.

"대체 다들 소설을 무슨 재미로 읽는지 모르겠다. 이른바 잘나간다는 소설책을 읽어 봐도 나는 도무지 아무 맛도 모르겠고, 도리어 졸음이 오는데. 그래서 그나마 역사서에 가깝다고 하는

《삼국지》조차 아직 본 적이 없구나."

정조의 개인 문집 《홍재전서》에 나오는 이 말은, 소설에 대한 정조의 생각을 아주 잘 보여 줍니다. 남들은 재미있어서, 또는 시간 때우기로 즐겨 읽는 소설을, 정조는 재미라고는 전혀 없는, 도리어 졸음이 오는 책이라고 보고 있는 것이지요.

그런데 이 말은 반은 참말이고, 반은 거짓말입니다. 정조가 소설을 좋아하지 않고, 더 나아가 "마음을 방탕하게 하는, 사람에게 해가 되는 것"으로 보는 것은 참말입니다. 하지만 평생 소설책이라고는 "구경도 안 해" 봤다는 말은 거짓말입니다. 적어도 정조는 소설이 무엇인지, 소설의 문제점이 과연 무엇인지 알 만큼은 소설을 읽었습니다. 읽고 나서 맛도 없는 '몹쓸 것'이라는 결론을 내렸다고 하더라도요. 곧 즐겨 읽지는 않았지만, 아무 근거나 토대 없이 소설을 비판한 것은 아니라는 말이지요.

그런데도 종종 정조는 "속된 소설책들은 어려서부터 한 번도 본 적이 없다"는 말을 강조합니다. 그만큼 소설과 자신 사이에 '거리 두기'를 하는 것이지요. 그리고 이 거리 두기의 정점에 있는 것이 바로 '문체반정'이 아닐까 싶습니다.

문체반정은 당시 유행하던 소설 문체를 엄격하게 금하는 문화 정책을 말합니다.

18세기 말, 인쇄술이 발달하면서 소설이 쏟아져 나오지요. 사람들은 이제껏 보지 못했던, 마치 살아 있는 물고기처럼 생생하게 팔딱대며 사람들을 울리고 웃기는 소설에 열광합니다. 그런데 임금이 나서서 그런 잡스럽고 천한 글은 당장 버려라! 호통을 친 것입니다. 가볍고, 날카롭고, 감정에 호소하는 서글프고 애잔한 소설은 사람들의 마음만 해칠 뿐, 절대 좋은 본보기가 될 수 없다면서요. 그래서 소설 문체를 엄격하게 금하고 쓰지 못하게 한 정책이 바로 문체반정입니다.

그런데, 문체라는 것이 과연 나라가 나서서 쓰지 말라고 한다고 사라지거나 없어지는 것일까요? 이를테면 요즘으로 치면 '뭥미', 'OTL', '지못미' 같은 인터넷 용어가 나쁘다고, 그러니까 쓰지 말라고 '인터넷 용어 사용 금지법' 같은 것이 생긴다고 하면, 과연 효과가 있을까요? 아마 누리꾼들 사이에서 엄청난 비웃음과 조롱만 사다가 흐지부지 사라져 버리기 쉬울 겁니다.

하지만 세종과 더불어 조선 최고의 학자 군주로 불리는 정조가 바로 그런 정책을 펼칩니다. 과연 정조는 무슨 생각으로 문체반정을 일으켰을까요? 그렇게 정책으로 펼치면 과연 문체가 바뀔 거라고 믿었을까요? 다른 무엇보다 정조는 대체 왜, 그토록 소설을 싫어했을까요?

영조 때 나온 《중국역사회모본》이라는 책이 있습니다. 제목이 몹시 거창하지만 사실은 글과 그림이 함께 있는 가벼운 화첩입니다. 요즘으로 치자면 '만화책' 인 셈이지요. 《수호지》, 《서유기》 같은 중국 소설을 소개하고, 그 내용에 맞는 생생한 그림들이 100여 점 넘게 들어가 있어 보기도 편하고, 재미도 있고, 내용도 쏙쏙 들어옵니다.

무엇보다 이 책은 서문이 인상적인데, 정통 유학을 벗어난 소설에서도 얼마든지 교훈을 찾을 수 있음을 굉장히 강조하고 있답니다. 바로 그것을 후대에 전하기 위해서 일부러 궁중 화원에게 그림을 그려 책으로 남기는 것이라고도 밝히고 있고요. 그런데 어라, 궁중 화원? 아니, 어떤 사람이 책을 펴냈기에 무려 궁중 화원을 삽화가로 쓸 수 있었을까요?

그렇습니다. 이 책을 엮은이는 바로 정조의 아버지 사도세자입니다. 그것도 영조의 노여움을 사 뒤주에 갇혀 죽기 직전인 1762년 임오년 윤5월에 이 화첩을 엮고 서문을 쓰지요. 그때라면 사도세자의 비행을 고발하는 참소들이 연이어 줄을 잇고, 영조의 노여움도 극에 달했으며, 사도세자는 새벽마다 궁궐 뜰에 나가 죄를 빌어야 했던 때이지요. 언제, 어떻게, 무슨 일이 생길지도 모르는 불안한 때에 사도세자는 삽화가 가득한 소설책을 정성껏 엮었던 것입니다. 아니, 어쩌면 바로 그렇기에 사도세자는 도리어 소설이라는 '꾸며진 이야기' 속으로 도망치고 싶었는지도 모르지요.

《중국역사회모본》의 서문을 잠깐 살펴볼까요?

> "《평요전》의 미아가 요괴로 변하고, 《서유기》의 저팔계가 술을 좋아하고 색을 밝히는 것은 100년 뒤라도 경계할 만하다……. 이 한 권에 여러 시대가 다 있으니, 봄날 겨울밤, 병과 외로움을 치료하고 시간을 보내는 데 도움이 되리라."

봄날 겨울밤, 병과 외로움을 치료하는 데 도움이 되리라…….
어쩌면 그 말은 읽는 독자가 아니라 사도세자 자신에게 하는 말이 아니었을까 합니다. 마음의 병과 오해가 깊고, 아버지와 아내조차 자신의 편이 아닌 외로운 처지를, 그 춥고 긴 겨울밤을, 사도세자는 요괴가 튀어나오고 용맹한 장수가 칼을 휘두르는 소설들을 읽으며 견뎌 냈을지도 모르지요. 그래서 이렇게 덧붙입니다. 자기에게 웃음을 주었던 사랑스러운 책들을 골라서 묶어 냈다고.

"세상에 책이 참으로 많구나. 그중에서 귀감이 되고 경계가 될 만한 것과, 웃음을 줄 수 있고 사랑스러운 것을 뽑아 책을 만들었도다. 이에 서문과 발문을 써서 후손에게 전하니, 모쪼록 아무렇게나 보지 마라."

오랫동안 이 책의 저자는 '완산(전주) 이 씨'라고 알려져 있었습니다. 그래서 영조의 딸인 화완옹주가 저자가 아니냐는 추측이 많았지요. 말하자면 일부러 세자의 신분을 숨긴 것입니다. 그래서 불과 몇 년 전인 2009년도에 와서야 비로소 저자가 사도세자임이 밝혀졌습니다.

사실 《중국역사회모본》에는 앞서 말한 소설 말고도 《금병매》, 《육포단》 같은 애정 소설, 《성경직해》, 《칠극》 같은 천주교 서적까지 함께 소개되어 있습니다. 한 나라의 세자가 드러내 놓고 볼 수 없는, 낯 뜨거운 소설들과 종교적인 금서들이지요. 만약 이런 책들을 즐겨 보고 책까지 엮었다는 사실이 널리 알려졌다면, 사도세자는 더욱 큰 비난과 질책에 시달렸을 것입니다.

그런데도 사도세자는 기꺼이 이 책을 묶어 냈고, 거기다 후손에게 길이 전하니 "모쪼록 아무렇게나 보지 마라" 하고 당부까지 합니다. 그만큼 사도세자에게 의미가 깊은 작업이었다는 것이지요. 하지만 가장 가까운 후손인 정조는, 사도세자가 소설에서 받았을 위안과 웃음과 사랑스러움을 조금도 인정하지 않습니다. 오히려 이렇게 말하지요.

"소설을 보면 나는, 춥지도 않은데 몸이 떨린다."

과연 소설의 무엇이 정조로 하여금 몸을 떨게 했을까요? 혹시 정조는 소설의 내용보다는, 소설을 볼 때마다 죽어 간 아버지의 기억을 떠올렸던 것은 아닐까요?

그래서인지 "정조가 소설 탐독을 '폐단'으로 몰아 비난한 것은 아버지 사도세자의 소설 애호와 무관하지 않다"는 연구 결과도 나왔습니다. 곧 "사도세자의 소설 애호는 전면으로 드러나지 않았지만 그의 비행을 비난하는 편에서는 최대의 공격 대상이 되었을 것이고, 훗날 국왕에 오른 아들(정조)에게는 가장 원망스럽고 후회스러웠을 것"이라는 말이지요. 아버지와 같이 될까 봐 두려운 마음이 소설에 대한 "몸이 떨리는" 두려움을 자아냈으리라는 것입니다. 그래서 문체반정의 여러 배경 중에 사도세자의 소설 애호에 대한 반발이 한 축을 차지했을지도 모른다는 의견도 나옵니다.

아마 그럴 수도 있을 겁니다. 정조가 은연중에 소설을 싫어하는 이유가 아버지 때문일 수도 있고, 그래서 더욱 소설 문체에 완고한 태도를 취했을 수도 있겠지요. 하지만 전면적인 이유보다는 어디까지나 배경에 그쳤을 것입니다. 정조는 아버지 때문에 소설을 '싫어' 할 수는 있지만, 아버지 때문에 소설 문체를 '금지' 할 만큼 개인 감정을 내세워 정치를 하는 임금은 아니니까요.

정조가 일으킨 문체반정은 이유를 어느 딱 하나로 규정할 수 없는, 여러 가지 복잡한 사정과 상황들이 얽혀 있습니다. 본문에서 살펴보겠지만, 물밀듯 밀려오는 자유로운 소설에 대항해 성리학의 고전 정신을 지키려 했다던가, 탕평책의 일환으로 문체반정을 이용했다던가, 과거 제도의 문제점을 고치고자 문체 개혁을 내세웠다던가 하는 모든 것들이 다 그 사정들에 들겠지요. 소설에 대한 기본적인 불신과 사도세자의 소설 애호도 은연중에 영향을 끼쳤을 수 있고요.

하지만 무엇보다 문체반정은, 비록 시작은 정조가 하였지만 마무리는 결코 정조가 할 수 없었던 정책입니다. 정조조차 이 문체반정의 진짜 주인공은 아니었으니까요. 시대는 자유로움을 원하는데 체제는 옛것만을 고집할 때, 과연 어떤 일이 일어날까요?

그래서 문체반정의 거센 흐름 속에서도 결코 자신의 목소리를 잃지 않았던 실학자 박지원과 선비 이옥의 이야기는 귀담아들을 만한 아주 중요한 내용을 품고 있습니다. 정조만큼이나 이들의 이야기도 많은 흥미를 갖고 읽어 보시기 바랍니다.

역사에서 '만약에' 라는 가정을 곧잘 해 보지요. 특히 개혁 군주로 알려진 정조는 "만약에 정조가 딱 10년만 더 살았더라면" 하는 가정을 많이 하게 합니다. 그랬더라면 세상이 조금은 다르게 바뀌었을지도 모른다고요. 하지만 설혹 정조가 1800년에 죽지 않고 딱 10년만 더 살았다 하더라도, 어쩌면 역사나 정치는 바뀔지 모르겠지만, 문체반정의 과정이나 결과는 바뀌지 않았을 겁니다. 정조가 도전한 것은 '문체'라는, 시대가 만들어 내는 거대한 문화의 한 흐름이었으니까요. 그런 흐름은 예나 지금이나, 어느 한 사람의 절대자가, 비록 임금이라 하더라도 결코 바꿀 수 없는 거대한 흐름이니 말입니다.

이 책에서 다루고자 하는 것도 바로 그것입니다. 문체반정이라는 역사 속 사건, 그 사건이 전해 주는 진실, 그리고 그를 통해 새롭게 읽을 수 있는 문화의 흐름과, 그 속에서 지금 우리가 나아갈 곳은 어디인가 하는 질문과 대답.

역사를 배우는 까닭이 과거를 더 잘 알기 위해서가 아니라, 현재를 반성하고, 더 나아가 미래를 바꾸기 위해서라는 것도 그래서겠지요. 문체반정은 분명 과거의 일이지만, 그 흐름을 살펴봄으로써 현재도, 그리고 미래에도 여전히 마음에 새길 만한 뜻을 얻을 수 있을 것입니다. 모쪼록 이 책이 작게나마 그런 뜻을 찾는 데 도움이 되기를 바랍니다.

정조, 얼음과 불꽃의 임금

정조는 불꽃같이 타오르는 분노와 혈기를 얼음처럼 차가운 이성과 의지로 누르고 또 눌렀다. 심장은 불꽃처럼 뜨겁게 타올라도 머리는 언제나 얼음처럼 차가워야만 했다. 그래야만 살 수 있었다. 그래야만 가슴속에 꾹꾹 담아 둔 꿈을 이룰 수 있을 것이었다. 그리고 세월은 젊은 정조의 편이었다.

흔히 정조를 문화 군주, 개혁 군주, 학자 군주, 계몽 군주, 애민 군주 같은 이름으로 부른다. 그만큼 정조는 18세기 말 조선의 마지막 르네상스를 이끌었던 어진 군왕이자, 학문과 문화와 백성을 사랑한 모범적인 통치자였다. 비록 정조가 꿈꾸었던 많은 것들이 다 이뤄지지는 못했지만, 여전히 정조는 조선 역사에서 세종과 더불어 가장 '존경받는' 임금에 들 것이다.

하지만 정조 앞에 붙는 '문화'나 '개혁'이라는 말이 전혀 어울리지 않는 정책이 하나 있으니, 바로 앞서 말한 문체반정이다. 당시 유행하는 소설 문체를 금지하는 정책이라고? 왜? 소설이야말로 그때 시대와 생활을 가장 잘 볼 수 있는 큰 문화 현상인데, 권하지는 못해도 억눌러야 하다니, 왜?

대답은 문체반정의 '반정'에 있다. 반정反正, 곧 "바른 것으로 되돌아간다"는 뜻은 결국 지금은 "바르지 못하다"는 뜻을 품고 있기 때문이다. 말하자면 소설 문체는 바르지 못한 것이고, 고쳐야 하는 것이고, 그렇기 때문에 바른 문체로 '되돌아가야' 하는 것이 문체반정의 가장 중요한 핵심인 것이다. 이때 바른 문체는 고전 문체를 이른다.

그때까지 문체라 하면 대개 고전에서 쓰는 문체를 최고로 쳤다. 이른바 '사서삼경' 같은 유교 서적들, 곧 《논어》나 《맹자》, 《중용》, 《시경》 같은 책들에서 보이는 딱딱하고, 반듯하며, 형식을 갖추어 쓰는 글을 좋은 문체라 보았던 것이다. 이런 문체들은 사람의 감정보다는 인, 의, 예 같은 도덕이나 이성을 드러내는 데에 더 큰 효과가 있다.

공자 가라사대, "어짊이 멀리 있겠느냐? 내 스스로 어질고자 한다면 어짊은 바로 나를 따라오느니라." 《논어》

"인자한 사람은 남을 사랑하며, 남을 사랑하는 사람은 늘 남에게 사랑받는다." 《맹자》

"조심하고 또 조심하라. 걱정이 없을 때 조심하여 법도를 잃지 말고, 편안히 놀지 말고, 지나치게 즐거워 말고, …… 나쁜 자를 몰아내는 데 주저하지 말며, 의심스러운 일은 계획을 세우지 아니하면 모든 뜻이 다 이루어질 것이다." 《서경》

구구절절 다 옳은 말씀이요, 맞는 말이다. 하지만 또한 너무 당연하고 교훈적인 말이라서 읽다 보면 틀에 갇힌 듯 좀 답답하다.

저 안에는 어질지는 못해도 죄는 짓지 않으려 애쓰는, 늘 바르지는 않아도 바른 길을 가려고 애쓰는, 평범하지만 흔한 '사람 냄새'가 느껴지지 않는다. 이런 문체를 사람으로 표현해 말하자면, 모든 것이 다 바르고 곧은 성인군자 한 명이 떡하니 눈앞에 버티고 앉아 있는 느낌이다. 배울 만하고, 존경할 만하지만, 너무 무겁다. 하지만 고전 문체는 끊임없이 바른 것, 어진 것, 법도를 지키는 것만을 말하고 그것을 전하려 한다.

고전 문체를 말할 때 흔히 '문이재도文以載道'라는 말을 쓴다. 곧 "문장은 도를 담아야 한다"는 것이다. 문장, 곧 글을 쓰는 이유가 다름 아닌 도를 말하기 위해서라는 것이다. 그렇다면 도를 담지 않은 문장이나 문체는? 당연히 문장이 아니다. 도를 담기는커녕 희로애락, 인간의 사랑이나 갈등, 분노나 기쁨 들을 담은 문장이 있다면? 문장은커녕 사람의 마음을 해치는 아주 몹쓸 것이 될 뿐이다.

소설 문체는 바로 그런 문제점을 모두 가졌다. '있어야 하는' 이야기가 아니라, '있을 법한' 이야기를 있을 법하게 꾸며서 쓰는 소설은 고전에 견주어 훨씬 생기가 넘친다. 딱딱하기보다는 경쾌하고, 어떤 틀이나 형식에 갇혀 있기보다는 그 어떤 것에도 얽매이지 않는 자유로운 상상력을 보여 준다. 그래서 차가운 이성이나 논리보다는 분노나 슬픔, 기쁨, 사랑 같은, 다채롭고 풍부한 사람의 감정을 다루는 데 훨씬 걸맞은 것이다.

소설을 읽다가 울고, 웃고, 화내고, 또 웃고, 우는 까닭이 다 거기에 있다. 사람으로 비유하자면 가볍고, 촐싹대고, 잔망스럽지만 재미있는 이야기꾼이 눈앞에서 다불다불 즐겁게 수다를 떨고 있는 느낌이라고 할까.

그래서 정조는 소설 문체를 두고 "어수선하고, 경박하고, 괴상하고, 야릇하고, 날카롭다"고 말했으리라.

왕은 속으로 이놈(전우치)의 재주가 능하다 하니 시험하여 보리라 하고 물었다.
"네 무슨 재주를 전하려고 그리 보채느냐?"
"신이 본디 그림 그리기를 잘하옵는데, 나무를 그리면 나무가 점점 자라고, 짐승을 그리면 짐승이 기어가고, 산을 그리면 풀과 나무가 나서 자라옵나이다. 이런 그림을 전하지 못하고 죽으면 어찌 원통치 않사오리까."
……왕은 (호기심에) 전우치 맨 것을 끌러 주고 종이와 붓을 가져오도록 하였다. ……우치가 붓을 받아 들고 산수를 그리기 시작하였다.
눈 깜짝할 새 봉우리와 산악들이 수없이 솟아나고 만 길 폭포가 쏟아져 내리더니 시냇가에 버들가지가 흐늘거렸다. 우치는 조금 사이를 두고는 산 밑에 안장 지운 나귀를 그리더니 붓을 던졌다. 그러더니 갑자기 왕에게 은혜를 감사드렸다.
"곧 죽을 놈이 무슨 은혜에 감사한단 말이냐?"
"신은 이제 그만 폐하와 작별을 고하옵고, 깊은 산속에 들어가 남은 생을 보람차게 보낼까 하나이다."

그러더니 훌쩍 그림 속 나귀 등에 올라 산어귀로 들어가더니 온데간데없이 사라져 버렸다. 어리둥절하여 그 모양을 바라보던 왕이 눈을 크게 부릅뜨며 말하였다.

"어이쿠, 내 이놈의 꾀에 또 속았으니 이를 어찌하리오!"

고전소설,《전우치전》

확실히 소설 문체는 고전 문체와는 다르다.

무엇보다 도를 전할 생각은 조금도 없다. 그보다는 '재미'나 '흥미'를 전할 생각뿐이다. 나무를 그리면 나무가 자라고 짐승을 그리면 짐승이 기어간다는 이야기를 아무렇지도 않게 던지지만, 말도 안 된다는 것을 아는데도 그 뒤가 궁금하고 진짜 그런지 보고 싶어진다. 이야기 속의 왕도 그게 궁금해 결국 전우치의 포박을 풀고 그림 그리는 것을 허락하지 않았던가.

그랬더니 전우치는 감사하기는커녕 공손한 말로 약을 올리고 냉큼 사라진다. 말로야 은혜를 감사한다지만, 다 놀리는 말이다. 거기에 홀딱 넘어간 왕 또한 군주로서의 위엄을 지키기보다는 이놈의 꾀에 속았다고 팔팔 뛰는 모습을 보여 준다. 반듯하고 거룩한 성인군자는 아무래도 멀리멀리 치워 버린 모양이다.

성인군자 같은 고전 문체가 나쁘다는 뜻이 아니다. 다만 소설 문체와는 하는 얘기가 다르고, 결이 다르다는 말이다. 전하고자 하는 바도 다르고. 이를테면 《전우치전》에 나오는 다음 대목을 고전 문체로 고쳐 쓴다고 해 보자.

어리둥절하여 그 모양을 바라보던 왕이 눈을 크게 부릅뜨며 말하였다.
"어이쿠, 내 이놈의 꾀에 또 속았으니 이를 어찌하리오!"

고전이 한문이다 보니 문체를 정확히 바꿔서 풀어보기는 어렵겠고, 그냥 내용 중심으로 살펴보자. 먼저 왕이 어리둥절해하는 모습을 보일 수는 없다. 늘 근엄하고 모범을 보여야 하는 것이 군주니까. 화가 난다고 눈을 크게 부릅뜨는 모습도 보일 수 없다. 왕은 아무 때나 내키는 대로 자신의 감정을 밖으로 드러내서는 안 되니까. 말할 때도 함부로 '이놈'이라는 비속어를 써서는 안 되고, 제 꾀에 제가 속은 것만 억울해하고 그 뒤에 반성하지 않는 모습을 보이는 것도 안 된다. 그것은 진정한 군자의 도리가 아니다. 그러니 고전적인 가치관으로 고쳐 쓰자면 이런 식이 되지 않을까 싶다.

왕께서 말씀하셨다.
"사필귀정, 모든 일은 반드시 바른 일로 돌아가는 법이거늘, 내 잠시 이를 잊고 허망하여 참되지 못한 자의 거짓에 속았으니 참으로 반성하고 또 반성할 일이다. 아침저녁으로 더욱 몸과 마음을 갈고닦아 깊이 정진할 것을 굳게 결심하고 이를 실천하겠노라."

정조의 마음에는 어느 쪽이 더 마음에 들었을까? 어리석고 경박한 왕의 지극히 '인간적인' 모습? 아니면 바르고 법도를 따르는 왕의 지극한 '자기반성'의 모습? 앞의 왕은 왕이라는 지위만 덜어 내면 저잣거리 어디에서나 흔히 볼 수 있는 '백성'과 닮았다. 당황하기도 하고, 화를 내기도 하고, 팔팔 약이 오르기도 하면서 감정을 조금도 숨기지 않는다. 뒤의 왕은 흔하지는 않지만 이상으로 높이 삼아야 할 '군자'의 모습에 가깝다. 감정은 되도록 숨기고, 반성과 자기 성찰을 앞세우며, 잘못을 거름 삼아 더욱 바른 도리를 닦으려 애쓴다.

정조에게 문체는 군자의 것이어야 했다. 당연히 그렇게 바르고 반듯한 것이어야 했다. 그런데 소설 문체는 그런 생각을 완전히 뒤집는다. 문체를 백성의 것으로 만들어 버린 것이다. 도를 말하고 법도를 지키기보다는 거리낌 없이 감정을 드러내거나, 팔팔 뛰며 화도 내고, 울거나 웃게 만든다. 정조에게 군자의 모습을 한 책은 자세를 똑바로 하고 읽어야 하는 마음의 양식인데, 사람들에게 백성의 모습을 한 책은 방바닥을 뒹굴뒹굴하면서 낄낄거리며 읽는 즐겁고 신나는 오락거리에 지나지 않는다.

그래서 정조는 고전을 닮아 반듯해야 할 선비들의 문체가 갈수록 가벼워지고 감정적이 되는 이유가 바로 소설에 있다고 보았다. 재미있다고 자꾸 보다 보니 문체까지 닮아 가고 가치관까지 흐려진다는 것이다. 《조선왕조실록》을 비롯한 여러 기록들에서 정조는 소설 문체를 두고 거의 탄식을 하고 있다.

"오늘날 문체가 날로 나빠져서 수습할 수 없는 지경에까지 이르렀도다."

"세상의 도가 날로 각박해지고 선비들의 풍토도 날로 경박해져서, 사당의 거문고 소리는 고요하여 들리지 않고 소품의 화려함만 만 장 종이로 전하는구나. 내 이를 깊이 미워하고 애통해 하지 않은 적이 없다."

"가장 미운 것은 이른바 명말청초의 문집과 패관잡설이다."

여기서 패관잡설은 소설을 이르는 말이다. 이때는 소설이라는 말보다는 이 말을 더 많이 썼다. 패관잡기, 패설, 패관소품, 패가소품 들도 모두 비슷한 뜻으로 쓰인다.

'패관'은 옛날에 민간에서 떠도는 이야기들을 모아 기록해 두던 벼슬아치를 이르는 말이었다. 그러던 것이 점차 벼슬 이름을 말하는 것에 그치지 않고, 민간에서 떠도는 꾸며진 이야기를 모두 가리키는 말이 되었다. 곧 민간에서 나도는 황당한 이야기나 재미있게 꾸민 이야기, 신기하거나 무섭거나 놀라운 이야기, 야하거나 속된 이야기 들이 모두 패설이 되고 소설이 되어 사람들에게 읽히기 시작한 것이다. 그저 보이는 대로의 사실에 '상상력'을 덧붙인 글이 드디어 나오기 시작한 셈이다.

여기에 '소품'이라는 새로운 갈래도 등장했다. 소품은 소설처럼 꾸민 이야기는 아니지만 그때까지는 절대 소재가 되지 못했던 사소한 것들, 이를테면 벼룩이나 파리, 목화꽃, 해삼, 몸에 난 부스럼, 고름, 늙은 기생, 파수꾼 같은 것들을 다루는 짧은 글을 말한다. 사람들은 즐겨 이런 소소한 이야기들을 썼고, 또 읽는 이들도 즐겨 소품의 아기자기한 맛에 빠졌다. 고개 높이 들고 우러러봐야 하는 '도'의 이야기보다는, 옆에서 낄낄대고 읽는 '사소한' 이야기에 더 마음이 갔던 것이다. 특히 명나라 말기와 청나라 초기에 이런 소설과 소품들이 많이 나왔다. 그래서 정조가 꼭 집어 '명말청초' 시대의 문집이 가장 밉다고 말한 것이다.

하지만 임금이 아무리 밉다고 강조한들, 백성들까지 똑같은 생각을 품을 수는 없다. 특히 가부장제와 유교라는 그늘에 눌려 살던 아낙네들은 소설에서 새로운 자유로움을 얻으며 뜨겁게 환호했다.

> 요즘 세상에 아녀자들이 서로 다투어 가며 일로 삼는 것이 바로 패설을 읽는 것이다. 패설은 날로 달로 늘어 그 가짓수가 수백 수천에 이른다. 책 거간꾼들은 패설을 깨끗이 베껴 사람들에게 빌려 주고는 값을 받아 이익을 챙긴다. 아녀자들은 식견도 없이 비녀와 팔찌를 팔거나 동전을 빚내서까지 다투어 빌려다가 긴 날의 소일거리로 삼는다. 그리하여 자신의 베 짜는 일도 잊어버리는 이가 왕왕 있었다. 채제공, 《번암집》, 〈여사서서〉

얼마나 재미있으면 빚을 내서까지 읽고 심지어 베 짜는 것까지 잊어버릴까. 비단 아낙들뿐 아니라 사대부 문인들도 겉으로는 아닌 척하면서도 속으로는 즐겨 소설을 읽었다. 소설이 주는 재미와 감동을 결코 외면할 수가 없었던 것이다.

정조쯤 되는 군왕이 이런 풍속을 모를 리 없었다. 그런데도 정조는 이 모든 것을 한낱 패사소품이요, 한낱 소설 '나부랭이' 취급을 하며 무시한다. 도대체 이 차이는 어디서 오는 걸까? 임금은 "문장 가운데 가장 나쁜 것"으로 말하는데, 백성들은 "동전을 빛내서까지 다투어" 읽고, 선비들조차 그 문체에 푹 빠져 고전보다도 소설 읽기를 더 즐겨 하다니. 그 덕분에 문체가 형편없이 망가졌다고 임금이야 한탄을 하든 말든 아무 소용이 없다.

이 차이를 이해하려면 그때 백성들은 어떻게 살았으며, 또 시대 상황은 어떠했고, 무엇보다 정조는 어떠한 임금이었는지 먼저 알아볼 필요가 있다.

그때 그 백성들은

정조가 왕으로 있던 시기(1776-1800)는 수백 년을 이어온 조선이라는 왕조 국가가 뿌리에서부터 흔들리던 때로, 이른바 근세에서 근대로 넘어가기 바로 전 시기였다. 정조가 죽던 1800년을 기점으로 시대는 마침내 파란의 18세기를 끝내고 격동의 19세기로 접어든다. 그렇게 정조 시대는 18세기의 마지막을 장식하면서 여러 가지 큰 변화를 만나고 있었다.

그렇다면 당시 사람들에게 과연 18세기 말은 어떤 의미였을까?

과연 그때 백성들은 자신들의 시대를 어떻게 기억하고 있을까? 한마디로 정치, 경제, 사회, 문화, 모든 분야에서 무언가가 "부글부글 끓던" 시기라 할 수 있겠다.

가장 먼저 짚을 것은 여러 가지 기술의 발달로 생산이 부쩍 늘어났다는 점이다. 이에 따라 상품 화폐 경제가 발전했으며, 더불어 시장이 커지고, 상공업과 수공업도 발달하고, 문물이 활발하게 교류하기 시작했다. 이렇게 쌓인 부를 바탕으로 기존 양반층과는 전혀 다른 중상층 세력이 새롭게 떠올랐다. 북학이니 서학이니 하는 외래 학문도 들어와 생각의 폭을 넓혔고, 사대부들도 고전적인 성리학에서 실용적인 실학으로 새로운 학문의 흐름에 눈을 돌리고 있었다. 인쇄술도 발달해 사람들은 한꺼번에 많은 양의 책을 읽을 수 있게 되었다.

그러나 무엇보다 가장 커다란 변화가 일어난 곳은 바로 백성들의 머릿속, 곧 '생각'이었다. 바로 전 시기에 임진왜란과 병자호란이라는 굵직한 전쟁을 거듭 겪었기 때문이었다. 전란은 끔찍했지만 그 덕분에 사람들의 생각은 화들짝 커다란 변화를 일으켰다.

그 전까지는, 곧 전란을 겪기 전까지는 양반은 하늘처럼 모시고, 백성들이야 그저 "예, 예" 고개 숙이고 죽은 듯 엎드려 살면 다 되는 줄 알았다. 억울하고 숨이 막힐 듯 답답할지라도, 그래도 그것이 바꿀 수 없는 세상의 질서이니 꾹 참고 견뎌 내면 좀 더 좋은 세상을 만나려니 했다. 신분제를 뛰어넘는 희망 따위, 감히 꿈에서조차 바랄 수 없었다.

그런데 막상 전쟁이 터지자 그 모든 생각이 하루아침에 뒤집어졌다. 이른바 양반들의 '허위'를 똑똑히 깨달은 것이다. 도리니, 명예니, 의니, 침이 튀어라 떠들던 양반들이 오히려 제 목숨 구하는 데에는 가장 비겁하고 가장 재빨랐다. 임금이 가장 먼저 도망가고, 양반들이 줄줄이 그 뒤를 뒤따르고, 힘없고 가난한 백성들만 남아 적의 칼을 맞았다.

제 입에 들어가는 밥 한 술, 제 몸에 걸치는 옷 한 벌 건지려고 그 귀하다는 양반네들이 도덕을 내던지고, 인의를 내던지고, 짐승처럼 아귀다툼을 벌였다. 저들이 어디가 예의를 알고, 도리를 안다는 고귀한 양반들이란 말인가. 오히려 천민보다도 못하지 않은가. 백성들은 가슴으로 한탄했다.

그리고 겉만 번지르르한 양반들이 사라져 텅 빈 나라를 지킨 것은 바로 천하다 손가락질 받는 백성들이었다. 화려한 갑옷이나 창칼도 없이, 제대로 된 군량이나 물자도 없이, 그저 맨손으로 오로지 나라를 지키겠다는 마음 하나로 일어선 의병들, 농민군들, 착한 말단 병사들······. 그들이 지배층이 사라진 휑한 나라를 지켰던 것이다. 이순신이나 곽재우 같은 명장이 없었던 바는 아니지만, 그래도 그 지휘 아래 묵묵하게 싸운 병사들과 백성들의 힘이 없었더라면 전쟁은 아마 끝나지 않았을 것이다.

그러니 이제 전쟁이 끝난 뒤에 귀족들이 돌아와 "나는 고귀한 양반이다", "상전을 섬기는 것이야말로 세상의 바른 도리니라" 하며 아무리 헛기침을 하고 거드름을 피어도 누구 하나 믿지 않았다.

차마 입으로 내뱉지는 못할망정 백성들은 이미 세상의 바른 질서가 이런 것이 아님을, 양반이니 천민이니 하는 '신분'의 구분이 털끝만큼도 의미가 없음을 눈으로 보고, 귀로 듣고, 몸으로 똑똑히 느꼈던 것이다. 이제 백성들에게 신분의 귀천이니, 양반의 고귀함 따위는 더는 먹히지 않는 썩은 논리에 지나지 않았다.

그리하여 겉으로는 수백 년을 이어 온 성리학이라는 질서가 여전히 굳게 자리 잡고 있는 듯 보이지만, 실상은 그 밑에서 신분제의 터무니없음을 '몸으로' 깨달은 백성들이 조용히 부글부글 끓어오르기 시작하던 시기. 모든 것이 그만큼 새롭게 열려 있으면서도 또한 그만큼 아직도 아득하게 닫혀 있던 시기. 그것이 바로 정조시대였고, 그 시대를 사는 백성들의 모습이었던 것이다.

소설은 어쩌면 그래서 필요한 것인지도 몰랐다. 현실에서는 아직 바뀌지 않은 세상이 소설 속에서는 얼마든지 근사하게 바뀔 수 있었다. 천한 기생의 딸 춘향이도 소설에서는 얼마든지 양반집 고귀한 이몽룡과 혼인할 수 있었고, 아버지를 아버지라 부르지 못하는 서출 홍길동도 한 나라의 임금과 맞먹으며 새로운 나라를 세울 수도 있었다. 차마 입으로 내놓지 못하는 꿈들이, 소설 속에서는 얼마든지 '있을 수 있는' 이야기였다.

그러나 있을 수 있는 그 이야기들이, 실제로는 결코 '있어서는 안 되는' 이야기라고 말하는 것이 바로 당시 지배 학문인 유교의 논리였다. 조선의 통치 이념으로 세상을 지배하는 유학은 "임금은 임금답게, 신하는 신하답게, 백성은 백성답게" 저마다 자기 분수에 맞게 사는 것이 최고의 질서라고 강조했다. 백성들의 생각은 이미 활짝 깨었는데, 지배자들은 여전히 허망한 꿈속에서 살았다. 바로 거기에서 아주 작지만 치명적인 틈이 생기기 시작했고, 이 작은 틈은 곧이어 모든 것을 허물고 밀어뜨려 새로운 세기를 여는 하나의 단초가 될 것이었다.

모든 것은 전과 달랐다. 아니, 다를 수밖에 없었다. 그 '다름'을 인정하지 않는다면 세상이 과연 어디로 흘러갈지는 아무도 알 수 없었다. 결코 있어서는 안 되는 이야기들이, 당연히 있을 수밖에 없는 이야기들이 되어 가는 그런 나날이 아주 가깝게 다가오고 있었던 것이다.

그 시기의 어느 하루, 정확히는 1776년 3월 10일, 마침내 조선의 스물두 번째 임금 정조가 왕위에 오른다.

피눈물의 임금

정조 때 명재상이며 정조의 오랜 벗이자 스승이기도 한 채제공은 자신의 임금을 이렇게 표현한다.

"제가 일찍이 옛 글에서 '피눈물'이라는 두 글자가 있는 줄은 알았지만 직접 보지는 못했는데, 그 피눈물을 우리 임금님 소맷자락에서 보았습니다. 아, 하늘이시여, 대체 이것이 무슨 까닭이란 말입니까!"

자신의 신하에게서 '피눈물의 임금'이라 불리는 왕, 그런 이가 바로 정조였다. 최고 권력자인 임금의 자리와, "읽지 않은 책이 없다"고 일컬을 만큼 뛰어난 학식, 시서화에 모두 능했던 뛰어난 예술적인 재능, 화살 열 순(오십 발)을 백발백중 다 맞히는 활달한 무인의 기상에, 타고난 부지런함과 현명함, 검박한 자세와 따뜻한 마음까지 가졌다 전해지는, 그야말로 모든 것을 다 갖춘 최고의 왕이, 어째서 피눈물의 임금으로 불리는 것일까?

정조 스스로도 "내 삶은 고로여생孤露餘生이다" 같은 말을 한다. 고로여생, 곧 어미아비 없는 고아와도 같이 외롭고, 괴롭고, 힘들고 또 힘든 삶. 이것이 한 나라의 왕이 자신을 설명하는 말인 것이다. 채제공의 말처럼 "대체 이것이 무슨 까닭이란 말"인가.

아마도 그 바탕에는 뒤주에서 비참하게 죽어 간 아버지 사도세자의 비극이 있었을 것이다. 정조에게 사도세자는 평생을 안고 가는 깊은 상처이자, 차마 말하지 못하는 그리움이었다. 정조는 사도세자를 생각하며 다음과 같이 서러운 울음을 토해 낸다.

"아, 불초한 소자는 하늘에 사무치고 땅끝까지 뻗치는 원한을 품고서도 흙이 된 듯, 바위가 된 듯, 멍청하고 구차하게 오늘까지 죽지 않고 살아 있습니다."

사도세자가 아버지 영조의 명으로 뒤주에 들어가 물 한 모금 마시지 못하고 죽어 갈 때, 세손이었던 정조의 나이는 고작 열한 살이었다. 그러나 유난히 영민하고 생각이 깊었던 소년 정조는 이미 주위에 일어난 모든 상황을 알고 있었다.

52년 치세 동안 백성을 극진히 사랑한 영조는, 그러나 자신의 아들은 그만큼 사랑하지 못했다. 아니, 사랑하지 못하게 주위에서 몰고 갔다. 뿌리 깊은 당파 싸움이, 모든 것을 비극으로 치닫게 만들었던 것이다.

사도세자의 죽음을 두고 여러 가지 추측을 한다. 그가 '의대증衣帶症'이라 하여 옷도 제대로 못 입을 만큼 심하게 정신병을 앓고 있다거나, 영조가 이상 성격이 있어 유난히 아들을 닦달하고 부족한 점을 보일 때마다 꾸짖고 미워했다거나, 부자 사이가 마치 원수처럼 지극히 나빴다거나, 주위에서 바로 그 점을 노려 끊임없이 왕과 세자 사이를 들쑤셔 놓으며 이용하려 했다거나 하는 여러 말이 있지만 아마도 가장 큰 이유는 이것일 것이다.

바로 당쟁.

뿌리 깊은 사색당파.

그것이 한 나라의 세자를 뒤주에 갇혀 죽게 했던 가장 큰 까닭이었던 것이다. 사도세자는 당파 싸움의 희생양이었다. 평생을 당파색을 없애는 '탕평책'을 노래했던 영조는, 바로 그 탕평을 이루지 못해 아들을 죽이는 참극을 일으키고 말았다.

당시 집권당은 노론이었다. 또한 영조는 노론이 떠받드는, 노론의 임금이었다. 그러나 불행히 사도세자는 노론을 멀리 하고 소론이나 남인들과 어울렸다. 거기에 인자하게 문치文治. 학문으로 다스리는 정치에 힘을 썼던 영조와 달리, 사도세자는 무력으로 강력한 북벌을 꿈꾸었던 17대 임금 효종을 닮았다. "세자께서 효묘孝廟. 효종의 모습을 매우 닮았으니 이야말로 종묘사직의 끝없는 복입니다"라는 말이 나올 정도로 사도세자는 굳건한 기상을 지녔고, 무력과 패기가 돋보이는 호쾌한 성품이었다. 자연히 아버지와 아들은 아주 다른 길을 갈 수밖에 없었고, 따르는 신하들도 태도가 갈라졌다. 영조는 그를 두고 어느 날 이렇게 탄식한다.

"조정의 신하들이 편을 갈라 아버지당, 아들당이 되었구나!"

그만큼 당파가 어디냐에 따라 모든 것이 달라지는 시대였다. 집권당인 노론은 자기들과 당파를 달리 하는 세자를 일찌감치 후계 구도에서 지우고 눈엣가시로 여겼다. 게다가 소론 편인 세자가 왕위에 오르는 순간, 자신들 노론이 깡그리 짓밟힐 것을 두려워했다. 그리하여 수단방법을 가리지 않고 세자를 비방하고, 아비와 아들 사이를 이간질하고, 마침내는 영조의 마음에 세자가 자신을 밀어내고 왕위를 차지할지도 모른다는 '두려움'을 심어 주는 데 성공했다. 수십 년 동안이나 왕으로 군림하고 있던 영조는 결코 이 두려움을 지우지 못했다.

참으로 묘하게도 왕위라는 것은 언제나 전부, 아니면 '전무全無'를 요구한다. 왕이 되어서 전부를 가지거나, 왕이 되지 못해서 전부를 잃거나. 그래서 왕을 두고 다투는 싸움에는 형제도, 혈연도, 심지어 아버지와 아들이라는 천륜도 아무 소용이 없다. 왕이 되기 위해서라면 아비가 기꺼이 아들을 죽일 수 있고, 거꾸로 아들 또한 아비를 해치거나 몰아낼 수 있다. 이 무시무시한 '권력'이라는 저주의 힘이 영조를 짓눌렀다. 이미 모든 것을 가진 영조는, 그 모든 것을 한꺼번에, 그것도 아들에게 잃을 수는 없었던 것이다.

영조가 사도세자를 뒤주에 가둬 죽이던 날의 기록을 보면 영조의 마음을 어렴풋이 짐작할 수 있다. 그날, 영조는 병을 핑계로 나서지 않는 사도세자를 기어코 궁궐 행사에 불러낸다. 그리고 임금의 행렬이 장엄한 전각 앞에서 잠시 멈췄을 때, 갑자기 영조가 손뼉을 치며 신하들에게 물었다.

"여러 신하들이여, 신神의 말을 들었는가?"

신, 곧 귀신의 말을 들었느냐는 이 뜬금없는 말에 신하들은 아무 대답도 하지 못한다. 그러자 영조가 곧이어 덧붙였다.

"정성왕후가 내게 간곡하게 이르기를, '변란이 호흡 사이에 달려 있다'고 하였느니라."

정성왕후는 영조의 첫 아내로 그때 이미 죽은 사람이었다. 곧 이 왕후가 영조가 말한 귀신인 것이다. 게다가 정성왕후는 법적으로는 친어머니인 영빈을 제치고 사도세자의 어머니가 되는 왕후이기도 했다. 말하자면 자신의 죽은 아내이자 세자의 법적인 어머니가 느닷없이 나타나 간곡하게 말을 전했다는 것이다. 그것도 변란이 곧 일어날 것이라는 말을.

여기서 '변란'은 왕을 몰아내는 역모를 뜻한다. '호흡 사이'는 서로 숨을 나눌 만큼 가까운 사이라는 뜻이고. 곧 호흡을 나눌 만큼 가까운 피붙이가 왕을 몰아내는 역모를 꾸미고 있다는, 그야말로 어마어마한 소식을 죽은 아내 귀신이 알려 주었다는 것이다. 그렇다면 대체 그 변란을 일으킬 이가 누구란 말인가?

영조의 다음 행동이 바로 그 대답을 해 준다. 말을 마치자마자 영조는 갑자기 호위군에게 전각의 문을 네 겹, 다섯 겹으로 굳게 막아 걸도록 했다. 그리고 시위들을 쭉 세워 궁의 담 쪽을 향해 칼을 뽑아 들게 한다. 궁문을 닫고 뿔피리를 불어 군사를 모은 그곳에, 사람의 출입을 엄히 금한 채 칼을 든 시위들만이 눈을 부라리고 있는 그곳에, 남아 있던 신하들도 연거푸 쫓겨나던 그곳에, 아버지 영조와 아들 사도세자가 남는다.

때는 윤5월의 뜨거운 한낮. 이글거리는 태양 아래에서 절하던 자세 그대로 굳어 있는 아들을 아비가 태양보다 더 이글거리는 눈으로 내려다본다.

'네가 바로, 내 호흡 사이에서 나를 죽이려 하는, 변란의 역도이더냐?'

영조는 눈으로 묻고 있었다.

그랬다. 영조는 변란의 괴수로 아들을 지목하고 있는 것이다. 그리고 사도세자는 마침내 이 엄청난 의심으로 자신이 이 자리에서 죽을 수도 있으리라는 사실을 깨달았다.

전부, 아니면 전무.

그 끔찍한 '왕권'이라는 먹이사슬의 저주가 아비로 하여금 아들을 죽이려 하고 있다는 것을. 모든 것을 다 가진 영조가 그 모든 것을 지키기 위해 자신에게 전무를, 심지어 목숨까지 요구하고 있다는 것을.

세자는 땅에 이마를 짓찧으며 살려 달라고 애걸한다. 세자의 이

마가 금세 시뻘건 피로 흥건히 젖어들었다. 그러나 영조의 반응은 서릿발처럼 차가웠다. 차마 못 들을 폭언을 일삼으며 "당장 이 자리에서 자결하라!" 거듭 명령하는 것이다. 결국 사도세자는 절망과 공포 속에 두 번이나 목을 맨다. 그때마다 세자궁의 신하들이 달려들어 구해 내자 드디어 영조는 문제의 뒤주를 들여오게 한다. 조선 역사, 아니, 그 어느 나라의 역사에서도 찾아보기 힘든 최악의 도구가 등장한 것이다.

영조는 세상에 단 하나밖에 없는 자신의 아들을, 천하의 가장 극악한 죄인인 양 다리조차 펼 수 없는 좁고 어두운 뒤주에 제 발로 들어가라고 명령한다. 그리고 공포와 슬픔에 떠는 아들이 좁은 뒤주로 기어 들어가자 한 치의 망설임이나 주저함도 없이 굳게 자물쇠를 잠가 버리고 만다.

그렇게 윤5월의 뜨거운 뙤약볕 아래, 여드레에 이르는 긴 고통의 시간이 시작되었다. 사도세자는 그 안에서 몸부림치고, 울고, 소리치고, 괴로움에 통곡하고, 살려 달라 온갖 애걸을 다 하지만, 결국 죽을 때까지 밖으로 나오지 못한다.

한 나라의 세자가 이렇게 비참하게 죽어 가는데 대신들은 아무도 말리지 않았다. 심지어 세자의 장인 홍봉한조차 그랬다. 오히려 그들은 화사하게 차려입고 강으로 뱃놀이를 나간다. 그들에게 사도세자는 더는 세자가 아니었다. 그저 죽어 마땅한 정적에 불과했던 것이다.

이 끔찍한 상황에서 세자를 구해 달라 청한 이는 단 한 사람, 그

때 열한 살이던 어린 세손뿐이었다. 누군가에게서 소식을 전해 듣고 어린 정조는 정신없이 전각으로 뛰어든다. 그리고 그때 세손이 본 것은 칼을 들고 자결을 요구하는 할아버지와, 무릎을 꿇은 채 피를 흘리고 있는 아버지.

영리한 세손은 말없이 대뜸 아비의 뒤에 꿇어 엎드린다. 그리고 사르르, 세손의 작은 손이 자신의 비단 옷고름을 풀었다. 고름을 풀어 옷을 벗고, 모자 끈을 풀어 관도 벗고, 세손은 그렇게 할아버지 앞에 맨몸과 맨머리로 깊게 고개를 조아린다. 그리고 울면서 내뱉은 단 한마디는 이것이었다.

"아비를 살려 주옵소서."

뜨거운 눈물이 세손의 뺨을 타고 흘러내렸다. 본능적으로 어린 세손은 이것이 아버지를 구할 수 있는 마지막 기회라는 것을 알았다. 만약 이 기회를 놓친다면 할아버지가 아버지를, 바로 '지금' 죽일 것임을 이 영특한 소년은 알아챘던 것이다.

그러나, 세손의 마지막 안간힘으로는 이미 그 어떤 것도 돌이킬 수 없었다. 영조는 세손의 눈물을 외면한 채 세손을 안아 밖으로 내놓는다. 그렇게 세손이 쫓겨나자, 더는 세자를 구해 달라 간청하는 이도 없었다.

그리고 뒤주에 들어간 지 여드레, 마침내 사도세자의 명이 다한다. 그제야 영조는 "생각하고 애도한다"는 뜻을 지닌 '사도'라는 이름을 내어 죽은 아들을 위로한다.

"너는 나면서부터 총명하였고, 자라서는 모든 글을 두루 잘해 조선의 성군이 될 것을 기대했도다. 그런데 성인의 가르침을 배우지 않고 거꾸로 방탕하고 어지러운 짓만 배웠더라. 오호라, 반성하고 마음을 가다듬을 것을 거듭 타일렀으나 제멋대로 말이나 지어 내고 군소배들과 어울리니 장차 나라가 망할 지경에 이르고 말았구나.

끝내는 흰머리 성성한 아비로 하여금 만고에 없는 짓을 저지르게 하였도다!" 영조, 〈어제 사도세자 묘지문〉

그리고 영조는 가슴을 치며 묻는다.

"오호라, 너를 죽인 일을 내가 어찌 좋아서 했겠느냐? 내가 어찌 좋아서 했겠느냐!"

그러나 좋아서 하지 않았다 하여 그 피의 무게나 책임이 사라지는 것은 아니다. 그리고 이제 그 무게는 고스란히 어린 세손, 정조에게 넘어가고 있었다.

삼종혈맥, 고기하여 죽음을 부른

조선 역사 500년에 다시는 없을 흉물, 사람을 집어삼키는 뒤주가 등장했던 임오년의 그날, 결국 노론은 자신들과 당파가 다른 세자를 없애는 데 성공했다. 그러나 이것은 불완전한 성공에 불과했으니 아직 그의 친 혈육인 세손이 남아 있었던 것이다. 아버지의 죽음을 눈앞에서 본 세손이 자라나 왕이 되었을 때 가만있을 리가 없었다. 정조를 세손 자리에서 밀어내지 않으면 노론은 언제 빠질지 모르는 위험한 함정을 눈앞에 두고 있는 것과 같았다. 그래서 갖은 수단으로 세손을 방해하고 해치려 한다.

노론은 '죄인지자 불위군왕罪人之子 不爲君王'이라는 명분까지 들고 나온다. 곧 "죄인의 아들은 임금이 될 수 없다"는 말로 세손인 정조를 몰아내려는 것이다. 이 말 속에는 노론의 두 가지 논리가 고스란히 드러나 있다. 죄인지자, 곧 사도세자는 '죄인'이었으니 마땅히 죽어야 했다는 것. 그러므로 노론은 사도세자의 죽음에 아무런 잘못도 없다는 당당함. 또 하나는 불위군왕, 곧 그런 죄인의 아들인 정조는 당연히 왕이 될 수 없으므로 우리는 절대 당신을 왕위에 오르지 못하게 하겠다, 하는 선전포고.

영조는 서둘러 어린 세손을 사도세자의 호적에서 빼내 사도세자의 형인, 열한 살에 죽은 맏아들 효장세자의 아들로 입적시킨다. 형식으로나마 죄인의 아들이라는 굴레를 벗겨 준 셈이지만 그렇다고 해서 이미 '있었던' 사건이 마치 '없었던' 일처럼 깡그리 잊힐 수는 없었다. 어린 세손은 노론의 압박 속에 끊임없는 살해 위협과 모함에 시달리기 시작한다.

정조가 세손 시절부터 썼던 《존현각일기》에는 이런 상황이 잘 드러나 있다.

"나는 낮에는 마음을 졸이고 밤에도 방을 맴돌며 잠을 이루지 못했다."
"편안하게 옷을 벗고 눕지도 못했다."
"흉도들이 심복을 널리 심어 놓아 밤낮으로 엿보고 살펴 위협할 거리로 삼았다."
"나는 손안의 노리개와도 같다."
"두렵고 불안하여 차라리 살고 싶지 않다."

정조가 밤을 새워 책을 읽는 버릇이 생긴 것도 기본으로는 책읽기를 좋아하는 부지런한 성품 때문이겠으나, 한편으로는 "낮 동안은 사람들의 눈이 있어 괜찮지만, 밤이 되면 자객의 습격이라도 있을까 하여" 늘 두려운 나머지 일부러 깨어 책을 읽던 버릇 때문이기도 했다. 한 나라 세손의 처지가 이런 지경이었다.

그러나 이 모든 것을 정조는 자기 시호처럼 정正, 바름으로 극복한다. 지극히 조심하고, 삼가고, 옳은 길이 아니면 가지를 않고, 끊임없이 자신을 곧고 바르게 단련시킴으로써 그 어떤 참언이나 모함도 힘을 쓰지 못하게 만들었던 것이다. "안 읽은 책이 없다"는 깊은 지식, 누구보다도 부지런하고 검소한 몸가짐, 겸손하며 치밀한 성품은 모두 이때 다 얻은 것일 터이다.

하지만 정조가 그럴수록 노론은 더욱 무서워졌다. 이 똑똑하고 빈틈없는 세손이 왕이 되어 권력을 휘두를 때 과연 어떤 일이 벌어질까? 더더욱 불안할 수밖에 없었던 것이다.

정조, 얼음과 불꽃의 임금

정조 또한 마찬가지였다. 주위의 온갖 모함과 눈총과 위협 속에서도 정작 정조가 가장 괴로웠던 것은 바로 자신이 아버지를 죽게 한 원인의 하나이기도 하다는 점이었다. 할아버지 영조는 바로 자신이 있었기에 아들인 사도세자를 죽일 수 있었다. 이 말도 안 되는 이야기를 이해하려면 먼저 '삼종혈맥三宗血脈'이란 말을 이해해야만 한다.

삼종혈맥.

말 그대로 삼종三宗, 곧 전대 임금인 효종, 현종, 숙종 세 명의 임금 피를 이은 핏줄을 말한다.

조선시대 후반에 와서는 이상하게도 남자 왕족이 극히 귀해진다. 당대에 왕자가 한 명밖에 없거나, 더 있어도 일찍 죽거나 했던 것이다. 그래서 윗대 세 임금의 피를 이은 삼종혈맥은 지극히 귀하고 소중한 존재로 여겨졌다.

영조 대에도 삼종혈맥이라고는 영조밖에 없었다. 이복형인 경종이 일찍 죽지 않았던가. 그 다음 대도 삼종혈맥은 오로지 사도세자 혼자밖에 없었다. 그 형인 효장세자가 일찍 죽었던 것이다. 그렇게 삼종혈맥은 귀하고 또 귀했다. 따라서 아무리 사도세자가 밉고 영조의 눈 밖에 났다고 해도 뒤를 이을 왕손이 없다면 그리 간단히 죽일 수가 없었을 것이다.

그러나 불행히도 영조에게는 자식을 죽여도 대안이 있었다. 삼종혈맥을 고스란히 이어받은 영특한 적손嫡孫, 바로 정조가 있었던 것이다. 그래서 영조는 아들을 죽일 수 있었으리라. 아까운 삼종혈맥을 끊지 않더라도 왕위를 잇는 방법을 영조는 영리한 세손을 통해 찾았던 것이다. 그리고 영조는 기꺼이, 미운 아들을 버리고 사랑하는 손자를 취했다.

결국 자신의 존재가 아버지의 죽음을 부른 원인이 되었다는 참혹한 현실. 그것은 소년 정조의 마음에 무시무시한 그늘을 드리운다. 게다가 아버지 사도세자를 죽인 세력에는 할아버지 영조뿐 아니라 할머니인 영빈, 어머니 혜경궁 홍씨, 그리고 외가인 홍씨 가문까지 모두 다 가담하고 있었다. 그야말로 "할머니가 죽이라고 청하고, 할아버지가 죽으라고 명하고, 외할아버지가 죽음을 집행한" 아버지 사도세자의 처참한 죽음. 정조는 마음껏 슬퍼할 수조차 없었다.

게다가 아직 세월은 정조의 편이 아니었다. 아들을 죽이고도 영조는 무려 14년을 더 조선의 왕으로 살았고, 그동안 정조는 여전히 그 어떤 것에도 칼을 들고 대항할 수 없는 힘없는 세손이었다. 전부, 아니면 전무를 요구하는 거대한 먹이사슬의 저주는 아직 끝나지 않았다. 자신이 언제 아비처럼 제물이 되어 피를 철철 흘리며 내쳐질지 모를 일이었다.

정조는 불꽃같이 타오르는 분노와 혈기를 얼음처럼 차가운 이성과 의지로 누르고 또 눌렀다. 심장은 불꽃처럼 뜨겁게 타올라도 머리는 언제나 얼음처럼 차가워야만 했다. 그래야만 살 수 있었다. 그래야만 가슴속에 꾹꾹 담아 둔 꿈을 이룰 수 있을 것이었다.

이 모든 무게를 안은 채 세월은 여지없이 흐르고, 어린 세손은 어느덧 의젓한 동궁으로 자라난다. 불꽃의 심장에 얼음의 의지를 지닌 미래의 임금이 이제 곧 온전히 그 모습을 드러낼 때가 다가오고 있는 것이다.

그리고 이에 맞추어 정조를 향한 노론의 반격도 거세진다. 노론은 어떻게든 정조를 후계자 자리에서 몰아내려고 갖은 힘을 기울였다. 정조의 대리청정을 반대한 것도, 정조에게 군권이나 행정권이 넘어가는 것을 기를 쓰고 거부한 것도, '죄인지자 불위군왕'을 끝까지 고집한 것도 다 그런 맥락에서이다.

심지어 정조에게 대놓고 "세손은 노론 소론도 알 것 없고, 이판 병판도 알 것 없고, 나랏일이라면 그 무엇도 알 것 없다"는 무엄한 말까지 퍼붓는다. 이런 분위기에서 정조가 왕위에 오르는 데에는 그야말로 기적 같은 힘이 필요했다고 할 수 있겠다. 하지만 결국 세월은 젊은 정조의 편이었다.

1776년, 마침내 영조의 숨이 다한다. 아들을 죽인 아비라는 회한을 가슴에 묻은 채 영조는 영원히 역사에서 사라지는 것이다.

이때 영조의 나이 여든셋, 왕위에 있던 시간은 무려 52년이었다. 백성에게는 지극히 인자하고 다정한 임금이었으나, 자신의 아들은 당쟁에 떠밀려 처참하게 죽였던 비운의 임금. 게다가 최고 자리에 있는 왕이면서도 어미가 천한 무수리 출신이라 하여 평생 열등감에 시달렸던 임금이기도 했다.

또한 경종의 급작스런 죽음 때문에 이복형인 경종을 살해하고 왕위에 올랐다는 의혹까지 평생을 안고 살아야 했다. 영조가 아들을 죽일 만큼 크게 흔들렸던 것도 이런 모든 상황들과 무관하지 않았으리라.

따지고 보면 그것은 영조만의 문제가 아니었다.

임금조차 출생의 귀함과 천함(정통성)을 따져야 했던 지독한 신분 제도, '사대부의 나라'라고 할 만큼 신하들의 힘이 비약적으로 컸던 정치 체제, 허물어져 가는 명분과 치받아 오는 실리 사이에서 그 어느 쪽 손도 제대로 들지 못하고 이리저리 흔들리고 있었던 '조선'이라는 나라. 영조 시대는 바로 그 조선 왕조의 온갖 문제점과 비운과 흥망의 역사가 다 맞물려 돌아가던 시기였다. 사도세자 또한 그 역사의 수레바퀴에 치어 스러져 간, 그저 가여운 희생양에 지나지 않을 것이다.

그리고 이제 그 시대가 가고 새로운 시대가 열리려 하고 있었다. 아니, 이것이 과연 새로운 시대가 될 것인지, 혹은 거꾸로 거스르는 시대가 될 것인지조차 아무도 몰랐다.

그저 아는 것이라고는, 새로운 시대를 열 주인공이 바로 열한 살 때 이미 조선 왕조의 모든 문제점과 비운을 다 지켜보았던 그 소년이라는 것. 그러나 끝까지 그 악몽의 역사에 쓸려가지 않으려 이를 악물고 스스로를 무시무시하게 담금질해 온 바로 그 소년이라는 것뿐.

'조선의 마지막 불꽃'이라 불리는 정조 시대의 막이 오르고 있었다.

아, 나는 사도세자의 아들이다

1776년 3월 10일, 여든세 살 노구의 영조가 죽고 세손이었던 정조는 마침내 왕위에 오른다. 왕이 되던 첫날, 정조가 모든 대신들과 관원들을 모아 놓고 처음으로 한 말은 바로 이것이었다.

"아, 과인은 사도세자의 아들이다."

그것은 엄청난 파장을 가져 왔다. 정조를 지지하는 이도, 정조를 반대하는 이도 이 한마디에는 숨을 죽였다. 드디어 새로운 세상이 열렸고, 그 세상에서 과연 어떤 일이 벌어질지는 그 누구도 예측할 수 없는 파란의 시기가 펼쳐지려는 것이다.

그러나 정작 정조는 스스로 사도세자의 아들임을 선포했지만, 그렇다고 과거로 돌아갈 생각은 전혀 없어 보였다. 아니, 오히려 정조는 과거를 "버리겠다"는 뜻으로 그 말을 했을지도 모른다. 권력을 위해서라면 아비가 아들을 뒤주에 넣어 죽일 수도 있는 끔찍한 정치 체제, 옳고 바름을 위해서가 아니라 순전히 당파의 이익과 명분을 위해서만 움직이는 얼토당토않은 붕당 정치, 그 비틀리고 왜곡된 과거의 정치 체제를 확실히 끝내겠다고. 기꺼이 버리겠다고. 왜냐하면 자신이야말로 그 끔찍한 체제를 끝낼 수 있는 단 한 사람이니까. 다름 아닌 자신이 바로, 그 체제의 가장 가혹한 희생양이었던 사도세자의 아들이니까.

"아, 나는 사도세자의 아들이다."

그러므로 나는, 사도세자의 아들인 나는, 기꺼이 버린다. 아비를 죽였던 끔찍한 과거의 정치 체제를. 저 처참한 붕당 정치를. 다름 아닌 사도세자의 아들인 내가!

　정조는 그렇게 소리 높여 외친다. 그 모든 것을 다 겪은 자신이야말로 이 모든 것을 바로잡을 유일한 사람임을 정조는 정확히 깨닫고 있었던 것이다.

　더 나아가 정조는 감히 바라보기만 했던 자신의 원대한 꿈을 이루기로 결심한다. 목숨이 위협받을 때마다 끊임없이 도피했던 책 속의 이상향, 꿈이라 여겼던 무위지치無爲之治, 아무 일을 하지 않아도 천하가 덕으로 잘 다스려지는 정치의 아름다운 체제를 만들어 갈 꿈을 정조는 꾸었는지도 모른다. 임금이 누구인지, 어떤 사람인지도 모르는 채 그저 배 두드리고 농사짓고 행복해하는 선민들이 살아가는 나라. 그 아름다운 요순시대의 무위지치를.

　그리고 서서히 정조의 개혁 정치가 시작된다.

　신해통공. 일부 힘 있는 시전 상인들만 물건을 팔 수 있고 가난한 난전 상인들은 불법이라는 틀에 가두어 목을 조였던 '금난전권'을 폐지한다. 이 신해통공으로 조선 사람이면 누구나 다 스스로 가게를 열어 물건을 사고팔 수 있게 해 백성들 살림을 안정시켰다.

　서얼허통. 신분의 굴레에 묶여 있던 서얼들의 차별을 조금씩 없애, 재주를 마음껏 펼 수 있는 기회를 주었다. 그럼으로써 유능한 인재를 뽑아 적절하게 쓰려 했다.

　규장각 설립. 세종이 집현전을 세워 학문을 일으켰듯 정조는 왕실 도서관 규장각을 세워 학문과 경륜의 장을 만들었다. 아울러 자신의 개혁 정치에 도움이 될 만한 젊은 세력과 후진들을 키우고자

했다.

 군대의 혼란을 지적하여 장용영을 설치하였고, 갖가지 농서를 편찬하여 농업을 장려하였으며, 궁방에서 사사로이 사람을 보내 세금을 거두던 궁차징세법을 금지시키고, 시대에 맞는 새로운 달력도 편찬하였다.

 또한 공노비 처지 개선을 위해 도망친 노비를 찾아내는 추쇄관을 없앴는데, 이는 순조 대에 이르러 '공노비 해방'이라는 큰 사건으로 이어진다. 비록 정조 대에 다 이루지는 못했지만 사노비 문제도 마음을 썼다. 정조는 "천하에 하소연할 곳 없는 참으로 불쌍한 자로는 우리 나라 사노비보다 더한 것이 없다"면서 노비들의 처지 개선을 위해 꾸준한 관심을 두었다.

 무엇보다 자주 궁궐을 나와 백성들의 소리를 직접 듣고, 억울한 사연이 있으면 아무리 작은 것이라도 풀어 주려 애썼다. 정조가 능행을 하거나 거둥을 한다고 하면 백성들이 구름같이 몰려들었던 것도 다 그 때문이었다. '격쟁擊錚, 원통한 일을 당한 사람이 임금이 거둥하는 길에서 꽹과리를 쳐서 억울함을 하소연하는 일' 제도도 활발하게 살아났다.

 쓸데없이 무거운 형벌 제도나 과도한 세금 제도들도 조금씩 손을 보았다. 지방 수령들의 부정부패를 막고, 암행어사를 자주 보내 탐관오리의 폐단을 없애려 하였다. 어쩌다가 흉년이 들거나 하면, 정조는 궁궐의 내탕고를 탈탈 털어 기근이 든 지방에 내려 보내며 간곡히 부탁하고는 했다.

 "아, 구중궁궐이 멀고 깊어 몸소 살피지 못하니, 오로지 수령과 관찰사를 믿을 뿐이다. 그러니 굶주린 가구를 뽑아 곡식 한 톨 나누어 주는 것도 내가 직접 그 자리에서 살펴보듯 하라. 이른 아침부터 늦은 밤까지 마음을 조이며 게으르거나 소홀히 하지 말고 내 곤궁한 백성들을 살리거라."

실로 인자한 임금이다. 정조를 애민 군주라 부르는 것도 그래서일 것이다.

이런 마음은 정조가 살인 사건을 대하는 모습에도 잘 드러난다. 이를테면 '함봉련 사건'은 특히 살펴볼 만하다. 이 사건은 꽤 유명했는데, 관아의 한 나졸이 김복선이라는 사람에게 환곡을 독촉하러 왔다가 그 집 머슴인 함봉련이한테 맞아서 죽은 사건이었다. 함봉련은 당연히 살인죄로 체포되고, 김복선을 비롯해 주위의 모든 증인들이 입을 모아 함봉련이 나졸을 죽였다고 증언한다.

하지만 형부에서 올라온 서류를 살피던 정조는 무언가 석연치 않은 점을 발견한다. 그리고 이것을 그냥 넘기지 않고 형조 참의로 있던 정약용에게 맡겼다. 정약용 또한 대번에 사건의 핵심을 알아차린다. 사실 나졸은 머슴인 함봉련이 아니라 주인인 김복선이 죽였으며, 함봉련은 그저 억울하게 누명을 썼을 뿐이라는 것을.

결국 정약용은 함봉련의 억울한 사정을 줄줄이 담아 정조에게 계를 올린다.

"신이 내용을 일일이 살펴보니 의심나는 점이 층층으로 생길 뿐 아니라, 한편으로 또한 원통하고 억울하기 그지없었나이다. 사건의 증인은 반드시 공정한 판단력을 지녀야 하는데, 김복선은 범인으로 고발을 당한 자로 그자가 죽을 입장에서 살고자 발버둥치는 말만을 믿고 사건의 증인으로 삼았으니, 천하에 이런 옥사는 없었습니다. 함봉련의 지극히 원통한 사정은 마땅히 다시 심사가 있어야 합니다."

이에 대한 정조의 반응은 지극히 부드럽고도 단호하다.

"미끼 놓인 그물에 기댈 곳 없는 제비가 잘못 걸렸구나. 함봉련을 즉시 놓아 보내라!"

정조는 힘없고 권세 없는 백성이야말로 그물에 잘못 걸린 불쌍한 제비와 같은 처지라는 것을 잘 알고 있었다. 그리고 그 제비 같은 백성을 구하려면 자신이 어찌해야 하는지도. 자신이 더욱 부지런히 살피고 또 살펴서 이런 억울한 사정이 다시는 없도록 하여야 한다는 것을. 그런 정조였기에 "그물에 잘못 걸린 기댈 곳 없는 제비" 같은 가난한 백성, 힘없는 머슴 함봉련이 그 어떤 '권력'의 도움도 없이 목숨을 구할 수 있었던 것이다.

정조 때 형사 사건을 기록한 판례집인 《심리록》을 살피면 정조가 자신의 다짐을 어떻게 지켰는지를 알 수 있다. 정조는 1,112명의 중죄인 가운데 겨우 3.2%에 불과한 36명에게만 실제 사형을 판결하고, 나머지 90%에 달하는 사람들은 거의 감형하거나 석방시켰다. 정조의 이 같은 조처는 사실 이전 어느 시기에서도 찾아보기 힘든 너그러운 판결에 든다. 정조에게는 아무리 사형수라 해도 보듬고 사랑해야 할 백성의 한 명이었던 것이다.

정조가 오히려 못마땅해하고 저어했던 것은 백성들을 사지에 내

모는 관리들이었다.

"저 고할 데 없이 불쌍한 백성들이 가슴속에 깊은 원한을 품고도 스스로 관원에게 아뢸 길이 없어 분주히 달려와 내게 호소하는 것이니, 마치 어린아이가 부모에게 하소연하는 것과 같구나. 저들은 실로 죄가 없다. 그렇게 만든 자들이 죄인인 것이다."

그리하여 더더욱 나쁜 관리들을 단속하는 데에 온 힘을 기울였다. 그런 이가 바로 정조였다.

물론 정조가 모든 점에서 완벽한 군왕이라는 뜻은 아니다. 성군이라 일컫는 세종조차 실수도 하고, 백성보다는 사대부나 나라의 안위를 먼저 내세운 경우도 많았다. 그렇지만 적어도 정조는 유교 사회라는 틀 안에서 가장 이상적인 군주의 모습을 보이려 했고, 또 그렇게 되고자 노력하였다.

정조 어록집 《일득록》에는 "임금은 백성을 하늘로 여겨야 한다", "백성이 배고프면 나도 배고프고, 백성이 배부르면 나도 배부르다", "내 차라리 앉아서 수천 포 곡식을 잃을지언정 차마 수만 명 백성들이 생계 수단을 잃게 할 수는 없다" 같은 말이 자주 등장한다. 그것이 또한 정조의 진심이었을 것이다.

자, 여기까지 살펴보니 자연스럽게 의문이 떠오를 것이다. 그렇다면 어째서 이토록 백성을 사랑하는 군주가, 다른 누구도 아닌 바로 그 백성들이 참으로 즐겨 했던 소설을, 정확히는 소설 '문체'를 그토록 핍박했는가 하고.

그 해답을 찾으려면 먼저 문체반정이 언제 어떻게 일어나서 어떻게 끝났는지, 그 과정부터 살펴볼 필요가 있겠다. 과연 문체반정은 언제 시작되어, 어떻게 진행되었으며, 또 어떻게 마무리되었는가?

새로운 문체에 딴지 거는 임금

정조는 중국 잡서와 당판 경서의 수입을 금하는 것으로 문체반정의 포문을 연다. 앞으로 중국에서는 그 어떤 소설책도, 그 어떤 문고판 책도 수입해서는 안 된다고 못을 박은 것이다. 거기에서 멈추지 않고 정조는 한 걸음 더 강한 방법을 취한다. 바로 선비들에게서 과거 응시 기회를 빼앗는 것이다.

정조가 왕이 된 지 어느덧 16년이 지났다. 스물다섯 살 풋내기 같던 청년은 이제 어엿한 마흔한 살 연륜을 쌓은 왕이 되었다. 그 사이 여전히 온갖 사건과 문제들이 끊이지 않았지만 어쨌거나 조금씩 정조가 펼친 정책들이 효과를 거두기 시작했던 1792년, 정조는 뜻밖의 행보를 한다. 바로 문체반정이라 일컬어지는 일련의 문체 개혁을 시작하는 것이다.

흔히 문체반정이라고 하면 정조 16년, 곧 1792년에 일어난 사건을 중심으로 이야기한다. 물론 그 전인 정조 11년이나 12년, 15년, 또는 그 뒤인 18년, 20년이나 23년 기록 들에서도 문체 이야기는 자주 찾아볼 수 있다. 아니, 정조는 재위 기간 내내 꾸준히 문체 이야기를 잊지 않고 강조했으며 어떻게든 바른 문체를 자리 잡게 하려고 애썼다. 평생을 바른 문장, 바른 학문을 전하는 데 힘을 쏟은 철저한 학자 군주였던 것이다.

심지어 정조는 스스로를 군사君師, 곧 '임금 스승'이라고 일컫는다. 그저 단순히 다스리기만 하는 '임금'이 아니라, 스스로 나서서 백성을 가르치는 '스승' 노릇도 함께한다는 것이다. 이 말에는 크게 보자면 정조의 통치 이념, 곧 임금이자 스승으로서 만백성을 덕으로 가르쳐 바른 길로 가게 하겠다는 이상적인 유교 군주의 꿈이 담겨 있다고 할 수 있다. 그러나 작게 보자면, 철저하게 자신이 앞장서서 백성들을 가르치겠다는 조금은 완고한 학자적인 자신감이 느껴지기도 한다.

실제로 정조는 문장에 있어서 아주 까다롭고 철저한 '빨간펜' 선생이었다. 나중에 살펴보겠지만, 이 선생에게 꼭꼭 찍혀서 몇 번씩이나 문장을 고치고 반성문을 써낸 신하들이 수두룩하다. 그래서 요즘으로 치자면 고지식한 국어 교사가 아이들에게 "제발 괴상한 이모티콘 쓰지 말고 바른 단어를 써라" 하고 애원하듯이, 틈만 나면 "제발 잡스러운 소설체 좀 그만 쓰고 바른 문체를 쓰거라" 하고 구구절절 타이르고는 했다. 하지만 어디까지나 '타이름'에 그치는 것이어서, 학문을 바르게 세우려는 노력이 보이기는 해도 그것을 법이나 형률로 강하게 밀고 나가지는 않았다. 이를테면 '체벌'이 따르지 않았던, 순수한 교화에 머물렀던 것이다.

그러나 1792년에는 달랐다. 정조는 꽤 강한 어조로 소설 문체를 비난한 뒤, 다시는 그런 문체를 쓰지 않도록 몇 가지 강력한 조처를 내린다. 그래서 특히 이때 정조가 했던 정책들을 두고 문체반정이라 일컫는 것이다.

문풍이 날로 고약해지니

대체 1792년에 무슨 일이 일어났던 것일까? 먼저 《조선왕조실록》의 기록을 살펴보자. 정조가 신하들에게 소설 문체의 폐해를 이렇게 이야기하고 있다.

"요즈음 선비들의 기상이 점점 나빠져서 문풍이 날로 고약해지고 있다. 과거 시험에 올라오는 문장들을 보더라도 모두 패관소품 문체를 모방하니, 경전에서 중요하게 여기는 뜻들도 전혀 소용이 없구나. 내용도 별로 없으면서 기교는 어찌나 부리는지 옛사람의 체취도 찾아볼 수가 없고. 조급하고도 경박한 것이 평화로운 세상의 문장 같지도 않다. 이는 세상의 도와 깊이 이어져 있으니 실로 걱정이 이만저만이 아니다." 《조선왕조실록》 정조 16년, 10월 19일

그리고 잘못만 말하고 고치지 못한다면 대체 그게 무슨 소용이냐며 강력하게 다음과 같은 명령을 내린다.

"이러한 폐단의 뿌리를 뽑아서 아주 없애 버리려면, 애당초 잡서들을 중국에서 사 오지 못하게 하는 것이 가장 좋다!"

중국에서 잡서를 사 오지 못하게 하는 것, 곧 중국 책들의 '수입 금지령'을 내린 것이다.

이때 잡서는 당연하지만 중국판 소설이나 소품체 글들을 말한다. 《평산냉연》, 《서상기》 같은 연애 소설부터 《삼국지》, 《수호전》

같은 영웅호걸들의 이야기, 《금병매》, 《육포단》 같은 애정 소설까지 온갖 소설들이 읽는 사람들의 마음을 쥐락펴락하면서 크게 인기를 끌던 때였다.

중국 번역 소설들뿐만 아니라 한글로 쓴 언문 소설들도 부쩍 늘었다. 스스로 직접 소설을 지어 파는, 요즘 말하는 '소설가'라는 직업도 새로 생겼다. 어떤 소설이 재미있다는 입소문이 돌면 여기저기서 재빠르게 베껴 그 필사본이 사람들 사이에 돌면서 화제를 불러일으켰다.

심지어 소설에 흠뻑 빠져 현실과 소설을 구분하지 못하고 살인하는 사건까지 생긴다. 《조선왕조실록》 정조 14년 조에는, 담뱃가게 앞에서 소설 낭독을 듣던 어떤 남자가 주인공이 억울하게 당하는 대목에 이르러서 "갑자기 눈을 부릅뜨고 입에 거품을 물더니, 담배 써는 칼을 들고 앞으로 달려들어 패설 읽는 사람을 쳐 그 자리에서 죽게 했다"는 기록이 전해진다.

학자 심노숭이 쓴 《남천일록》에는 이 대목이 좀 더 자세하게 나온다.

> 시골에서 이른바 《임장군전》이라는 언문 소설을 덕삼이가 가지고 왔다. …… 이것은 서울 담뱃가게, 주막집 파락호나 악소배들이 낭독하는 언문 소설이다. 옛날에 어떤 이가 이 소설을 듣다가 김자점이 임 장군에게 없는 죄를 씌워 죽이는 데 이르러 분기가 솟아올라 미친 듯이 담배 써는 큰 칼을 잡고 낭독자를 베면

서 "네가 자점이냐?" 하니 같이 듣던 저자 사람들이 놀라 달아났다고 한다. 심노숭, 《남천일록》, 〈언문 소설〉

주인공인 임경업 장군의 억울한 사연에 자기감정을 이입하다 못해 마침내 살인 사건까지 일으킨 것이다. 오죽 소설 속에 빠졌으면 이런 어처구니없는 사건까지 일어날까. 가뜩이나 소설에 곱지 않은 시선을 던지는 정조에게는 이런 모든 것이 한낱 헛소동이고 부질없는 감정의 과잉처럼 보일 수 있었겠다.

정조는 중국 소설 수입 금지령에 이어 고전 책인 경전이나 사서라도 당판唐板은 절대 들여오지 말라고 명한다. 당판은 중국에서 찍어 낸 가벼운 판본의 책으로 지금의 문고판쯤으로 생각하면 되겠다. 정조는 글자도 크고 종이도 질겨 오래 보는 우리 나라판 경서들을 제치고 하필 종이도 얇고 글씨도 자잘한 당판을 왜 멀리부터 구해 보느냐면서, 그 까닭이 순전히 "누워 보기 편해서" 그러는 게 아니냐고 혀를 찬다.

"당판은 책이 가볍고 얇아서 펼쳐 보기가 쉽고, 눕거나 기대서 멋대로 뽑아 보기에도 아주 편하다. 그래서 제멋대로에 매이기를 싫어하는 자들이 우리 나라 경서를 놔두고 가벼운 당판만 보는 것이다. 그 태만함과 잡됨과 어지러움과 게으름이라니! 다른 책도 그래서는 안 될 판에 하물며 고전과 경서를 어떻게 그런 얄팍한 당판으로 본단 말이냐?"

결국 정조는 중국 잡서와 당판 경서의 수입을 전면 금하는 것으로 문체반정의 포문을 연다. 앞으로 중국에서는 그 어떤 소설책도, 그 어떤 가벼운 문고판 책도 수입해 들여놓아서는 안 된다고 확실히 못을 박은 것이다. 거기에서 멈추지 않고 정조는 한 걸음 더 강한 방법을 취한다.

바로 선비들에게서 과거 응시 기회를 빼앗는 것이다.

이즈음 정조는 성균관 유생들이 낸 시험지를 살피다가 그만 입을 딱 벌리며 놀라고 만다. 고전을 따라서 가장 순수한 문체를 써야 할 유생들마저 글을 쓸 때 한결같이 소설체를 사용하고 있지 않은가! 대체 성균관 유생들이 누구이던가? 오로지 공부만 하라고 나랏돈으로 공짜로 먹고 자는 학생들이 성현의 바른 문장을 따르기는커녕 삿되고 못된 소설체에 흠뻑 빠지다니. 정조는 노발대발해서 다음과 같이 명령한다.

"성균관 시험지 중에 조금이라도 패관잡기를 쓰는 답안이 있으면 비록 글이 주옥같을지라도 꼴찌로 처리하라! 그리고 그 사람 이름을 확인하여 다시는 과거를 보지 못하게 하라! 내일 시험을 치를 때 여러 선비들을 모아두고 직접 이 뜻을 알리게 하겠다."

이 조처는 좀 더 강력하다. 중국 소설책이나 문고판을 금지하는 것은 그야말로 '안 보면' 된다. 소설을 아무리 읽고 싶고 뒷내용이 궁금해서 엉덩이가 들썩들썩거리고 몸이 단다 해도 까짓, 그거 안 본다고 죽는 것은 아니다.

하지만 과거를 보지 못하게 하는 것은 의미가 전혀 달랐다. 과거를 보지 못한다는 것은 관직에도 오르지 못한다는 뜻이고, 관직에 오르지 못하면 당장 먹고살 길도 없다는 뜻이기 때문이다. 사농공상, 신분이 엄격한 시대에 대다수 양반들이 할 수 있는 일은 오로지 학문을 닦아 관리가 되어서 녹봉을 받는 길밖에 없었다. 양반이라도 날 때부터 부자거나 지주일 확률은 극히 적었기 때문이다. 그렇다고 농사를 짓거나 장사를 하면 천하다 손가락질 받고, 양반 체면을 떨어뜨렸다 하여 비웃기 일쑤였다. 이런 상황에서 양반들이 돈을 벌 수 있는 길은 단 하나였다. 관리가 되는 것. 그래서 철철이 녹봉을 받아야 그나마 딸린 식솔들을 먹여 살릴 수 있었다. 그런데도 그 기회를 빼앗다니, 그야말로 문체를 제대로 쓰지 않으면 출셋길은커녕 밥줄조차 끊겠다는 뜻이 아닌가.

정조의 불호령은 비단 유생들에게만 떨어지지 않았다. 이미 벼슬에 오른 관리라고 그냥 넘어가지 않았던 것이다. 가장 먼저 지제교 벼슬에 있는 남공철이 철퇴를 맞았다. 지제교는 왕이 내리는 문서들의 초안을 기초하여 짓는 벼슬아치였다. 당연히 문장도 좋아야 하고 임금의 신임도 깊어야 하는데, 그런 남공철이 문서를 쓰다 그만 소품을 몇 구절 인용하고 말았다. 정조의 빨간펜이 당장 그 구절에 북북 선을 그었다. 그리고 한낱 유생도 아니고, 이른바 "띠를 두르고 홀을 든 채 관직에 나오는 자"가 어찌 소품을 인용할 수 있냐며 버럭 호통을 친다. 그리고 다음과 같이 명령한다.

"공철의 지제교 벼슬을 당장 떼도록 하라!"

단순히 혼내는 것에서 그치지 않고 막판에는 강하게 벼슬까지 자른 것이다. 남공철에 이어 이상황, 김조순, 심상규 같은 젊은 관리들이 줄줄이 정조에게 혼이 난다. 이들은 있던 벼슬을 잘리기도 하고, 자신의 잘못을 절절이 후회하는 자송문自訟文, 반성문을 써내는 벌도 받는다.

특히 이 가운데 김조순과 이상황은 패관소설 때문에 혼난 것이 이번이 처음이 아니었다.

정조 11년(1787) 일이다. 이때 이상황과 김조순이 예문관에서 나란히 숙직을 섰다. 정조는 공부하는 젊은 문신들을 몹시 아끼는 터라, 가끔씩 숙직을 하는 이들이 있으면 살펴보고 간식을 내리거나 선물을 주고는 했다. 이번에도 그럴 셈이었는지 정조가 승정원 벼슬아치인 주서를 시켜 예문관을 살펴보게 했다.

주서가 가 보니 숙직을 서고 있는 이상황과 김조순이 불을 환하게 밝히고 책상에는 책을 산더미처럼 높이 쌓아 둔 채 아주 심취해서 읽고 있었다. 정신없이 책에 빠진 모양새가 흐뭇하여 얼른 임금에게 알리려고 돌아서던 주서의 눈에 우연히 책 제목이 들어왔다.

《평산냉연》.

아, 아니, 이것은 청나라에서 들어왔다는 그 유명한 연애 소설이 아니던가! 훤칠한 미남인 평여형과 연백함, 그리고 아름다운 여인 산대와 냉강설, 네 명의 화사한 남녀가 주인공인 최고 인기 소설. 제목까지 오로지 아리따운 남녀 주인공들의 성을 따서 평, 산, 냉, 연 아니던가.

이는 대표적인 '재자가인才子佳人' 소설에 든다. 재자, 곧 재능 있는 남자와 가인, 곧 아름다운 여인이 나오는 소설. 이런 유의 소설은 그 내용이 이 책이고 저 책이고 다 똑같아서 "절세미남 능력 끝장 주인공이 역시 절세미녀 또랑또랑 여주인공을 만나 첫눈에 반해 사랑에 빠지고, 그 때문에 잠깐 고생을 하지만, 결국에는 주인공의 장원급제로 황제의 축복 속에 행복한 혼인을 하는" 흔하디 흔한 결말로 끝이 난다. 요즘으로 치자면 오로지 재미만을 위해 쓴 '로맨스 소설' 쯤 되겠다.

주서는 저도 모르게 끄응 한숨을 내쉬었다. 그러고 보니 책상에 가득 쌓여 있는 책들도 경서는 한 권도 보이지 않고 거의 다 한참 유행하는 소설들이다. 비실비실 돌아온 주서가 왕에게 사실을 알렸을 때 정조는 기가 막혔으리라. 정조는 그 자리에서 당장 그 잡서들을 불태워 버리라 명하고, 두 사람을 불러다가 혹독하게 야단을 친다.

그 사건이 무려 5년 전 일이었다. 그런데 정조는 이 5년 전 일까지 끄집어내어 당장 자송문을 쓰라고 신하들을 닦달한 것이다. 이 때문에 이상황, 김조순, 남공철이 줄줄이 자송문을 써야 했다. 특히 김조순은 이때 사신으로 청나라에 가는 중이었는데, 국경을 건너기 전에 자송문을 쓰고 가라는 엄명을 받는다. 결국 혼자 신나게 압록강을 건너려던 김조순은 덜컥 사신에게 잡혀 어금버금하게 자송문을 써내고 만다.

그리고 정조는 이들이 쓴 자송문을 문무백관이 잘 볼 수 있는 곳에 내걸고, 조정 소식을 전하는 조보朝報, 신문에도 싣게 한다. 이것은 확실한 전시 효과를 주었다.

정조는 여기에서 한 걸음 더 나간다. 문체반정의 크고 바른 뜻에 가장 걸림돌이 되는, 아니, 가장 큰 장애물이 되는 한 사람이 남았던 것이다. 바로 당대 최고의 지식인이라 할 연암 박지원이었다.

박지원은 명문 반남 박씨 후손이다. 5대조 할아버지는 선조의 사위였고, 팔촌 형은 영조의 사위가 될 정도로 명문 집안이었다. 하지만 거의 평생을 높은 가문과 권위에서 떠나 살았다. 학문은 누구도 따르지 못할 만큼 높았으나 공연히 학자연하며 으스대는 관리들이나 거들먹거리는 양반들은 몹시 싫어했다.

그 대신 평범한 보통 백성들과는 잘 어울렸다. 젊었을 때 우울증을 앓았던 박지원은 여러 사람들을 만나 재미있는 이야기를 들으면서 우울증을 고치려 했다. 박지원의 글에 다른 사대부들에게서는 좀처럼 볼 수 없는 똥 푸는 사람이나 떠돌이 거지, 몰락한 무인처럼 지극히 낮은 데서 살아가는 사람들이 자주 등장하는 것도 다 그 때문이다.

박지원은 글을 배우는 것도 몹시 늦었다. 박지원이 두 살 때 아버지를 여의자, 어린 손자를 불쌍히 여긴 할아버지가 공부를 거의 가르치지 않았던 것이다. 그래서 훌떡 커서 열여섯 살이 되어서야 비로소 글을 익히게 된다. 그러나 이것은 오히려 박지원에게는 약이었다. 만약에 남들처럼 어려서부터 성리학을 익혔더라면 분명 훗날의 박지원다운, 자유롭고 유쾌하면서도 깊이가 있는 글은 쓰기 어려웠으리라. 사회를 비판적으로 바라보는 눈 또한 생기기 힘들었을 것이다. 그러나 박지원은 글을 배우기 전에 먼저 세상을 배웠고, 그래서 그 누구보다 학문이 뛰어나면서도 그 누구보다 자유롭게 열린 시선으로 생각할 줄 알았다. 박지원의 문체가 남다를 수밖에 없는 것도 다 그런 까닭이다.

게다가 그 남다른 문체에 활짝 날개를 달아 주는 일이 생긴다. 바로 팔촌 형인 박명원을 따라 중국 사신단에 끼어 청나라를 여행할 기회를 얻은 것이다. 넉 달에 걸친 북경 여행 기간 동안 박지원은 생기 넘치고 호기심 많은 눈으로 아주 사소한 것도 허투루 놓치지 않은 채, 날카로우면서도 호탕하고 발랄하면서도 유연하게 새로운 풍광을 눈부시게 기록해 내었다. 그것이 바로 그 유명한 《열하일기》이다.

이 새로운 글쓰기는 사람들을 열광시켰다. 한마디로 통쾌한 책이요, 신선한 문체였다. 수천 년을 내리 이어 온 딱딱하고 지루한 고전 문체를 확 던져 버리고, 그 대신 생생한 묘사와 살아 있는 대화를 집어넣고, 파격적인 구성에다 웃음과 질타와 해학을 뒤섞어서 최고로 버무려 낸 참으로 멋지고도 맛있는 여행기. 먹어 보기 전에 입부터 상큼해졌고, 먹고 나서는 가슴이 탁 트이고 그 자유로움에 한없이 매료되었다.

사람들은 기꺼이 《열하일기》에 빠져들었고, 책에 나온 싱싱한 문체를 다투어 흉내 내기 시작했다. 그것을 두고 이른바 '연암체'라는 말까지 나왔으니, 정조의 눈에 띄지 않는 것이 오히려 이상한 일이었으리라.

정조는 물론 《열하일기》의 성취를 높이 평가했다. 좋은 글을 결코 몰라볼 리 없는 뛰어난 학자 임금이 아니던가. 그러나 이 책이 갖는 신선함과 통찰력을 높이 평가하는 것과는 별개로, 한 나라의 군주로서 고전 문체를 바로 세우려는 자신의 문체반정에 《열하일기》의 자유롭고 파격적인 문체가 얼마나 해악을 끼칠 수 있는지를 또한 정확히 알고 있었다. 그래서 꼭 집어 박지원을 지목해 다음과 같이 말하는 것이다.

"요즈음 문풍이 이와 같이 된 것은 그 근본을 따져 보면 모두 박 아무개의 죄이다. 《열하일기》는 내 이미 익히 보았으니 어찌 감히 속이고 숨길 수 있겠느냐? 이자는 바로 법망에서 빠져나간 거물이다. 《열하일기》가 세상에 유행한 뒤에 문체가 이와 같이 되었으니, 당연히 문제를 일으킨 자가 스스로 해결해야 하지 않겠느냐?" 박지원, 《연암집》, 〈지제교 남공철에게 답함〉 원서

그리하여 이 '법망을 빠져나간 거물'에게 정조가 내린 벌은 이것이었다.

"신속히 순수하고 바른 글 한 편을 지어 급히 올려 보내 《열하일기》의 죗값을 치르도록 하라!"

정조는 박지원에게도 자송문을 요구한 것이다. 물론 이때 자송문은 또박또박 잘못을 고백하는 진짜 반성문이라기보다는, 모범이 되는 "순수하고 바른 글" 한 편이 되겠다. 그리고 박지원에게 충분히 순수하고 바른 고전문을 완벽하게 쓸 수 있는 자질이 있음을 정

조는 꿰뚫어 보았던 것이다.

사실 엄격히 따져 보자면 박지원의 문체는 완전한 소품체는 아니었다. 오히려 기본은 충실하게 고전을 따르고 있었다. 다만 반듯한 고전 문체만큼이나 아기자기한 소품체와 호쾌하고 흥미로운 소설체, 저잣거리 걸쭉한 농담이나 절묘하고 섬세한 묘사들을 마치 처음부터 한 몸인 것처럼 자유롭게 녹여 써냈다는 것이 더 큰 문제였다. 박지원의 뛰어난 점은 비단 탁월한 문체뿐만 아니라, 그 갖가지 문체들을 마치 장난이라도 치듯 이리저리 휙휙 골라 쓰면서 기막히게 이야기를 엮어 내는 더없는 '자유로움'에 있었던 것이다.

그토록 자유롭게 고전과 소품을 오가는데도 오히려 글의 매력이 더욱 살아나다니! 그래서 고전만큼이나 소품이 얼마나 근사한지를 느끼게 해 주다니! 그것은 단순히 소설 문체 하나만 잘 쓰는 것보다도 훨씬 더 위험한 일이었다.

그리하여 정조는 딱 집어서 "바르고 순수한!" 글을 급히 올려 보내라고 한 것이다. 이것저것 섞지 말고 가장 기본만으로 멋지고 바른 글을 선보이라고. 박지원 정도의 고수가 순수한 글을 쓴다면 그것만으로도 가장 훌륭한 모범이 될 것이었다.

아, 그래서 박지원이 임금의 명을 따라 냉큼 순수한 글을 써냈느냐? 물론 그렇지는 않다. 박지원은 전혀 다른 반응을 한다. 이에 대한 박지원의 대답과 행보는 굉장히 중요하기 때문에 다음 장에서 자세히 다루기로 하겠다.

하지만 이때 정조가, 초야에 묻혀 있던 당대 최고의 문장가 박지원을 굳이 지목한 의도는 확실하다. 그만큼 문체반정을 이루려는 뜻이 아주 굳건함을 밝힌 것이다. 그 뛰어난 박지원마저도 문제가 되는데, 엉거주춤한 다른 문인들이야 당연히 스스로 더 깊은 반성을 해야 하지 않겠는가? 정조는 가장 확실한 본보기를 들어 냉정하게 묻고 있었다.

허물은 고치는 것이 중요하다

대충 이 정도가 1792년에 일어났던 문체반정의 전체 내용이다.

중국 잡서의 수입 금지령, 소품체 문장을 쓰는 유생들의 과거 응시 자격 빼앗기, 소설에 빠진 관료들의 벼슬 떼기, 거물 박지원에게 자송문 요구하기……

그런데 적고 보니 그렇게 강한 정책이었다고 보기에는 좀 무리가 있다. 중국 서적을 금하기는 했지만 어차피 책이야 알음알음으로 다 들어오기 마련이고, 책을 불법으로 들여왔다고 누군가가 목이 잘리거나 피를 흘렸다는 기록도 없다.

바로 전 시대인 영조 때에 조선 왕실을 모독한 중국 역사책 《명기집략》을 읽거나 갖고 있었다는 이유만으로 수많은 문인과 책 거간꾼들이 죽거나 유배를 당한 것을 생각하면 오히려 너그러운 조처다. 영조는 주동자들을 "즉시 강변에서 목을 잘라 머리를 장대에 높이 달아라!" 명령하였다. 《조선왕조실록》에는 "벌거벗긴 채 두 손을 뒤로 묶여 이글거리는 태양 아래 나란히 엎드려 죽게 된 자가 거의 백여 명이었다"는 기록이 남아 있다. 이에 견주면 정조는 그 야말로 굉장히 너그러운 모습을 보여 준다.

또 소품체 문장을 쓰는 유생들에게 과거 응시 자격을 빼앗았다고는 하나 유생들이 바른 문체로 돌아오면 바로 시험을 볼 수 있게 해 주었다. 소품체를 쓴 전력이 있다고 하여 과거를 보는 데 따로 차별을 두지도 않았다. 중요한 것은 자격을 빼앗는 것이 아니라 그렇게 해서 소설체 문장을 버리게 하는 것이니까. 정조가 중점을 둔 것은 '처벌'이 아니라 '교화'였던 것이다.

관리들의 벼슬을 뗀 것도 마찬가지. 경서를 본받는 순정한 문체로 자송문을 잘 써내면 벼슬도 즉시 도로 내주었다. 때로는 오히려 문장이 좋아졌다고 칭찬까지 한다.

"사람이 누가 허물이 없겠는가. 문제는 허물을 고치는 것이 더 중요하다."

정조는 그런 말로 유생들과 관리들을 다독였다. 호되게 관리들을 야단친 것도 그들이 미워서가 아니라 "나이가 젊고 재주가 있으므로 그들로 하여금 더욱 학문에 힘쓰도록 하여 뜻과 취향을 보려 함이었다"고 강조한다. 그러므로 재주 있는 사람일수록 더욱더 바른 문체를 갈고 닦으라 당부하는 것이다.

정조는 그 밖에도 문체를 바르게 하는 여러 가지 노력을 마다하지 않았다. 이를테면 '문체'를 책문의 주제로 내어서 끊임없이 유생들과 관리들에게 그 문제를 거듭 환기시켰다.

"왕은 말하노라. 대저 문체란 세대에 따라 똑같은 것이 아니어서 한 세대 사이에도 자주 변한다. 이는 오직 시대의 유행일 뿐인데, 그 성하고 쇠하거나 흥하고 망하는 것이 일찍이 정치와 공통되지 않았던 적이 없었다.

 도를 담는 문장이 가장 좋고, 비록 그 아래라도 반드시 학식이 속에 쌓여야 아름다움이 밖으로 드러날 수 있는데…… 근래에 들어서는 어쩐 일인지 고요하여 들리는 것이 없고, 유생들이 익히는 것은 과거 시험의 문자에 불과할 뿐이어서…… 천박하고 난잡함이 갈수록 더욱 심해진다.

 이것은 진실로 세속의 유행이 만든 것이냐, 아니면 잘못 가르치고 길러서 그러한 것이냐? 어떻게 하면 문체를 새롭게 바꿔 자연스러움과 기이함을 각기 알맞게 하여 학문을 넓히고 세상 도리를 빛나게 할 수 있겠느냐?

 그대 여러 유생들은 반드시 속으로 궁리한 것이 있을 것이니, 모두 저마다 써서 올려 보내라. 내 친히 열람하리라!" 정조,《홍재전서》,〈책문2-문체〉

왕이 내린 책문에 유생들은 다투어서 패가소품의 흉악한 점을 들고 대책을 올린다. 그 가운데 하나만 살펴보자.

"혜성과 흙비가 오는 것을 '하늘의 재앙'이라 하고, 가뭄과 홍수로 마르거나 무너지는 것을 '땅의 재앙'이라고 한다면, 패관잡서는 '사람의 재앙' 중에서 가장 큰 것이라 하겠습니다. 음탕한 말과 추한 이야기가 사람들의 마음을 어지럽게 하며, 사특하고 요사스런 내용이 사람들의 지식을 함정에 빠뜨리고, 황당하고 괴이한 이야기는 사람의 교만한 기질을 부추기며, 겉만 화려하게 꾸며 몸과 마음을 약하게 하는 문장은 사람의 씩씩한 기운을 모두 없애 버립니다."

이 무시무시한 문장으로 소설을 비난하는 책문을 누가 썼을까? 바로 다산 정약용이다. 윗글은 정약용 문집 《여유당전서》에 실린 〈문체책〉의 한 대목을 옮긴 것이다. 조선 후기의 대실학자이자 시대를 앞선 지식인으로 일컬어지는 정약용조차 이렇듯 소설에 대해서는 한 치 동정심이 없었다. 사실 정약용은 문체에 있어서만큼은 정조와 가장 비슷한 정서를 지니고 있었다. 학문이 깊고 넘치게 똑똑한 두 사람은 황당하고 꾸민 것투성이인 소설을 지독하게 싫어했던 것이다.

정약용의 글을 조금 더 살펴보자.

"만약 자제가 이것을 일삼으면 경전과 역사 공부를 울타리 밑의 쓰레기로 여길 것이고, 나라의 재상이 이를 일삼으면 조정의 일을 소홀히 할 것이며, 부녀자가 이를 일삼으면 길쌈하는 일을 마침내 그만두게 될 것이니, 하늘과 땅 아래 그 어떤 재앙이 이보다 더 심하겠습니까? 신은 지금부터라도 나라 안에 유행하는 패관잡서들을 모두 모아 불사르고, 북경에서 패설을 사서 들여오는 자들도 모두 중벌로 다스려야 한다고 생각합니다. 그래야 점차 불순한 이야기들이 뜸해지고 줄어들어서 문체도 크게 좋아질 것이 아니겠습니까?"

국내에 유행하는 모든 패설을 모아 불사르고, 소설을 수입해 오는 자들도 중벌로 다스리자.

딱 정조의 생각이다. 그리고 정조는 기어코 이 생각을 실천에 옮긴다. 물론 정약용의 과격한 발언 그대로 책을 불사르거나 관리들을 중벌에 처하지는 않았지만, 그래도 확실하게 중국 잡서의 수입을 금지하고 관리들을 혹독하게 훈계하였던 것이다.

또한 정조는 패설과는 반대로 본보기가 되는 좋은 문장들을 모아 여러 가지 선집을 펴내는 작업도 꾸준히 했다. 모범적인 공식 문서들을 모은 《문원보불》, 《육영성휘》 같은 책들, 고전에서 좋은 글을 뽑아 엮은 《사기영선》, 《당송팔자백선》 같은 책들, "기운이 넉넉하고 이치가 합당한" 문장을 선보이는 여러 개인 문집들도 펴내서 널리 읽혔다. 모두 문체에 있어 내로라하는 글들로 이를 통해 문풍이 크게 좋아지기를 바랐던 것이다. 정조 때에 유난히 많은 서책들이 나온 것도 다 학자 정조의 덕이 크다.

정조는 또 당시 극심한 문제점을 보이고 있던 과거 제도도 이 문체를 통해 고치려 애썼다. 아니, 정확히는 과거제의 폐단이 문체를 망치고 있다고 걱정을 했다. 그래서 새로 과거에 뽑힌 젊은이들의 문체가 상스럽고 엉성한 것은 모두 "지난날 과거장이 어지러웠을 때 풍습에 물들었기 때문"이라거나, 요즘 문장이 능한 사람이 드문 까닭이 바로 "수십 년 전에 글도 읽지 않고 과거에 합격하였던 습관에서 말미암았다"고 지적을 하고는 한다.

정조의 말이 아니더라도, 이즈음 과거 제도는 엄청난 문제점을 안고 있었다. 짐을 나르는 심부름꾼이나 일꾼을 속여 들여와 시험을 대신 치게도 하고, 책을 갖고 들어가 몰래 베끼거나, 미리 쓴 글을 갖고 와 뻔히 보는 곳에서 내기도 했다. 무엇보다 무조건 빠르게 먼저 내는 시험지를 주로 뽑았기 때문에 앞뒤 논리도 없이, 첫 줄만 강조하고 나면 바로 뒤집어서 결론부터 나오는 "전개와 서두를 반대로 구성하는 해괴한 문체"들이 판을 쳤다.

그래서 사헌부 벼슬아치 박사기가 과거의 폐단을 논하는 상소를 올리게 된다.

"오늘날 폐단 중에서 과거의 폐단이 가장 심합니다. 그 대략을 논하자면 첫째는 선비들이 글을 읽지 않는 것이고, 둘째는 시험관이 빨리 낸 시험지만을 취하는 것이고, 셋째는 과거 시험장이 어지러운 것이고, 넷째는 세력 있는 자들이 다른 사람의 힘을 빌리는 것입니다.

대체로 과거 시험에서 쓰는 글이 비록 경술과는 다르지만 그래도 반드시 육경에 뿌리를 두고 제자백가에도 통해야 하는데…… 지금 선비들은 글 읽기를 힘쓰지 않으므로 문체가 거칠고 졸렬하여 수십 년 전에 견주면 대체 몇 단계나 떨어졌는지도 모르겠습니다.

선비라는 사람들이 제 재능은 생각지 않고 바쁘게 서둘러 글을 얽어 바치려고 반드시 시제가 걸려 있는 아랫자리를 다투고…… 학문도 없는 무리들이 다른 사람의 초고를 베껴 제 글인 양 바쳐 심지어 대과에는 한 사람이 지은 글을 수십 명이 써먹기도 합니다. 그리고 권세 있는 집안의 자제 한 사람이 과거를 보는 데는 수종이다 사수다 하는 자들이 무려 수십 명이나 따르니, 이것이 어지러운 소치가 아니고 무엇이겠습니까.

……네 가지 폐단 중에 하나라도 있으면 과장이 깨끗이 될 가망이 없는데, 하물며 이 네 가지 폐단이 다 있는 데야 어찌되겠습니까?" 《조선왕조실록》 정조 13년, 3월 27일

정조는 박사기의 상소에 "과거의 폐단을 논한 그대의 말이 참으로 절실하다"고 대답한다. 특히나 선비들이 글 읽기를 힘쓰지 않아 문체의 거칠고 졸렬함이 "수십 년 전에 견주면 대체 몇 단계나 떨어졌는지" 모르겠다는 말에는 크게 동의할 수밖에 없었다. 이는 정조도 계속해서 걱정하는 바였다. 그리고 한번 이렇게 떨어진 문체는 좀처럼 다시 살아나지 않았다. 따라서 정조는 문체를 바르게 세우기 위해서라도 잘못된 과거제를 고쳐야 할 필요가 있다고 보았

다. 그것도 잘못이 시작된 바로 그 시점에서.

어떻게? 당연히 나쁜 문체를 쓰는 사람을 과거에서 뽑지 않으면 그만이다. 그러면 자연히 모든 유생들이 바른 문체를 쓰려고 노력할 테니까. 정조가 성균관 유생들에게 바른 문체를 쓰라고 닦달한 것도, 조금이라도 패관잡기를 쓴다면 아예 과거를 볼 기회조차 빼앗겠다고 으름장을 놓은 것도 다 같은 맥락에서 이해할 수 있을 것이다.

말하자면 정조는 문체반정을 단순히 문체의 문제만 아니라 잘못된 제도의 문제, 곧 과거제 폐단을 속히 고치는 방법의 하나로까지 넓게 이해해 생각한 것이다. 문체를 바로 잡으면 과거제도 바로 잡힌다. 따라서 문체야말로 과거제 폐단을 고치는 가장 큰 기초의 하나라고 정조는 본 것이다.

그리고 보면 문체반정에 걸린 사람들 사이에는 하나의 공통점이 있다.

바로 '과거'.

과거 제도, 과거 시험지와 과거 문장, 과거를 통해 올라온 관리들, 또는 과거를 볼 수 있는 유생들.

정조가 문제 삼았던 글들도 모두 다 이른바 '관각문館閣文'이라 하여 관청이나 과거 시험에서 쓰는 공식 문서들이었다. 처벌을 받은 이도 관리들이나 명문가 자제, 성균관에서 공부하는 유생들 정도였다. 곧 그들 모두 글을, 정확히는 '한문'을 아는 사대부들이었던 것이다.

그 밖의 다른 사람들은 전혀 처벌 대상이 아니었다. 그 즈음 널리 퍼졌던 한글 소설들, 직접 소설책을 찍고 유통한 책방이나 책 거간꾼, 연애 이야기를 쓴 소설가, 그들이 만든 책을 보고 울고 웃으며 소설을 읽어 댄 일반 백성들······. 이들이 문체반정의 대상이 아니었음은 불을 보듯 뻔했다. 그들은 과거 제도와는 거리가 멀었고, 고전 경서들은 글자를 읽기는커녕 구경하는 것조차 힘들었다. 따지고 보면 평범한 백성들과 아낙들이 즐겨 소설을 읽을 수 있었던 것도, 바로 당시 '암글'이라 불리며 천시받던 한글 소설이 등장하였기 때문이 아니던가.

결국 문체를 두고 정조가 닦달한 것은 명백히 "한문을 아는 양반"들이었다. 경서를 읽고, 그 고귀한 법도를 몸으로 실천해야 하는. 그런데도 오히려 패설의 한심한 정서에 빠져 감정적으로 좌충우돌하고 있는, 이른바 '사회 지도층' 인사들이 정조의 문체반정에서 가장 먼저 처벌받는 대상이었던 것이다. 그들조차도 실은 자송문 이상의 벌은 받지 않았다.

그래서 문체반정을 연구한 한 학자는 "정조가 행한 정치적 조처의 핵심은 관각문의 문제였으며, 실제로 처벌과 탄압은 그 말의 실제 의미처럼 강한 것이라고 보기는 어렵다"는 분석을 하기도 했다.

그런데도 참 재미있는 것은 이때 정조가 했던 정책들을 문체 '반정'이라는 강한 말로 일컫는다는 것이다. 이는 정조 시대를 연구하는 학자들이 붙인 말로, 실제로 막상 정조 때에는 쓰지 않던 말이다. 그 당시는 오히려 "바른 곳으로 돌아간다"는 뜻의 귀정歸正이나, "순수한 바름으로 돌아간다"는 뜻의 순정醇正 같은 말을 흔히 썼다. 《조선왕조실록》의 기록에는 '비변귀정丕變歸正, 크게 변하여 바름으로 돌아간다', '기사순정其辭醇正, 문장을 순수하고 바르게 한다' 같은 문장들이 나온다.

따라서 이때 정조가 했던 문체 정책을 표현하는 말로 문체반정은 적합한 말이 아니다. 오히려 '문체귀정', '문체순정' 같은 표현을 써야 더 맞다. 아니라면 그냥 중립적으로 '문체 정책'이라고 했어야 오히려 더 정확했을 것이다. 그런데도 후대 학자들은 문체반정이라는 말을 '만들어서' 썼다.

왜?

왜 하고많은 말을 다 버려두고 하필 반정이라는 말을 썼을까?

솔직히 반정이라는 말은 얼마나 정치적인 뜻을 품고 있는가. 흔히 폭군이나 아주 나쁜 왕을 몰아낼 때, 그래서 정의를 바로 세울 때 쓰는 말이 이 '반정'이다. 폭군 연산을 몰아낼 때 중종이 한 것이 바로 '중종반정'이고, 광해군을 몰아낼 때 인조를 비롯한 대신들이 들고 나온 명분도 바로 이 나라를 말아먹을 역적을 토벌해 바른 나라를 세우겠다는 '반정'이었다.

그야말로 굉장히 민감하고 정치적인 말이 반정인 것이다. 그런데도 학문 용어로는 절대 맞지 않는 이 말을, 희한하게 바로 그 학문을 연구하는 학자들이 먼저 나서서 붙였다.

왜?

대체 왜?

한번쯤 생각해 볼 의문이리라. 그리고 아마도 이 걸맞지 않게 붙여진 단어에서 문체반정의 진정한 의미를 찾아볼 수 있을 것이다. 희망과 억압이 동시에 존재하며 부글부글 끓던 정조 시대, 그 시대의 문체 정책이 단순한 문체귀정이 아니라 민감한 문체반정이 될 수밖에 없었던 까닭을.

학문이냐 정치냐, 그것이 문제로다

정조는 왜 문체반정을 일으켰을까. 학문적인 이유였는가, 정치적인 이유였는가? 문장을 도의 도구로 파악하는 전형적인 유교 군주이면서도, 복잡하게 얽히고설킨 조선말 정치 상황을 책임져야 했던 냉철한 군주이기도 했던 정조. 과연 정조는 어느 쪽이었을까? 학문 쪽이었을까, 정치 쪽이었을까?

개혁에는 흔히 두 가지 방법이 있다고 한다. 하나는 위로부터 하는 개혁이요, 또 하나는 아래로부터 하는 개혁이다. 지배층이나 지식인들이 앞장서는 위로부터 개혁이 종종 현실을 제대로 반영하지 못하고 중간에서 변질되거나 꺾이는 것에 견주어, 밑바닥 백성이나 민중들이 일으키는 개혁은 불꽃처럼 치밀어 올라 비록 꺾인다 하더라도 그 정신만큼은 길이길이 오래 이어진다. 실패하되, 실패하지 않는 끈질긴 생명력을 보여 주는 것이다.

정조가 일으킨 문체반정은 명백히 위로부터 개혁이었다. 그것도 최고 자리에 있는 왕이 문장을 바르게 고치겠다고 '일부러' 일으킨 문화 정책의 하나이다. 문체를 쓰는 사람들이 스스로 필요해서 일으킨 개혁이 아니니 처음부터 흔들렸을 것은 당연한 일이다. 문체반정이 결국에는 성공하지 못했던 것도 따지고 보면 정말로 필요해서, 마땅히 그러해서 일어난 개혁이 아니었기 때문이다.

그렇다면 이제는 좀 더 근본인 질문을 해 보자. 이런 한계를 지녔음에도 정조는 왜 문체반정을 일으켰을까? 어느 날 갑자기 정조가 마른하늘에 날벼락 치듯 문체반정을 일으키지는 않았을 것이다. 무언가 그즈음에 분명히 정조로 하여금 문체반정을 일으키게 만든 것이 있었다. 그것이 과연 무엇일까? 정조는 대체 무슨 생각으로 문체반정을 일으켰을까?

문체반정을 연구한 학자들은 이 물음에 크게 두 가지 이유를 들어 대답한다. 하나는 학문적인 이유고, 또 다른 하나는 정치적인 이유다. 이는 정조를 학자 정조, 그리고 정치가 정조로 나누어 생각해 본다는 뜻이 되겠다.

말하자면 고전만을 최고 학문으로 치는 '학자' 정조가 난데없이 나타난 소설이란 괴물 때문에 나날이 타락해 가는 문체를 더는 두고 볼 수가 없어서 이를 바로잡는 일에 나섰다는 것이 큰 이유로, 이는 순전히 문체를 '교정'하려는 학문적인 의지로 볼 수 있다. 또 다른 하나는 군왕이요 '정치가'인 정조가 당시 돌아가는 정치판에서 자신의 뜻을 이루려는 수단으로 문체반정을 일으켰다는 것으로, 이는 정조가 자기 목적을 위해 문체를 '이용'했다는 말과 같다. 곧 정조의 또 다른 정치적인 의도가 문체반정 속에 숨어 있다는 뜻이다.

과연 문체반정은, 문체를 바로잡아 문장을 '교정'하려는 학문적인 의지였을까, 아니면 문체를 '이용'해서 자기 뜻을 이루려는 정치적인 의도였을까? 아마도 이렇게 의견이 분분한 것은 정조가 학자로서도, 정치가로서도 어느 한쪽으로 기울 수 없는 무게감을 지니고 있기 때문일 것이다. 과연 어느 쪽인지 차근차근 알아보기로 하자.

문체는 세도와 함께 오르락내리락하니

먼저 학자 정조의 모습부터 살펴보자.

알다시피 정조는 지독한 책벌레이자 학문이 깊은 유학자이다. 읽지 않은 책이 없다고 할 만큼 박학함을 자랑했으며, 경연에서도 종종 뛰어난 학문 실력으로 오히려 가르치는 벼슬아치들을 쩔쩔매게 만들기 일쑤였다. 기억력이 어찌나 좋은지 신하가 책의 구절이 생각나지 않는다고 헤매고 있으면, 그 자리에서 바로 "《주서절요》 제 몇 편 몇 판을 찾아보라" 하고 가르쳐 줄 정도이다. 과연 정조의 말이 맞았으니, 신하들은 그 방대한 지식에 기가 질렸을 것이다.

정조가 남긴 개인 문집 《홍재전서》는 그 양도 184권 100책으로 어마어마하지만, 그 엄청난 양 속에서도 결코 밀도가 떨어지지 않는 높은 견해와 주장들을 담고 있어 놀랍기 그지없다. 《홍재전서》는 정조가 역사와 문학, 경학 같은 당대 모든 학문의 쟁점과 의미를 속속들이 파악하고 있는 최고의 학자였음을 증명한다.

그런 최고의 학자가, 당대 문체에 대해서는 다음과 같은 진단을 내렸다.

"요즈음 나오는 시문은 모두 급하고 빠른 데다 가볍고 얄팍하기만 하다. 그리하여 두텁고 후하며 깊디깊은 뜻이라고는 전혀 없도다."

"문체가 날로 빠르고 작아져서 세상을 다스리려는 뜻이 전혀 없구나."

"요즈음 문체가 나날이 스러지고 나빠지고 있으니 참으로 근심스럽다."

날로 빠르고, 작아지고, 급하고, 얄팍해져서 세상을 다스리는 깊은 뜻이라고는 조금도 없는 문체. 그것이 요즘 문체이고, 그 때문에 정조는 심히 근심스럽다는 말이다.

그런데, 아무리 문체가 나빠졌다 한들 그것을 군왕이 그토록 근심해야 하는 일인가? 정조는 그렇다고 대답한다. 왜냐하면 문체에 따라 세상인심도 변하기 때문이다.

"옛사람이 말하기를, 문체에서 세상인심을 볼 수 있다 하였으니, 이 말이 참으로 의미가 크도다."

정조는 이 생각을 세손 때부터 갖고 있었다. 그만큼 오래됐다는 뜻이다. 《조선왕조실록》 영조 52년의 기록을 보면 당시 왕세손이었던 정조가 도승지를 만나 나랏일을 의논하는 대목이 나온다. 이때 정조는 첫마디를 이렇게 뗀다.

"문체는 세도世道와 서로 통하니 그 격식을 새롭게 바꿔야만 합니다."

이것이 훗날 왕이 되어서도, 왕으로서 24년을 다스리고, 결국 미완의 꿈을 남겨 둔 채 숨을 거둘 때까지도 문체에 대한 정조의 변함없는 생각이었다.

문체는, 세도와 통한다.

문체는, 다름 아닌 '세상의 도'와 통한다.

어쩌면 이것이 정조가 문체반정을 일으켜 문체를 바로잡으려는 가장 큰 이유일 것이다.

여기서 세도는 글자 그대로 '세상의 바른 도리'라는 단순한 뜻에서 머물지 않는다. 오히려 앞서 나온 세상인심이나 형편 같은 것을 포함하는, 그보다는 더 크고 넓은 뜻을 나타낸다. 정조는 문체를 통해 이른바 '시대'를 읽어 낼 수 있다고 보았다.

"한 시대는 저마다 독특한 문체가 있어서 당시 세도와 더불어 오르락내리락한다. 따라서 문장을 한번 읽어 보면 그 문장을 낳은 세상이 어떠한지를 논할 수 있는 것이다. 주나라의 도가 나빠지자 모사꾼들이 천하를 마음대로 돌아다니고, 한나라의 왕업이 크게 세워지자 그 나라의 문체는 바르고 우아해졌다. 대체 어찌하여 이런 것이냐?" 정조,《홍재전서》,〈책문3 - 문체〉

왕업이 크게 세워지자 바르고 우아해진 문체. 그것이 무슨 뜻이겠는가? 세상살이의 잘되고 못됨이 바로 문체에 나타난다는 뜻이 아니겠는가.

따라서 정조에게 문체란, 단순히 글의 형식을 일컫는 학문 용어에서 그칠 수가 없었다. 그보다는 세도와 더불어 오르락내리락하는 것. 그 문체를 낳은 세상을 정확히 말해 주는 잣대. 그 시대의 의식과 풍속, 인심, 사는 형편, 정치, 경제, 사회, 문화, 모든 이야기를 다 담고 있는 거울이요 그릇인 것이다.

그런데 그런 문체가 편안하고 올곧아지기는커녕 "급하고, 빠르고, 가볍고, 얄팍해졌다" 하니 이것은 곧 세상이 그만큼 급하고, 정신없고, 경박하며, 인심까지 사나워졌다는 소리가 아니겠는가? 따라서 왕으로서는 당연히 문체를 바르게 세우는 일이 가장 중요한 일이 될 수밖에 없었다.

그런데 잠깐 궁금하다. 문체를 바르게 세우면 세상도 바르게 된다는 말이 자꾸 나오는데, 대체 문체에 무슨 힘이 있어서 그렇다는 걸까? 그냥 글을 쓰는 글투에 지나지 않는 문체가 대체 무슨 힘이 있다고 세상을 바르게 바꾼다는 말인가? 정조는 문체가 세상 풍속을 바로잡기 때문이라고 대답한다.

"모름지기 시라는 것은 세상 풍속을 바로잡는 것과 관계가 있느니라. 가까이는 아비를 섬기고 임금을 섬기며, 멀리로는 사방에 사신으로 가서 자기 구실을 다 하는 것이 모두 이 시의 효능이라 할 것이다. 그런데 요즘 시들을 보면 슬프고 울적한 음조를 띠고 있으니 이는 모두 시를 배우는 본뜻을 잃었다 하겠다." 정조,《일득록》,〈문학3〉

여기서 "모름지기 시라는 것은"의 '시'는 고전을 말한다. 곧 도리와 예의를 말하는 고전의 시가 자연스럽게 사람들에게 녹아들어 아비를 섬기고, 임금을 섬기고, 관리로서 제 몫을 다하게 만드는 행동 원칙이 된다는 것이다. 바로 거기에 고전의 '효능'이 있다. 끊임없이 도를 말함으로써 그 도를 직접 실천하게 하는. 그래서 고전은 모든 문장에 도를 담으려 한 것이고, 그 때문에 고전에는 세상 풍속을 바로잡게 하는 힘이 있다고 정조는 본 것이다.

하지만 요즘 시들, 곧 소설은 그와 반대이다. "슬프고 울적한" 소설 속 이야기들은 사람들을 실컷 울리기나 하지 결코 힘이 되어 주지 못한다. 도리어 씩씩한 기운을 빼앗고, 자기 구실도 제대로 못 하게 하며, 감정을 휘몰아치게 해 오히려 무언가 문제를 일으키기 일쑤이다. 더 나아가 고전의 반듯한 도를 버리라고 부추기기까지 한다. 세상 풍속을 바로잡아 주는 "시를 배우는 본뜻"을 깡그리 잃어버린 셈이다.

문체를 통해 세상을 바라보는 정조에게 이것은 위험한 징조일 수밖에 없었다. 그리고 위험하다면, 임금으로서는 반드시 고쳐야 했다.

"임금 된 자는 반드시 크게 노력하여 바른 문풍을 일으키는 것에 스스로 책임을 다하여야 한다. 그래야 한때의 나쁘고 고질적인 문체를 바꿀 수 있다."

그리고 그래야만 세상도 바르게 바꿀 수 있다고 정조는 믿었다. 이것은 지극히 학자 군주다운 발상이다. 학문을 바르게 닦으면 세상의 모든 병폐도 바르게 고쳐진다니. 그야말로 이상적인 유교 학자의 꿈이라고 할까. 어찌 보면 참 순진하고 고지식한 생각일 수도 있겠으나, 정조는 정말로 그렇게 믿고 싶었던 모양이다. 누누이 문장과 세상의 관계를 강조하는 것을 보면.

"문장의 도는 큰 것이다. 따라서 문장의 높낮음이나 오르내림을 보아서 백성이 잘 다스려지는지 망해 가는지, 풍속은 따뜻한지 각박한지, 인심은 바른지 거짓된지 다 점칠 수 있다."

그러니 어찌 그런 문장이 나빠지는 것을 보고만 있겠는가. 문장만 바르게 세우면 백성들도 잘 다스려지고, 풍속은 따뜻해지며, 인심은 바르게 될 터인데. 거꾸로 게으르게 앉아서 멍하니 있다가는 백성들은 망하고, 풍속은 각박해지며, 인심은 온통 거짓이 될 터인데. 당연히 올바르게 가르치고 단단히 바로잡아야 하지 않겠는가.

문체를 바른 것으로 뜯어고치자는 문체반정의 생각은 그렇게 시작되었다.

잗달게 조잘거리는 말이 아닌가?

그런데 참 이상하다. 대체 왜 정조 시대에 이르러 이토록 문체가 나빠졌을까? 이토록 뛰어난 학자 군주 밑에서 오히려 문체는 나빠지고 학문은 뒤처졌으니 그 이유를 찾아야 하지 않을까? 정조는 그 원인을 크게 세 가지로 보고 있다.

첫째는 기본 학문이라 할 '경학'을 소홀히 하기 때문이다. 경학은 학문의 기초인 《논어》, 《맹자》, 《시경》, 《춘추》 같은 사서오경을 연구하는 학문을 말한다. 그런데 그런 기초를 제대로 닦지 않으니 문장이나 문체도 크게 흔들릴 수밖에 없다는 것이다.

정조는 경학을 힘써 공부하는 사람이 요즘에는 별로 없다면서 이는 마치 "거울을 뒤집어 놓고서 사물을 비춰 보려는 것과 같다"고 혀를 끌끌 찬다. 거울을 뒤집어 놓고서야 어찌 제대로 사물을 볼까. 그만큼 아무런 기본도 없이 학문을 하려 한다는 것이다. 하지만 경학이야말로 밥을 먹듯, 옷을 입듯, 일상에서 가장 기본이 되는 것이라고 정조는 주장한다.

"이른바 경학이란 특별한 어떤 일이 아니다. 그저 사람마다 일상용품을 가지고 있고 저마다 음식을 먹는 것과 같다."

여기서 경학을 바라보는 정조의 남다른 면을 볼 수 있다. 경학을 이론뿐인 경직된 학문으로 생각하는 것이 아니라, 음식을 먹고 일용품을 쓰듯 지극히 실용적이고 현실적인 학문으로 보는 것이다. 정조는 더 나아가 학문이 삶에 보탬이 되지 않거나 실용에 맞지 않는다면 "학문이 없는 것만 못하고, 문장이 없는 것만 못하다"고 강조하였다. 그리고 이런 생각은 정조가 나라를 다스리는 데 가장 기본이 되었다.

두 번째 문체가 나빠진 원인으로 정조는 '심성'의 문제를 짚는다. 곧 사대부들의 사치스럽고 천박한 습관이나 생각이 문체가 나빠지는 원인이 되었다는 것이다. 정조가 사대부들의 사치스러운 풍조를 자신의 어록집인 《일득록》에서 다른 목록이 아닌, 하필 '문학' 편에서 지적하는 까닭도 그래서다.

"요즘 사람들은 대부분 실제 일에 힘쓰지 않고 들뜨고 화려한 것만 앞다퉈 숭상한다. 심지어 시 형식이나 글씨체까지 억지로 중국 사람들 흉내를 내는가 하면, 문방구나 옷가지 같은 물품도 국산은 쓰기를 부끄럽게 여기니 이 무슨 일인가! 벼슬아치 자제들이 모두 그리로 우르르 쏠려 따르고 있으니, 참으로 절실히 억제하지 않을 수 없구나." 정조, 《일득록》, 〈문학2〉

마치 한때 미국제라면 무조건 최고로 알고, 국산은 천하고 나쁜 것으로 부끄러워하면서 외국산만 귀하고 좋은 것으로 떠받들던 풍토를 보는 듯하다. 이것은 말 그대로 허영이요, 사치에 지나지 않는다. 그런데도 당시 사대부들은 중국 물건이라면 문방구며 옷가지며 글씨체까지 무조건 다 떠받들면서 정신을 차리지 못했다.

정조는 이런 사치스럽고 생각 없는 풍조가 마침내는 학문하는 자세에까지 영향을 미쳤다고 보았다. 번쩍거리는 겉치레와 사치에 빠져 바른 심성을 잃어버리고, 바른 문체를 잃어버리고, 마침내는 바른 학문마저 잃어버리게 되었다는 것이다.

"요즈음 선비들은 문장에서만 그런 것이 아니더구나."

정조는 아예 대놓고 한숨을 내쉰다. 그리고 요즘 젊은것들의 황당한 짓거리에 줄줄이 불평을 늘어놓는다.

"평소에도 거문고를 연주하면서 진기한 물건들을 늘어놓고 잘난 체 구경을 하지. 향기로운 차를 마시면서 이러쿵저러쿵 글과 그림도 품평하고. 그러면서 스스로 아주 맑고 고아한 데다 문장의 멋까지 있다고 여기는 모양인데, 어휴, 한숨만 절로 나오는구나."

앞서 말했듯 정조는 실용을 중시하는 임금이었다. 비록 고전과 주자학을 최고로 치는 타고난 유학자이기는 하나, 그 기본 바탕은 백성을 다스리는 데에 필요한 실용적인 학문을 마음에 두고 있었다. 그런 정조에게 진기한 외국 물건이나 자랑하고 다니는 습속은 몹시 못마땅한 것이었다.

정조 21년(1797)에 《삼강행실도》를 묶어 낼 때 일이다. 책 아래에 누가 지었는지 모르는 시가 죽 붙어 있었는데, 젊은 문신들이 모두 입을 모아 "촌스럽고 속되고 천하옵니다" 하며 빼 버리자고 하였다. 하지만 정조는 굳이 반대하며 이렇게 말한다.

"나는 그 촌스러운 곳에서 옛사람의 질박하고 진실하며 꾸밈없는 본바탕을 볼 수 있다고 생각한다. 오로지 외면의 화려함만 우러르는 요즘 사람들의 태도와 같지 않으니, 오히려 참된 기운이 실로 귀하게 여길 만하지 않더냐?"

촌스러워 보이지만 질박하고 진실한 것.

거기에 도리어 참된 기운이 있다고 정조는 본 것이다. 문체가 세도를 반영한다고 보는 정조에게 타락한 것은 오히려 '억지로 중국 흉내 내기', '화려하고 사치스러운 것만 쫓아가기', 또는 '국산 물건 부끄럽게 여기기' 같은 것이었다. 그러므로 투박하지만 꾸밈없는 본바탕으로 돌아가는 것, 촌스럽지만 질박한 것을 귀하게 여길 수 있는 것. 바로 그것이 정조가 바라는 '바른' 생활 태도요, 바른 문장이 나올 수 있는 정신적인 토양이었다.

셋째는 드디어 문체가 망가진 원인으로 명말청초 소품과 패관소설이 나온다. 그리고 이것이야말로 문체 타락의 가장 큰 주범이자, 엄청나게 성가신 골칫거리라고 정조는 보았다. 《홍재전서》에 나온 말들을 몇 군데 옮겨 본다.

"명청 시대의 문집과 패관잡기의 폐해는 이루 다 말하기가 어렵다. ……과장되고 불경한 패설은 인심을 어지럽히고, 문풍을 병들게 하고, 세도를 해치기에 충분하다."

"근래에는 문풍이 점점 변하여 이른바 붓을 잡은 선비는 시서 육예에 바탕을 두지 않고, 도리어 패가소품 책에만 머리를 싸매고 마음을 쓰니…… 비유하자면 마치 정신 잃은 사람이 헛소리를 하는 것과 같구나."

"앞다퉈 패관 소품을 모방하다 보면, 차츰차츰 음란한 음악이나 부정한 여색이 사람의 마음을 야금야금 해치고 사로잡는 것처럼 된다. 그리하여 그 해악이 성인을 비난하고, 떳떳한 도리를 어기며, 인륜을 무시하고, 의리를 배반하는 데까지 이르고야 마는구나."

그야말로 무시무시한 해가 아닐 수 없다. 인심을 어지럽히고, 세도를 해치고, 도리를 어기고, 의리를 배반하다 못해 인륜까지 무시하게 한다니. 아니, 대체 소설체가 어떻기에 이토록 문제가 된다는 말인가? 정조는 패설소품의 특징을 이렇게 짚었다.

"사람의 심성을 가장 해치는 것이다."
"조급하고 경박하여 평온한 세상의 문장 같지 않다."
"대부분 잗달게 조잘거리는 말이 아닌가?"
"낮고, 빠르며, 날카롭고, 천박한, 고신얼자孤臣孼子의 슬프고 근심스러운 소리에 불과하다."

가장 심성을 해치는 것, 조급, 경박, 잗달다, 빠르다, 날카롭다, 천박하다, 근심스럽다……. 게다가 고신얼자는 '임금이 버린 신하와 부모가 외면한 서자'를 아울러 이르는 말이니 결국은 사랑받지 못하고 삐뚤어진 망나니의 글과 같다…….

이 모든 것이 말하는 바는 한가지다. 바로 사람의 바른 '이성'이 아니라 삐뚤어진 '감정'에 호소한다는 뜻. 바꿔 말하자면 수천 년 전부터 있어 왔던 '도'가 아니라, 지금 살아 있는 사람들의 '감정'을 건드리고 움직이게 만든다는 것. 그렇게 사람들을 뒤흔들고 날카롭게 만드는 힘이 소설에는 있다는 것이다.

바로 그런 점에서 소설 문체는 그 생생함, 살아 있음, 사람의 마음을 있는 그대로 드러내는 절절한 현실성 때문에 자칫 통치자에게는 걸림돌이 될 수 있었다. 바르고 딱딱 규격에 맞는 통치 체제

안에 있어야 할 백성들이 자칫 날카롭고, 슬프며, 삐뚤어진 감정에 사로잡혀 인의나 도덕보다는 사랑이나 혁명을 외치고 일어선다면 아예 통치하는 것조차 어려워질 수 있으니까. 그래서 정조도 내버려 둘 수가 없었던 것이다.

"처음에는 이러한 문체를 따르는 자가 있다는 말을 듣고도 대수롭지 않게 여겼다. 내버려 두어도 저절로 다스려지리라 생각했더니라. 그런데 요사이 보니 대대로 학문 깊은 명문가 자식으로 임금 가까이에 있고 왕명을 받드는 자들까지도 온통 소설체에 물들어 있지 않더냐? 이것이 세도와 시운에 관계되는 문제임을 크게 깨달았으니, 한번 바로잡지 않을 수 없다." 정조,《일득록》,〈문학3〉

그랬다. 이 모든 일들은 결국 '세도'와 '시운'에 관계되는 문제였다. 세상 이치와 시대의 흐름과 통하는 문제였던 것이다. 기본 경학을 소홀히 하는 것도, 외래 문물에 혹하는 것도 모두 문젯거리지만, 가장 큰 문제는 역시 패설. 조급하고, 잗달고, 천박하고, 날카로워서 사람들을 헛소리에 빠뜨리고 세도를 끔찍하게 해치는 소설. 따라서 그냥 내버려 두었다가는 자칫 이 음란하고 부정한 패설의 사고방식이 세상과 시대를 온통 뒤흔들 수도 있다는 위험성을 정조는 본능적으로 감지한 것이다. 그래서 "한번 바로잡지 않을 수 없"게 된 것이다.

정조는 성리학이 말하는 도의 세상, 질서의 세상을 지켜야 하는 군왕이었다. 그 질서를 지켜야만 비로소 존재 가치를 찾을 수 있는 통치자 임금이었다. 그러므로 어떤 상황에서도 정조는 고전 문체를 지켜야 했다. 그렇게 함으로써 고전이 지향하는 바른 유교 세상의 '질서'도 함께 지켜야 했던 것이다. 소설이 지향하고 있는 자유롭고 감정적인 세상에 대항해서.

결국 문체반정은 단순히 문체를 지키는 것뿐 아니라 그 문체가 대표하는 고전 세상의 질서를 지키려는, 휘몰아치는 소설이라는 태풍 속에서 올곧이 바른 유학이라는 가치를 어떻게든 지켜야 하는, '세계관 수호'의 문제였던 것이다. 정조는 문체가 아니라, 문체를 통해 나타나는 세상의 질서를 지키려 한 것이다. 자신이 믿고 있는 최고 가치인 성리학 세계관에 맞추어서.

그래서 학문적인 이유로 문체반정을 설명하려는 학자들은 정조가 문체를 바르게 잡아 그것을 통해 당시 스러져 가는 성리학 체제와 질서를 더욱 확고하게 다지려 한 것이라 분석한다. 물론 그 밖에도 앞서 살펴보았듯 과거 제도의 폐해를 막으려 했다, 소설과 소품의 유행으로 지나치게 망가진 문풍의 변화를 꾀하려 했다, 관각문의 문제점을 바로잡으려 했다, 같은 것들도 문체반정을 일으킨 이유들의 하나로 꼽힌다.

하지만 이 모든 분석들의 뼈대는 결국 같다. 문체를 바르게 잡아 바른 성리학의 나라, 바른 학문의 나라를 세우고 싶어 한 학자 군주의 정책이다, 라고.

그렇지만 문체라는 것이 어디, 임금이 바꾸겠다 선언한다고 바뀌는 것이던가? 말과 마찬가지로 글이라는 것도, 억누르거나 고치려 한다고 해서 바뀌지 않는다. 그 자체로 살아 있는 생물과 같이 저절로 자라고 나서 꽃을 피우고 열매를 맺는다. 그렇게 자유롭고 다채롭게 뻗어 나가 그 시대에 가장 맞는 모습을 찾아가는 것이다. 이렇듯 살아 있는 문체를 정책으로 어떤 틀에 가두는 것은 결코 좋은 일도, 또한 가능한 일도 아니다.

그래서 "책과 사상의 탄압자"라고 정조의 문체반정에 거센 비난이 쏟아지기도 한다. 개혁 군주라는 탈을 쓰고 있지만, 사실은 묵은 과거의 질서(고전)를 지키고자 자유로운 현실의 힘(소설)을 억누르려 한 것이라고.

하지만 한편에서는 전혀 다른 분석을 내놓으며 정조를 감싼다. 문체반정이 어찌 체제를 지키려는 의도나 학문적인 이유만 있어서 그런 것이겠느냐고. 어쩔 수 없는 다른 이유가 있다고. 바로 정치적인 이유로 문체반정을 분석하는 학자들이다.

어찌 한결같이 사형에 처하겠느냐

정치적인 이유로 문체반정을 살피려면 먼저 그 전해인 1791년에 일어난 '진산 사건'이라는 것을 짚어 보아야 한다. 이제 이야기를 전라도 진산(지금의 충청도 금산)으로 돌려 보자.

이곳에 진사 벼슬을 한 윤지충이라는 사람이 있었다. 윤지충은 외사촌인 권상연과 더불어 《천주실의》를 비롯한 여러 천주교 서적들을 접하고 큰 감명을 받는다. 그리고 천주교에 깊이 귀의하는데, 그러던 1791년 8월 윤지충이 모친상을 당한다. 여기서 문제가 시작되었다.

천주교에서는 조상의 신위를 모시거나 제사를 지내는 것을 이단으로 보았다. 따라서 어머니 상을 천주교식으로 간소하게 지내야 할지, 아니면 유교식으로 절차에 맞춰 제사를 지내야 할지 윤지충의 고민이 시작되었다. 결국 윤지충은 신앙에 따라 유교식 제사를 포기하고, 대신 부모의 신주를 불태워 그 재를 무덤에 묻어 버린다. 외사촌인 권상연도 윤지충과 뜻을 같이했다. 이 사실이 알려지자 온 조선의 선비와 유학자가 분노로 들끓었다.

"천하의 끔찍하고 괴이한 일에 어찌 한계가 있겠습니까마는, 윤지충과 권상연, 이 두 사람처럼 극도로 흉악한 자는 결코 있지 않았습니다." 관찰사 정민시

"그 죄악을 따져 보자면 어찌 하루라도 이 하늘과 땅 사이에 그대로 내버려 둘 수 있겠습니까!" 지평 한영규

"이들을 분명히 처벌하지 않는다면 삼강오륜은 다시는 찾을 길이 없고, 4백 년 동안 예의를 지켜 온 우리 나라가 장차 침몰해서 짐승과 오랑캐의 땅이 되고 말 것입니다." 조사 홍낙안

줄줄이 상소가 올라오고, 곳곳에서 분노의 목소리가 울려 퍼졌다. 온 천하의 비난과 저주와 손가락질 속에 윤지충과 권상연은 관아에 잡혀 오고, 잘못을 실토하라고 끔찍한 고문을 당한다. 하지만 두 사람은 "피를 흘리고 살이 터지면서도 얼굴 한 번 찡그리거나 신음 한 번 내뱉지 않는" 초인적인 인내심을 보여 주었다. 게다가 혹독한 고문 속에서도 오히려 다음과 같이 말했다고 한다.

"임금의 명을 어기고 부모의 명을 어길 수는 있어도, 천주의 가르침만은, 비록 죽는다 하더라도 결코 어길 수 없습니다."

두 사람을 심문한 관찰사는 이들이 정말 흉악하다면서 그 밑에 자신의 생각을 이렇게 덧붙인다.

"이자들은 확실히 칼날을 받고 죽는 것을 영광으로 여기고 있습니다."

칼날을 받고 영광스럽게 죽는다, 이 말은 곧 '순교'를 뜻하는 것이었다. "빨리 천당에 돌아가는 것이 극락이 되고, 칼날에 죽는 것이 지극한 영광이다"라는 말이 천주교도 사이에 공공연히 나돌던 때였다. 두 사람은 신념을 지키기 위해서라면 자신들의 목숨이라도 내걸겠다고 굳은 뜻을 밝힌 것이다. 초기 기독교 순교자들이 대부분 그러했듯이.

그리고 이들의 목숨 결정은 정조에게 넘어왔다. 평소 정조는 천주교에 너그러운 편에 들었다. 천주교를 천주'교', 곧 종교로서 보는 것이 아니라 서'학', 곧 학문으로 보았기 때문이다. 하지만 "서쪽에서 온 학문"이라는 뜻의 '서학'이 나중에는 "사악한 학문"이라는 뜻의 '사학'으로 바뀌듯이, 천주교를 바라보는 세상의 눈은 결코 곱지 않았다. 그래도 정조는 외부에서 새롭게 들어온 독특한 학문을 연구하고 주의는 기울일망정 그 때문에 피를 보는 일은 옳지 않다고 생각하였다.

정조 12년(1788) 사악한 천주교 서적들이 나돈다고 난리가 났을 때 정조는 이렇게 답한다.

"정학이 밝아져서 사학이 스러지면 기본 도리를 벗어난 이런 책들은 없애려 하지 않아도 저절로 없어져서 사람들이 그 책을 연초의 잡담만도 못하게 볼 것이다. 그러니 근원을 찾아 근본을 바르게 하는 방법이 가장 급한 일이다."

여기에서 천주교를 바라보는 정조의 기본 생각을 읽을 수 있다. 하나는 사학을 무조건 없애는 것보다는 정학, 곧 바른 학문을 먼저 세우는 것이 더 중요하다고 보았다는 것. 또 하나는 바로 그 방법이 오히려 더 근본이라는 것. 벌을 주기보다는 자기 반성을 더 중요하게 본 것이다. 그래서 정조는 천주교 서적을 본 이들에게 별다른 처벌을 하지 않고 그저 "엄히 타이르고 거듭 깨우쳐 저마다 개과천선하게 하라!" 하는 것으로 마무리한다.

정조 22년(1798)에도 비슷한 상소가 올라온다.

"사학이 날로 기승을 부려 영호남에서 점차로 더욱 성하고 있으니, 청컨대 사학에 물든 자들을 잡아다 한결같이 모두 사형에 처하소서!"

정조는 역시 이렇게 대답한다.

"사학이 점차로 불같이 성하는 것은 정학이 밝지 못한 데서 말미암은 것이다. 요컨대 교인들을 올바른 사람으로 만들고 그 책을 불태우는 것이 곧 이단을 없애는 방도인 것이지, 어찌 한결같이 사형에 처할 수 있겠느냐?"

정조는 10년 세월이 지나도 여전히 무차별한 사형이나 처벌을 한결같이 반대하고 있었던 것이다.

하지만 진산 사건은 그렇게 덮기에는 이미 너무 뜨겁게 달궈져 있었다. 천주교를 종교가 아닌 학문으로 본다 하더라도, 왕의 위에 있다는 전지전능한 천주, '하느님'이라는 개념은 왕조 사회에서는 결코 용납될 수 없었다. 특히 부모와 같은 신주를 제대로 모시지 못한 죄는, 유교 사회에서 극형을 받아 마땅한 반역죄였다. 결코 그냥 조용히 넘어갈 수 있는 일이 아니었던 것이다.

마침내 정조는 윤지충과 권상연에게 사형을 명한다. 그것 말고는 치솟는 비난과 원망을 막을 길이 없었던 것이다. 두 사람은 결국 원하던 대로 칼날을 받고 죽는 '영광'을 누린다. 기독교인으로 자기 믿음을 꺾지 않고 순교를 당한 것이다.

이것이 바로 천주교 최초의 순교 사건인 진산 사건, 곧 '신해박해'이다. 그리고 진산군은 천하의 패륜아가 나왔다는 이유로 진산군에서 진산현으로 떨어지는 굴욕을 당한다.

정조는 이쯤에서 진산 사건을 덮으려 했다. 유학의 기본 질서를 배반한 윤지충과 권상연의 행동이 참혹하기는 하지만, 그렇다고 그 일로 더는 피를 흘리기를 원치 않았던 것이다. 하지만 상황은 정조의 바람대로 흐르지 않았다. 윤지충과 권상연을 사형시킨 바로 그날, 정조에게 한 장의 상소가 올라온다.

"임금님께서는 권상연, 윤지충 두 적도의 죄만 명백히 해서 법대로 바로잡으라 명하시면 사악한 학설이 사라지고 어지러운 풍속이 바뀔 수 있다고 여기시는 듯합니다. 그러나 세상이 이 학설에 야금야금 물든 것이 이미 너무나 오래되어, 거기에 휩쓸려 따르는 자들이 필시 권과 윤에서만 그치지는 않을 것입니다." 《조선왕조실록》 정조 15년 11월 8일

그리고 이 사악한 학설에 휩쓸린 자들로 역시 천주교도인 권일신과 이승훈을 꼭 집어서 다음과 같이 주장한다.

"교주인 권일신과 최초의 빌미를 만든 이승훈을 엄히 국문해서 사실을 제대로 알아내야만 합니다. 그리고 하나하나 규명하여 차례로 처형해야만, 세도를 일으켜 세우고 혼란의 싹을 막을 수 있을 것입니다."

실제로 권일신과 이승훈은 엄한 벌을 받는다. 사형을 선고받은 권일신은 간신히 형을 감해 위리안치圍籬安置, 귀양 간 죄인의 집 둘레에 가시로 울타리를 치고 가두어 두던 일를 당하고, 우리 나라 최초로 영세를 받기도 했던 이승훈은 관직을 박탈당한다.

문제는 이런 비난의 칼이 단순히 권일신과 이승훈에게서 그치지 않으리라는 점이었다. 그 칼날을 따라가다 보면 끝에는 이승훈과 더불어 천주교 교리를 깊이 연구하였던 이벽, 천재라 불리며 정조가 아껴 마지않았던 이가환, 그리고 정조와 떼려야 뗄 수 없는 관계를 맺고 있는 정약용, 정약종 형제들이 있었다. 이들은 모두 젊은 남인 학자들이라는 공통점을 지니고 있었다. 곧 이 상소는 권일신과 이승훈에 머물지 않고 그들과 연결된 남인 학자들도 모두 함께 처형하라는 가혹한 연좌緣坐, 가까운 사람의 일로 죄 없이 벌을 받거나 잡혀가는 일를 요구하는 글이었던 것이다.

이것은 명백히 정적인 남인을 없애려는 노론의 입장을 대변한 것이었다. 상소를 쓴 홍문관 벼슬아치 신헌조는 나중에 대사간이었을 때 정약용의 형 정약전을 탄핵해 벼슬에서 밀어뜨린 인물이기도 하다. 사도세자가 죽을 때도 집권당이었던 노론은 이때도 여전히 조정의 최고 집권당이었다. 이들에게 정조를 따르는 남인들은 눈엣가시였을 것이다. 그래서 "하나하나 규명하여 차례로 처형해야" 한다고 주장한 것이다. 단순히 두 적도에서만 그치지 않고, 하나씩 규명하여 차례로 끝까지. 그래야 정적인 남인의 싹을 깨끗이 뽑아낼 수 있을 테니까.

정조 또한 아비를 죽인 이들을 포용하고, 그들과 정세를 논하며 정치를 해 나가지만 기본으로는 다른 꿈을 꾸고 있었다. 그 꿈을 이루는 열쇠를 남인이나 소론 같은 젊은 지식인들에서 찾기도 했고. 정조가 죽기 얼마 전 열렸던 연회(오회연교)에서 사도세자의 죽음을 말하면서 대대적인 정계 개편을 암시한 것도 이런 맥락에서 였을 것이다. 정조는 당파나 출신을 넘어서는 새로운 정치를 꿈꾸고 있었다. 그렇기에 더더욱 정조는 한낱 잡스러운 사학을, 그것도 아주 잠깐 접했다는 이유만으로 이 젊은 인재들을 한꺼번에 잃을 수는 없었다.

하지만 노론 대신들은 기회를 놓치지 않고 벌떼처럼 일어나 이 참에 맹렬히 남인 학자들을 공격한다. 명분도 얼마나 훌륭한가. "사악한 사학을 믿는 저들을 처벌하소서!" 하고 외치면 되니. 그리하여 하나하나 규명하여 차례로 '처형' 하면 되는 것이다. 그야말로 정적이라면 끝의 끝까지 물고 들어가 모두 물고를 내겠다는 의지가 담겨 있었다.

그러므로 이들을 지키기 위해서 정조에게는 필연적으로 노론의 천주교 공격에 반격할 새로운 논리가 필요했다. 그것이 바로 문체반정이었던 것이다.

근본을 고치는 것이 말단을 잡는 것보다 낫다

진산 사건으로 조정이 한참 들끓고 있을 때 정조는 좌의정 채제공을 만나 천주교에 대해 두루 이야기를 나눈다. 정조의 마음을 헤아렸던 채제공은 부모를 버린 천주교 학설은 엄히 처벌해야 하지만, 자칫 애먼 사람이 다칠 수도 있으니 "어느 한쪽으로 치우치지 마시고 밝게 살펴 주소서" 하고 조심스럽게 권해 준다.

정조 또한 함부로 관련자들을 처벌하기보다는 좀 더 근본인 해결책으로 사건을 마무리하기를 원하였다. "지금 이 불순한 학설을 물리치는 방도는, 바른 학문을 밝히는 것보다 더 나은 것이 없도다" 하고 정조는 한숨을 내쉰다. 그러면서 자연스럽게 바른 학문을 망치는 패관잡기 이야기로 흘러간다.

"내가 일찍이 경연을 하는 벼슬아치에게 이르기를 서양학을 금지하려면 먼저 패관잡기부터 금지해야 하고, 패관잡기를 금지하려면 먼저 명말청초의 문집들부터 금지시켜야 한다 하였다. 대체로 그 근본을 바르게 하는 것은 느슨하고 머나먼 것 같아도 힘을 쓰기가 쉽고, 그 말단을 바로잡는 것은 비록 지극히 절실하고 빠른 것 같아도 공을 이루기가 어려운 것이다." 《조선왕조실록》 정조 15년 10월 24일

여기서 느슨하고 멀어 보여도 힘을 쓰기 쉬운 '근본'이란 패관잡기를 금지하고 정학을 바로 세운다는 뜻이요, 지극히 절실하고 빠른 것 같아도 공을 이루기 어려운 '말단'이란 바로 서학에 물든 선비들을 죽이고 처벌하는 것을 말한다. 곧 무조건 관련자들을 처벌하는 것은 지극히 나쁜 수요, 오히려 바른 학문을 되살리는 것이 더욱 좋은 수라는 것이다.

"내가 일찍이 소품의 해는 사학보다 심하다고 말했는데, 사람들이 정말 그렇다는 것을 모르다가 지난번과 같은 일이 생기고 말았다. …… 그 때문에 나는 사학을 없애려면 먼저 소품부터 없애야 한다고 말한 것이다." 정조, 《일득록》, 〈문학4〉

이것이 어느 날 갑자기 나온 말이라면 아마 힘을 쓰기가 어려웠을 것이다. 그러나 정조는 앞서 살펴봤듯이 꾸준히 같은 이야기를 해 왔다. 사학을 없애려면 정학을 바로 세우는 것이 무조건 모두 죽이는 것보다 더 중요하다고. 그리고 정학은 소품을 없애고 문체가 바로 잡혔을 때 비로소 제대로 설 수 있는 것이다.

여기서 잠시 의문을 해결하고 가자. 정조가 문체반정을 일으키는 것이 왜 노론에게는 불리하고 남인에게는 이롭다는 것인가? 그러려면 먼저 문체반정으로 이름이 거론된 사람들 면면을 살펴봐야 한다. 남공철, 이상황, 김조순, 그리고 박지원까지.

먼저 남공철은 노론 명문가 자제로 당대의 문장가 남유용의 아들이다. 남유용은 예조 참판, 대제학, 대사헌을 지낸 고위 관리로 문장과 시, 서예에 아주 뛰어난 학자이다. 무엇보다 겨우 세 살짜리 어린 세손이었던 정조를 무릎에 앉히고 글을 가르친 국사國師, 임금의 스승였다. 정조는 가끔 그리운 듯 이 스승의 이야기를 하고는 했다. 정조에게 남공철은 하늘같은 스승의 아들이라는 인연이 있었으니, 얼마나 으쓱대는 인물이었겠는가.

이상황 또한 명문 노론가의 자식으로 멀게는 효령 대군의 후손이 된다. 게다가 서울에서 대대로 살아온 권문세족으로, 이 가문이 누리는 권력이 보통이 아니었다. 심상규도 마찬가지. 이 두 사람은 나중에 모두 영의정 자리를 꿰차고 권력을 누린다. 이들은 정조의 표현을 빌자면 혁벌, 곧 '혁혁한 문벌' 출신이다.

김조순은 어떠한가? 사신단으로 중국에 가다 말고 느닷없이 잡혀 5년 전 소설 사건으로 자송문을 써야 했던 김조순은, 오히려 그것이 굉장히 행운인 사나이였다. 왜냐하면 이때 반성문을 잘 써내 정조의 눈에 확실히 들었기 때문이다.

정조는 김조순의 자송문을 두고 "문체가 바르고 우아하며 무한한 함축미가 있어 밤 깊은 줄 모르고 무릎을 치며 읽었다"면서 "저부들부들하다 못해 도리어 옹졸해진 남공철의 대답이나, 경박하게 듣기 좋게만 꾸민 이상황의 말, 뻣뻣하여 알기 어려운 심상규의 공초는 모두 입에 발린 소리"지만, 김조순만은 "결코 자신을 속이지 않았다"면서 격하게 칭찬한다. 그만큼 김조순의 자송문이 마음에 들었다는 소리다.

그러고 보면 사람 일은 참 알 수가 없다. 이때 확실히 임금의 눈에 띄었던 덕분에, 김조순은 순조롭게 출세해 대제학을 지내고 마침내는 정조와 사돈 관계까지 맺는다. 김조순의 딸이 정조의 아들 순조와 혼인해 외척이 되는 기회를 잡는 것이다.

정조도 아마 몰랐으리라. 자신이 죽고 난 뒤에 이 "자신을 속이지 않은" 김조순이 어떻게 변하는지. 정조가 죽고 난 뒤 정권을 움켜쥐고 나라를 온통 좌지우지했던 19세기 세도 정치의 시작이 바로 이 김조순인 것이다.

이렇듯 문체반정 때 거론된 사람들은 모두 권력의 핵심에 있는, 이른바 노론 명문가 출신이었다. 비단 이들뿐 아니라 연암 박지원조차 명문 반남 박씨 후손이다. 비록 박지원 스스로는 자신의 가문이나 명예에 초탈하였지만, 그가 원하든 원하지 않든 박지원의 출신이 노론임은 빼도 박도 못한 현실이었다.

결국 이들은 모두 당론으로 따지면 '노론' 이었다. 또한 모두 소설 문체에 흠뻑 빠져 있는 상태였다. 정조 시대는 이렇듯 주로 노론 출신 지식인들이 소품 문체에 빠져 있었고, 남인 출신 지식인들이 서학에 관심이 많았다. 그리고 정조는 이 대비를 아주 적절하게 이용하였다. 남인의 단점인 천주교를, 패관소품에 빠져 있는 노론의 문제점과 대비시킨 것이다.

"사학을 접한 남인 학자들을 벌하소서!"

아우성치는 노론에게 정조는 싸늘한 한마디를 던진다.

"사학보다 더 나쁜 것은 바로 패설체다. 사학보다 백 배, 천 배는 더 나쁜 패설에 빠진 너희 노론부터 반성하거라!"

말하자면 뜨거운 열을 더 뜨거운 열로 다스리는 이열치열이랄까. 곧 "사학이 흥하는 것은 정학이 망했기 때문인데, 그 중요한 정학을 패관소품체로 망친 것은 너희 노론이니, 너희들이 먼저 반성하여야 맞지 않느냐?" 하고 적극적인 공세를 편 것이다.

그리고 이 시도는 기막히게 먹혀 들어간다. 정조는 거듭해서 사학보다 정학을 망친 소품체를 비난해 왔고, 그것을 고치는 것이 가장 큰 '근본'이라고 주장해 왔다. 따라서 자기네 당파가 더 근본인 문체 문제로 거듭 자송문을 쓰고 벼슬이 떨어지는 상황에서, 그 '말단'에 불과한 서학을 믿었다는 문제로 남인들을 처벌하라고 주장하기는 쉽지 않았다. 큰 도적을 내버려두고 작은 도둑부터 잡자고 할 수는 없는 노릇이니까. 결국 진산 사건으로 시작된, 서학을 접한 남인 학자들을 모두 처벌하자는 주장은 어느새 점차 수그러들기 시작한다. 정조는 소설 문체가 가장 큰 문제라는 논리로 아끼는 남인 학자들을 잃지 않고 모두 구한 것이다.

바로 이 때문에 정조가 문체반정을 일으킨 이유가 진산 사건으로 수세에 몰린 남인을 구하려는 정치적인 의도였다, 또는 집권당인 노론의 힘을 약화시키려는 노림수였다, 아니면 노론과 남인 사이의 균형을 맞추려는 고도의 탕평책이었다, 같은 분석이 나오는 것이다.

과연 정조는 무엇을 위해 문체반정을 일으켰을까?

학문적인 이유였는가, 정치적인 이유였는가?

문장을 도의 도구로 파악하는 전형적인 성리학 군주이면서도, 복잡하게 얽히고설킨 조선말 정치 상황을 책임져야 했던 철혈의 군주이기도 했던 정조. 과연 정조는 어느 쪽이었을까? 학문 쪽이었을까, 정치 쪽이었을까?

아마도…… 둘 다일 것이다. 하나만 짚는 것이 오히려 우습지 않을까. 노론 안에서도 정조를 지지하는 '시파'와 정조를 반대하는 '벽파'가 나뉘던 때였다. 벽파는 시파를 임금 편에 붙어서 시류만 졸졸 따라가는 집단이라고 비난했고, 시파는 거꾸로 의리도 모르고 시류도 제대로 읽지 못하는 편벽한 집단이라고 벽파를 헐뜯었다. 그 어느 쪽이 됐든 조선이라는 나라는 집권당인 노론에서조차 임금을 따르느냐, 따르지 않느냐로 또 다른 당파가 생길 만큼 극심한 당쟁의 나라였던 것이다.

이런 시기에 정조의 행보가, 설령 가장 학문적인 근거로 움직였다고 하나, 어찌 오로지 학문의 가치만으로 움직였다고 볼 수 있을까. 거꾸로 가장 정치적인 근거로 움직였다고는 하나, 그 안에 어찌 유교의 고귀한 이상을 되살리려는 정조의 학문적인 의지가 없다고 할 수 있을까.

그래서 아마도 학자들은 문체 '반정'이라는 말을 쓸 수밖에 없었던 모양이다. 아무리 문체를 문장으로 한정해서 파악하려 해도, 그 안에 이미 정치적인 숨은 뜻이 들어 있음을 학자들도 은연중에 인정하였던 것이다. 그래서 문학과 정치를 연결하는 단어인 문체반정으로 정조 시대의 문체 정책을 설명하려 했으리라. 따지고 보면 그 또한 정확한 단어라고 볼 수는 없지만, 그래도 분명 고민한 흔적이 엿보인다 하겠다.

그만큼 정조 시대는 정치적인 시대였다. 아니, 따지고 보자면 정치적이지 않은 시대라는 것이 어디 있겠는가. 그 어떤 시대도 마치 구름 위에 떠 있는 정자처럼, 세상 모든 일이 역사나 시대와 동떨어져 홀로 두둥실 떠 있는 때는 없었다. 정치는 학문에 영향을 끼치고, 학문은 정치를 바꾸는 새로운 이론을 내놓는다. 모든 것은 얽히고설키면서 그 안에서 역동적으로 꿈틀대고 부딪치다가, 때로는 앞으로 나아가기도 하고, 또 때로는 뒤로 훔씬 물러나기도 하면서, 그러면서 좀 더 나은 세상을 향해 조금씩 움직여 나갈 뿐이다.

때는 18세기 말, 그냥 두어도 모든 것이 터질 듯한 시기.

기본 이념인 성리학은 흔들리고, 자유로운 소설의 물결은 치받아 올라오는 때. 그렇게 한 세기만 지나면 군왕이라는 의미조차 사라질 조선에서, 마지막까지 유교 체제의 위대한 이념을 붙들고 어떻게든 끝까지 지키려 했던 임금 정조. 뛰어난 학자이자 정치가 군왕의 거듭되는 고민은 결국 문체반정이라는 시대를 거스르는 정책을 찾아내었던 것이다.

정조가 아니었다면 어쩌면 문체반정은 아예 일어나지 않았을지도 모른다. 고전과 소설 사이의 미세한 틈과, 그 사이에 잠재되어 있는 무시무시한 위험성을 한순간에 잡아챈 탁월한 학자 정조가 아니었다면 그 누구도 감히 문체를 바꾸려는 정책을 펼치지 못했을 것이다. 거꾸로 고전에 나오는 그 아득한 고대의 이상 정치를 온전히 '현실'에서 이루고자 힘썼던 정치가 정조가 아니었다면, 또한 문체반정은 일어나지 않았거나 아예 다른 형태로 나타났을 것이었다.

가장 정조답지만 또한 가장 정조답지 않은 정책, 문체반정.

그렇다면 과연 정조의 의도는 성공했을까?

학자이자 군왕이기도 한 정조가 스스로 일으킨, 위로부터의 개혁은 제대로 뜻을 이루었을까? 그것이 바른 성리학의 나라를 이루려는 학문적인 의도든, 더 이상 당파로 조정이 갈라지지 않기를 바라는 탕평의 마음이든, 자기가 아끼는 남인 학자들을 지키려는 정치적인 수단이든, 정조는 문체반정이라는 칼을 빼들었고, 그것은 당대 지식인들에게 음으로 양으로 커다란 영향을 끼쳤다.

문체반정이 시행된 뒤, 과연 세상은 어떻게, 얼마나 바뀌었을까? 정조는 과연 자신의 뜻을 이루었을까?

문체반정의 뒤끝

임금이여, 당신도 죽어 버린 빈 옷을 오로지 신의를 지키려 끌어안고 있는 것은 아닌가? 이미 명이 다해 가는 고전 경서의 낡은 문체를 끌어안고 여전히 성리학 질서를 담은 위대한 꿈의 정치를 할 수 있다고 생각하는 것은 아닌가? 하지만 세상은 변했다. 세상은 이미 너무 머나먼 곳으로 떠나왔다.

1792년, 문체반정의 바람이 불었다.

그리고 몇 가지는 바뀌고, 몇 가지는 바뀌지 않았다. 바뀐 것은 사람들이 소설을 대하는 태도였고, 바뀌지 않은 것도 또한 소설을 대하는 사람들의 태도였다. 문체를 바르게 돌리겠다는 확고한 왕의 의지에 어떤 사람은 자기 뜻을 꺾었고, 어떤 사람은 자기 뜻을 끝까지 고집했던 것이다.

문체반정 때 가장 먼저 거론된 이들은 남공철, 이상황, 김조순, 심상규 같은 젊은 관리들이다. 앞서 살폈듯 이들은 노론 출신의 가문 좋은 젊은이들이었다. 거기다 한 가지 공통점이 더 있었으니, 바로 정조가 직접 뽑아 올린 '초계抄啓문신'이라는 점이다.

초계문신이란 똑똑한 젊은 문신들을 뽑아서(초), 학문을 가르치는(계) 제도를 말한다. 정조 5년(1781)에 처음 시작되었으며, 과거에 급제한 37세 이하의 젊고 재주 있는 선비들을 규장각에 모아

사서삼경이나 역사서 같은 고전 경서들을 가르쳤다. 정조는 초계문신들에게 직접 강론을 하거나 시험 문제를 내기도 하면서 열성을 보였다.

정조 때만 보이는 이 제도는 규장각과 더불어 능력 있는 젊은 인재를 키우는 구실을 하였다. 무엇보다 아직 당파에 물들지 않은 젊은 선비들이 함께 모여 노론이니 소론이니 하는 그 어떤 당파의 편도 아닌, '왕의 편'이 되어 공부하기를 바랐던 것 같다. 하지만 당파를 지우는 일은 크게 효과를 보지 못했던 듯하다. 다만 왕과 함께 공부하며 뜻을 키운 이 문신들은 정조 때 있던 여러 가지 문화 정책이나 방향을 세우는 데에 그 몫을 다했다.

게다가 이 제도에도 문제는 있었다. 가르치는 만큼 잘 따라오지 못했던 것이다. 어느 날 정조는 이렇게 탄식한다.

"요즈음 문체가 점차 그 수준이 낮아지는데, 어떤 사람은 초계문신 제도를 시행한 뒤로 온 세상이 나쁜 것을 본받아서 그렇다고 말하더구나. 대체로 초계문신 제도를 시행한 것은 크게 문풍을 바꾸는 효과를 보려고 한 것인데, 도리어 이와 같은 폐단이 생겼으니 이를 장차 어찌 한단 말이냐?"

정조는 초계문신 제도를 통해 새로운 인재를 간절히 원했다. 그런데 이들이 오히려 문체의 수준을 떨어뜨렸다니, 정조로서는 믿는 도끼에 발등이 찍힌 셈이다. 그래서 더욱 가혹하게 대할 수밖에 없었을 것이다. 정조가 남공철을 혼낼 때 "명색이 초계문신이요 규장각에 속한 자가, 가훈도 어기고 임금도 저버리고 그렇게 금지된 패관 문자를 쓰다니 어찌 놀랍지 않겠는가!" 하고 호통을 친 것도 다 그 기대치가 컸기 때문일 것이다.

게다가 임금이 아끼는 신하인 만큼 그 신하를 혼내면 효과는 배로 커진다. 학문적인 이유든 정치적인 이유든 일단 문체반정을 시작한 이상, 가장 효과적인 수단으로 정책을 이끌어야 하는 법. 그래서 정조는 굳이 남공철이 초계문신임을 밝히고, 자기가 직접 뽑은 사람이라도 가차 없이, 아니, 그래서 더욱 혼을 낸다는 인상을 준다. 그래야 사람들이 수긍하고 따라올 테니까.

"문풍이란 세도와 관련된 것이기에 남공철 한 사람으로 많은 선비들이 타산지석을 삼게 하려 함이다. 직책으로나 지위로 보아 나와 아주 가까운 각신들도 가차 없이 금지하고 꾸짖어야 부끄러움을 알지 않겠는가?"

임금이 이렇게 나오니 신하들도 같이 맞장구를 쳐 준다. 그래서 처음에는 문체반정이 제법 잘되어 가는 듯 보였다.

뒤에서 호박씨를 까니

가장 먼저 임금의 뜻을 따르겠다며 백기를 든 사람은 남공철이다. 사실 남공철은 아버지 남유용 못지않은 뛰어난 문인으로, 그 재주를 높이 산 정조의 눈에 들어 다른 벼슬을 거치지 않고 바로 규장각에 뽑힌 경우였다. 그래서인지 남공철의 반응은 재빠르면서도 아주 강력하다. 그야말로 "온 힘을 다해 패관소설을 배척하는 것을 자신의 임무로 삼았다"고 전해질 정도이다.

하지만 겉이 그렇다고 속까지 그러지는 못했던 모양이다. 남공철은 자신의 문집인《금릉거사집》에서 지인인 이원리에게 다음과 같이 속내를 털어놓는다.

"동헌에서 하루 종일 공문서에 시달린 이 몸은 그대가 손에《서상기》한 권을 읽으면서 석죽화 밑을 거니는 것을 떠올릴 때면 마치 세속에서 신선을 보는 것과 같소이다."

《서상기》는 당시 재미와 문장으로 손꼽히는 책이었다. 장생이라는 재주 있는 선비가 최앵앵이라는 아리따운 낭자를 만나 여러 가지 고난을 겪다 결국 장생의 과거 급제로 행복한 결말을 맞는 전형적인 이야기지만, 손에 땀을 쥐게 하는 박진감 넘치는 전개와 희곡에서만 볼 수 있는 생생한 문장으로 사람들을 한순간에 사로잡았다. 하루 종일 일하느라 지쳤다가도 그《서상기》만 생각하면 신선을 보는 듯 기운이 났다 하니, 얼마나 흠뻑 소설에 빠져 사는지 능히 짐작할 만하다.

그런데 온 힘을 다해 소설을 배척했다는 사람의 속내가 이런 것이라니, 완전히 겉과 속이 다르지 않은가. 아마도 정조 때는 이렇듯 겉으로는 바른 고전 문학을 숭상해도 속으로는 소설에 흠뻑 빠져 있는 문인들이 꽤 있었을 것이다.

이상황은 어떤가? 정조와 함께 아예 소설을 괴물 취급하는 소설 부정론자가 되어 버린다. 이상황은 자신의 문집인《동어유집》에서 대놓고 이렇게 말한다.

"패관은 사람을 해롭게 하는 것이 많아, 맹수가 사람을 해치는 것보다도 더 나쁘답니다. 맹수를 만나면 두려워 피할 줄 알지만, 음탕한 소설이 사람 손에 들어가면 오히려 와락 움켜쥐잖습니까?"

사나운 맹수보다도 소설이 더 나쁘다고 격하게 비난하는 것이다. 이상황은 여기서 멈추지 않고 자신의 재주를 이용해〈척패시斥稗詩〉와〈힐패詰稗〉를 지어 올린다. 곧 '패관소설을 물리치는 시' 와 '패관소설을 비난하는 글' 을 지어 올린 것이다.

여기서〈힐패〉는 소설을 비난하는 '힐자' 와 소설을 옹호하는 '패자' 가 서로 패관소설을 두고 의견을 나누는 이야기이다. 그런데 묘하게도 소설을 긍정하는 패자의 의견은 생생하고 힘이 실려있는 데 견주어, 소설을 배척하는 힐자의 의견은 지극히 상식적인 이야기만 늘어놓아 심심하게까지 느껴진다. 대체 왜 이런 차이가 나타난 것일까? 입으로는 소설을 '비난' 하고 있지만, 마음으로는 소설을 지극히 '옹호' 하고 있기 때문이었다.

이상황을 옆에서 지켜본 학자 이유원은 앞서 남공철의 경우처럼 전혀 다른 이상황의 평소 모습을 이렇게 적어 놓았다.

> 동어桐漁, 이상황의 호 이 공은 평소 손에서 놓지 않고 항상 보는 책이 곧 패설이다. 어느 종류인지 따지지도 않고 새로 나온 책이면 무조건 즐겨 보았다. 그 당시 역원의 도제조를 겸하고 있었는데, 이 때문에 연경에 가는 통역들이 앞다투어 서로 사다가 이

공에게 바쳐 패설이 수천 권이나 쌓였다. 이유원, 《임하필기》, 〈패설을 즐겨 본 일〉

한마디로 이상황은 중국 소설 애독자였던 것이다. 그것도 어느 종류인지 따지지도 않고 닥치는 대로 모으고 쌓아 두는 소설광. 그러니 겉으로야 아무리 유학자로서 소설을 배척하고 헐뜯어도, 속으로는 소설의 재미에 흠뻑 빠져서 차마 제대로 된 비난을 하지 못했던 것이다.

이를 두고 "소설과 반反소설 사이에서 엉거주춤 고의춤을 잡고 서 있는 모습"이라는 재미있는 표현까지 나왔다. 그야말로 소설을 좋아할 수도, 그렇다고 딱 끊고 미워할 수도 없는 엉거주춤한 상황. 화장실에서 고의춤을 올리지도 내리지도 못한 채 덜렁 소설책을 들고 앉아 있는 상황.

심상규 또한 비슷하다. 심상규는 엄청난 장서가로 유명한데, 서울 종로구에 커다란 저택을 지어 놓고 여러 가지 책들을 산더미처럼 수집해 모아 두었다. "비록 우리 나라가 좁고 작다지만, 심상규의 집에 쌓아 놓은 책은 거의 4만 권이 넘는다"는 기록이 남아 있을 정도다. 그 수많은 책들 안에 어찌 소설이 없었겠는가.

게다가 심상규는 정조에게 자송문을 쓸 때 말이 딱 떨어지지 않으니 "언문으로 번역하고 주해를 달아라!" 하는 명령까지 들었다. 결국 글자마다 한글로 주해를 단 뒤에야 정조의 용서를 받았으니, 그 정도면 얼마나 뼛속 깊이 패설체에 녹아 있었는지 짐작이 간다.

아마도 심상규가 모아 둔 책 가운데 패설은 아주 큰 몫을 차지했을 것이다.

이렇듯 임금은 중국 소설의 금지와 고전체로의 복귀를 소리 높여 외치고 있지만, 한쪽에서는 여전히 얼굴만 대충 가린 채 소설을 애독하고 즐기는 양반층이 있었다. 국왕의 옆에 가장 가까이 있는 사람들조차 이런 지경이었으니 정조가 바라는 문체반정이 제대로 되었을 리가 없다.

김조순 또한 재미있다. 김조순은 그냥 소설을 좋아하는 소설광 정도가 아니라 무려 《오대검협전》이라는 소설을 직접 쓴 소설가이기도 하기 때문이다. 물론 아직은 치기가 넘치던 젊은 시절에 썼던 것이지만.

《오대검협전》은 영조 때 풍수지리를 좋아하던 서생이 오대산에 들렀다가 만난 기이한 검협의 이야기를 적은 소설이다. 김조순은 사마천의 《사기》에 나오는 〈자객열전〉을 읽고 깊이 감동해 "천하에 이런 기이한 일이 있을까" 거듭 감탄했다면서 바로 그런 협객 분위기로 소설을 써 나간다. 한 대목을 옮겨 보자.

이윽고 젊은이가 검을 들고 휘두르기 시작했다.
수북하게 쌓인 닭털 주위를 돌아가며 마치 춤을 추는 듯하다. 얼마 지나지 않아서 젊은이의 몸은 간 데 없고 한줄기 흰 기운만 온 방 안을 에워쌌다. 닭털이 펄펄 날면서 춤을 추는 듯 벽 위를 어지럽게 날았다. 푸른 등불은 펄럭거리며 바람을 따라 올라갔다 다시 내려왔으며, 차가운 빛과 서늘하고 늠연한 기운이 몸속을 파고들었다. 서생은 두려움에 머리끝까지 쭈뼛해졌다. 정신을 잃은 채 몸을 떨면서 바로 앉지도 못했다. 이윽고 쨍그랑! 소리와 함께 검이 바닥에 떨어졌다. 칼을 던진 젊은이가 어느새 웃는 얼굴로 서생의 앞에 서 있었다.

"변변치못한 기예가 끝났군요. 손님께서는 잘 보셨는지요?"

서생은 눈을 휘둥그렇게 뜬 채 앉아 있었다. 아직도 제 정신으로 돌아오지 못한 듯, 입은 얼어붙어 벙어리가 되었다. 이윽고 정신이 들었다. 땅바닥을 내려다보니 수북한 닭털이 몇 천 개인지 헤아릴 수조차 없었다. 털들은 모두 반 토막이 나 있었다. 김조순, 《고향옥소사》, 〈오대검협전〉

눈부신 칼솜씨를 보여 주는 젊은 검객의 묘사도 흥미롭고, 서생이 입을 딱 벌리고 놀라는 대목도 아주 생생하다. 스스로 재미를 느끼지 못했다면 절대 이렇게 쓰지 못했으리라. 그런데도 김조순은 "바른 문체를 써라" 하는 임금의 명령에 바로 태도를 바꿔 납죽 자송문을 써낸다. 그것도 임금이 절대 자신을 속이지 않았다 감탄할 만큼 훌륭하게. 그래서 뒷날 정조는 이 김조순의 딸을 기꺼이 자기 며느리로 삼았던 것이다.

이렇게 적고 보니 "뒤에서 호박씨 깐다"는 속담이 절로 생각난다. 모두들 임금 앞에서는 "세상에서 가장 고약한 것이 패설입니다" 운운하면서 비난을 하지만, 돌아서서는 미친 듯이 소설을 찾고, 읽고, 쓰고, 모으고, 난리도 아니다. 이들 가운데 김조순을 뺀 나머지 세 명이 모두 나중에는 영의정에 오르는 것을 생각하면(게 다가 김조순도 임금의 장인이 되어 권력을 휘두른다.) 거의 대부분의 문 신들이 이들과 비슷했으리라는 짐작이 충분히 간다. 가장 바른 문 체를 써야 할 사대부들조차 이랬으니 다른 이들이야 더 말할 것도 없겠다.

결국 관리들은 겉으로는 정조에게 충성하고 문체반정을 주도하 는 것 같았지만, 속으로는 여전히 소설의 맛에 빠져 문체에 대한 정조의 남다른 애착을 그다지 중요하게 여기지 않았다. 도대체 왜 이런 잡스럽고 한심한 소설을 읽는지 모르겠다는 모범적인 골수 학자 정조에 견주어 그들은 모두 지나치게 가벼웠고, 임금 앞에서 만 머리를 조아렸던 것이다.

그러나 이들과 전혀 다른 모습을 보여 주는 사람이 딱 두 명 있 었다. 한 명은 당대의 문장가 박지원이요, 또 한 명은 불우한 유생 이옥이다. 특히 이옥은 문체반정의 가장 큰 희생자로 꼽히면서 문 체반정을 이야기할 때 결코 빼놓을 수 없는 중요한 인물이다. 이옥 의 글과 문장은 뒷장에서 세세히 살펴보도록 하겠다.

어쨌거나 두 사람은 다른 이들과는 달리 임금이 써내라는 자송 문을 끝까지 쓰지 않았다. 그렇다고 절필을 하거나 몰래 숨어서 글 을 짓지도 않았다. 그 대신 당당하게 다른 글을 써낸다. 그리고 그 글 속에서 "문체를 바꿔라" 하는 임금의 명령에 멋들어지게 대답 을 하는 것이다.

박지원은 박지원답게, 그리고 이옥은 이옥답게.

따지고 보면 그들이야말로 진실한 의미의 자송문을 써낸 것일지도 모르겠다.

너무너무 잘못해서 반성문도 못 쓰것다?

"문체를 고쳐라! 바르게!"

임금의 이 느닷없는 명령을 박지원에게 전한 것은 한 통의 편지였다. 남공철이 정조의 명을 받아 당시 안의 현감으로 내려가 있던 박지원에게 편지를 써 임금의 뜻을 전한 것이다. 남공철은 편지에서 문체반정의 이런저런 이야기들과, 자신도 자송문을 써냈다는 것, 임금께서 박지원을 문체반정의 거물, 그것도 "법망에서 빠져나간 거물"로 지목했다는 것, 그러니 속히 바른 글 한 편을 써서 용서를 받으라는 말까지 전해 준다.

이 편지를 읽은 박지원의 반응이 꽤 재미있다. 박지원은 정조가 자신을 문체반정의 원흉으로 지목했다는 말에 "혼비백산하여 두 손으로 편지를 떠받들고 꿇어 엎드려, 처음에는 당황스럽고 두렵더니 뒤따라 눈물이 마구 쏟아졌다"고 하면서 "글방의 버려진 책이 위로 티끌 하나 없이 맑은 대궐을 더럽힐 줄 어찌 생각이나 하였겠소?" 하고 가슴을 친다.

그 뒤로도 구구절절 자신이 얼마나 잘못을 했는지를 늘어놓는다. 명색이 선비로 태어난 자가 고전을 아름답게 나타내기는커녕 오히려 망쳤으니 진실로 선비의 수치라는 둥, 불우한 삶을 살다 보니 글로써 장난거리를 삼아 사람들에게 웃음거리를 제공했다는 둥, 스스로 종아리를 치며 단단히 반성하겠다는 둥, 온갖 수식어를 붙여 자신의 잘못을 절절히 사죄하는 것이다. 그리고 마지막을 거창하게 끝맺는다.

"이토록 잘못했으니 어찌 감히 지난날의 허물을 고치고 뒤늦게나마 급히 돌이킬 것을 도모해 다시는 이 어질고 평화로운 시대의 죄인이 되지 않도록 하지 않겠습니까."

거푸 부정을 했으니 "다시는 죄인이 되지 않겠다", 곧 반성문을 쓰고 깊이 반성하겠다, 라는 뜻이 분명한 것 같기는 한데, 문장이 저렇게 거창하게 마무리가 되면서 어딘가 묘해진다. "너무너무 잘못해서 어찌 감히 반성문 따위를 쓸 수 있것소" 하는 느낌이랄까. 자신의 잘못을 한참 과장되게 떠들어 대더니, 그런 주제에 어찌 감히 용서 따위를 구하겠느냐고 공연히 우물우물 끝을 흐린다. 그건 뭐, 쓰지 않겠다는 말이 아닌가.

실제로 연암은 자기 말처럼 뒤늦게나마, 급히, 돌이킬 것을 도모하지 않는다. 말로는 혼비백산, 종아리를 치고 반성하겠다고 말하지만, 실제로는 조금도 그러지 않았던 것이다. 정조 또한 진심으로 박지원을 처벌하려던 것은 아니었던 듯하다. 남공철이 전한, 정조가 했다는 말을 보자.

"박지원에게 신속히 순수하고 바른 글 한 편을 지어 급히 올려 보내《열하일기》의 죗값을 치르도록 하라. 그러면 남행 문임일지라도 어찌 주기를 아까워하겠는가?"

여기서 '남행'이란 과거를 거치지 않고 곧바로 벼슬을 받는 것을 말한다. 또 '문임'은 홍문관이나 예문관의 종2품 벼슬을 이른다. 곧 정조는 "순수하고 바른 글" 한 편만 제대로 잘 써내면 과거 시험도 거치지 않고 박지원을 바로 종2품 벼슬에 제수하겠다고 말한 것이다. 글 한 편으로 종2품 벼슬을 받다니. 이건 한마디로 거저 벼슬자리를 주겠다는 뜻이 아닌가.

실제로 임금의 이런 명령이 내려오자 주위에서는 온통 임금께서 노여워하시는 게 아니라 "장차 파격적인 은총을 내리려는 것이다" 하고 분석했다. 박지원을 크게 쓰겠다는 뜻을 돌려 말한 것이라 본 것이다. 실제로 정조는 종합 무예서《무예도보통지》를 편찬할 때 이덕무가 쓴〈왜적 방비에 대해 논함〉같은 글을 보고는 "원만하고 참 좋구나" 칭찬한 뒤에 "연암의 문체를 본떴구나" 하고 빙긋 웃었던 적이 있다. 정조가 박지원의 문체를 알아볼 뿐 아니라 그 가치도 높이 치고 있었다는 뜻이다.

그래서 오히려 주위에서 난리가 나서 박지원에게 얼른 글 한 편을 써내라고 졸라 댄다. 그것도 다른 글을 써 낼 것도 없이《열하일기》에서 "약간의 우스갯소리만 찾아서 없애 버린다면" 그것이야말로 순수하고 바른 글일 것이라고 옆구리를 찌르는 것이다. 그러니 얼른 글 써서 벼슬을 받으라고.

하지만 박지원은 확고했다. 박지원은 아무리 임금의 말씀이 은

혜로워도, 어찌 꾸중 들은 자가 글을 지어 스스로 순수하고 바르다고 말할 수 있겠냐며, 그런데도 의기양양 글을 쓴다면 이는 "분수 밖의 것(종2품 벼슬)을 바라는 짓"이니, 결코 자송문을 쓰지 않겠다고 못을 박는다.

여전히 말은 공손하지만 결론은 결국 또 자송문을 쓰지 않겠다는 뜻. 입으로는 구구절절 잘못했다고 하면서도 실제로 박지원은 전혀 그렇게 생각하지 않고 있었던 것이다. 그래서 반성문도 결코 쓸 수가 없었으리라. 다만 귀찮은 분란을 일으키고 싶지 않아서 잘못한 척, 우둔한 척, 고개를 숙였을 뿐이다.

이런 태도는 전에 박지원이 쓴 〈녹천관집서〉의 한 대목을 떠올리게 한다. 《녹천관집》은 북학파의 한 사람인 이서구가 쓴 문집이다. 어느 날 이서구가 자기 문집을 가져와 박지원에게 보이면서 고전 문체가 아니라는 이유로 온갖 비난을 받는다고 하소연을 한다.

"한마디라도 조금만 새롭거나, 한 글자라도 기이한 것이 나오면 그때마다 사람들은 '옛글에도 이런 것이 있었느냐?'고 묻습니다. 그렇지 않다고 대답하면 발끈 화를 내면서 어찌 감히 그런 글을 쓰느냐고 나무랍니다. 아니, 옛글에 이런 것이 있었다면 제가 다시 쓸 필요가 무에 있겠습니까. 모쪼록 선생님께서 과연 그런지 판정해 주십시오."

고전체가 갖고 있는 형식적인 틀과 억압은 젊은 선비의 생각까지 억누르고 있었다. 이서구는 과연 그것이 옳은 일이냐고 박지원에게 묻는 것이다. 이에 박지원은 "네 말이 옳다. 가히 끊어진 학문을 일으킬 만하구나" 하고 먼저 칭찬을 해 준다. 그리고 의미심장하게 덧붙인다.

"하지만 자네는 아직 나이가 어리니, 남들이 노여워하면 공손한 태도로 '제가 널리 배우지 못하여 옛글을 미처 살피지 못하였습니다' 하고 사과하시게. 그래도 비난이 그치지 않고 노여움이 풀리지 않거든, 조심스런 태도로 이리 말하게나. 《서경》과 《시경》도 하은주 삼대 당시에 유행하던 문장이라고."

곧 《서경》과 《시경》 같은 고전도 실제로 그것이 쓰인 당시에는 그저 지금처럼 유행 글에 지나지 않았다는 말이다. 다만 세월이 지나 고전이 된 것일 뿐인데, 어찌 지금의 새로운 것이 다음 시대의 고전이 되지 못하겠느냐고 반박하는 것이다.

오히려 중요한 것은 고전 문체냐 소설 문체냐 하는 것이 아니라 얼마나 '참됨'을 담고 있는가 하는 것이다. 박지원은 무조건 고전을 따르는 것이야말로 "그 자체가 참이 아니라는 것을 인정하는 셈"이라고 말한다.

"옛글을 모방하여 글을 짓기를 마치 거울에 모습을 비춰 보듯 하면 '비슷하다'고 하겠는가? 실제로는 왼쪽과 오른쪽이 서로 반대로 보이는데 그게 어찌 비슷한가. 그렇다면 물에 모습을 비춰 보듯 하면 '비슷하다'고 하겠는가? 그 또한 뿌리와 가지가 거꾸로 보이는데 어찌 비슷하다 하겠는가. ……그렇다면 어떻게 써도 옛글과 끝내 비슷할 수 없다는 말이 아닌가? 그런데 어찌 구태여 비슷하려고 애쓰는가? 비슷하려고 하는 그 자체가 참이 아님을 인정하는 것인데." 박지원, 《연암집》, 〈녹천관집서〉

그러니 자신의 참된 글을 쓰는 것이 가장 중요하다고 박지원은 말하는 것이다. 결국 이 말은 이서구뿐 아니라 박지원 자신에게 하는 말과도 같다. 잘못한 척, 모자란 척 고개를 숙여서 더는 말썽을 일으키지 마라. 하지만 자신의 참된 글에는 《서경》과 《시경》 못지않은 긍지를 가져라…….

그래서일까, 박지원은 끝까지 정조가 요구하는 바른 글을 쓰지 않았다. 정조도 더는 글을 써내라 추궁하지 않았다. 그렇다고 두 사람의 보이지 않는 대결이 끝난 것은 아니었다.

철즙을 물들이지 않았더라

문체를 고치라는 임금의 날벼락 같은 명령이 떨어진 지도 꽤 되었지만 다만 그뿐, 두 사람은 서로를 그다지 확인하지 않았다. 박지원이 워낙 한양에 있지 않고 지방 관원으로 내려가 있으니 크게 부딪칠 일도 없었겠다. 이 두 사람이 다시 만난 것은 박지원이 새롭게 면천 군수가 되었을 때이다. 새로 관직을 받았으니 박지원은 싫든 좋든 임금에게 나아와 감사의 절을 올려야 했다.

이에 박지원이 절차에 따라 대궐로 들어가자 정조가 흥미롭다는 얼굴로 박지원을 찬찬히 살피고는 대뜸 이렇게 묻는다.

"연암, 내가 지난번에 문체를 고치라 했는데 과연 고쳤는가?"

정조는 에돌지 않고 바로 핵심을 파고든 것이다. 드디어 올 것이 왔구나 싶었을까. 박지원은 얼른 엎드려 "성스러운 분부가 너무도 황공하와 차마 아뢰지 못하옵나이다" 하고 앞서 나온, "너무너무 잘못해서 반성문도 못 쓰겠습니다" 같은 말을 거듭해 조아린다. 정조는 그럴 줄 알았다는 듯 빙그레 웃으며 뜻밖의 말을 꺼낸다.

"뭐, 그건 그거고, 연암, 내가 자네를 기다렸네."

아니, 왜? 박지원이 잠깐 긴장했을 법하다.

"내가 최근에 아주 좋은 글감을 하나 얻었지 뭔가. 그래서 자네를 시켜 좋은 글 한 편 짓게 하려고 꽤 오래전부터 별러 왔단 말일세."

그리고 뜨끔해서 쳐다보는 박지원에게 정조는 제주 사람 이방익의 이야기를 들려준다.

이방익은 제주에 사는 젊은 무인인데, 정조 20년(1796) 9월 한양에 가려고 배를 탔다가 그만 풍랑을 만난다. 큰바람에 떠돌던 배는 멀리 중국 서쪽에 있는 팽호도에 닿았다. 결국 머나먼 중국 땅에 표류한 이방익은 팽호도에서부터 길을 떠나 복건, 강남, 산동, 북경을 거쳐 요양을 지나 이듬해 윤6월에 간신히 고국으로 돌아온다. 무려 9개월 동안 "물길과 바닷길로 만여 리를 거쳐" 고향 땅에 돌아온 것이다.

정조는 이 젊은 무인의 모험담에 관심이 많았다. 그래서 손수 이방익을 불러다가 고생했다 치하하고, 이방익에게 지나온 산천과 풍속을 물어 자세히 기록으로 남기게 했다. 하지만 이방익은 무인인 데다 문자가 서툴러서 겨우 노정만 적었을 뿐이고, 기억을 더듬어 아뢴 것도 줄거리가 잡히지 않고 우왕좌왕이었다. 이에 정조는 조금 못마땅해하던 참에, 박지원이 대궐에 들어오자 냉큼 그 사건을 책으로 써내라고 빼도 박도 못하게 명령을 내린 것이다.

"내가 이방익과 나눈 말을 기록한 초고가 그날 함께 있던 승지한테 있을 것이야. 그걸 면천에 내려 보낼 테니 잊지 말고 한가할 때 좋은 글을 지어 바치게나. 알겠지? 연암."

이에 박지원이 써서 정조에게 바친 것이 바로 〈이방익 사건을 적은 글〉이다.

생각해 보자. 이제껏 정조는 문체 타락의 우두머리로 박지원을 지적해 놓고도, 단 한 번도 바르고 좋은 글을 재촉하지 않았다. 청나라로 가는 사신 행렬을 멈추면서까지 김조순에게 자송문을 써 오라 한 것과는 아주 비교가 된다. 그런데 이번에는 대놓고 글을 써 오라고 숙제를 내 주었다. 그러므로 이 글은 문체반정 이후로 박지원이 임금에게 바치는 첫 번째 글이 된다.

그렇다면 이 글을 어떻게 써야 할까? 상식으로 보자면 박지원은 이 글을 무조건 '바르고 순정하게' 써야 맞다. 그래야 문체반정에 연루된 죄도 용서받고, 벼슬도 오를 테니. 그런데 과연 박지원이 그렇게 썼을까?

반은 그렇다. 실제로 〈이방익 사건을 적은 글〉은 표류기라는 구성을 놓고 볼 때 그다지 흠잡을 데가 없다. 앞부분에는 이방익의 일정이나 물고기를 잡아먹는 일화를 적절히 넣고, 뒷부분에는 대부분의 표류기들이 그렇듯이 해박한 지리와 역사 지식을 촘촘히 새겨 넣는다. 표류한 곳의 생활 풍습이나 이국의 풍물, 송환 절차 같은 것도 차례대로 적어 나간다. 그리고 마지막에는 이방익이 지나온 여정을 다시 한번 죽 정리하면서 그 길이 다 몇천 리, 몇만 리인지를 자세히 적으며 끝낸다. 박지원은 "임금의 명을 받고 엉겁결에" 작업을 했다지만, 거칠고 모호했던 젊은 무인의 표류기가 꼼꼼하고 박식한 문인의 손을 거쳐 비로소 제 모습을 찾은 느낌이다.

오호라, 드디어 박지원은 임금의 명령에 굴복하여 자신의 문체를 버리고 바른 고전 문체로 돌아갔는가? 아무리 봐도 제법 임금이 원하는 글을 쓴 것처럼 보이니 말이다.

물론 그렇지는 않다. 잠시만 〈이방익 사건을 적은 글〉의 앞부분을 살펴보자. 글을 쓰게 된 동기(임금의 명령을 받아 쓴다는)를 간단히 밝히고 나서, 느닷없이 이방익의 아버지 이광빈의 이야기가 나온다. 그리고 한참을 줄줄이 그 이야기만 한다. 아니, 왜 갑자기 이방익의 표류기에 아버지 이야기가 나오는 거지? 게다가 문제는 이 아버지 이야기가 심상치가 않다는 것이다.

이광빈은 아들 이방익과 마찬가지로 무인이다. 거기다 아들과 똑같이 젊은 시절에 풍랑을 만나 표류한 적이 있었다. 다만 그곳이 중국이 아니라 일본 장기도라는 점이 다를 뿐이다.

장기도는 아주 번화하고 외국 배도 많이 드나드는 곳이었다. 그렇더라도 생판 타국 사람으로 표류한 이광빈으로서야 앞날이 막막했을 터인데, 뜻밖의 인연이 다가온다. 어떤 일본인 의사가 이광빈을 아무 조건 없이 자기 집으로 데려가 먹이고, 입히고, 재우고 극진하게 대접했던 것이다. 더 나아가 부디 자기 집에 계속 머물러 달라고 공손히 청하기까지 한다. 이광빈이 굳이 돌아가겠다고 고집을 부리자 의사의 다음 행동이 기가 막힌다.

   광빈이 굳이 고향에 돌아가겠다고 하니 의사가 가만히 내실로 데리고 들어가더랍니다. 그러더니 예쁘장한 젊은 계집을 나오라 하여 광빈에게 절을 시키면서 말했다지요.
   "이래봬도 내가 꽤 부자로 내 집에 천금 재산을 쌓아 놓았소. 허나 대를 이을 사내자식은 하나도 없고 다만 이 계집애가 있을 뿐이라오. 원컨대 그대가 내 사위가 되어 주시오. 내가 늙어서 죽게 되면 이 모든 천금 재산은 다 그대 차지가 될 것이외다."
   그 계집을 슬쩍 보니 치아가 서리같이 하얗고, 아직 철즙鐵汁을 물들이지 않은 것으로 보아 과연 처녀이지 뭐겠습니까.

   철즙을 물들이지 않았다…….
   옛날 일본에서는 여자가 시집을 가면 이를 까맣게 물들이는 풍습이 있었다고 한다. 곧 철즙 같은 것을 오랫동안 입에 머금어 일부러 이를 까맣게 물들여 남편이 있음을 드러내는 것이다. 따라서 의사의 딸이 치아가 서리같이 하얗다는 것은 명백히 처녀임을 나타낸다.

가만있자, 이국의 특이한 풍습에, 진짜 처녀라. 뭔가 사람을 확 끄는 흥미로운 전개가 아닌가. 하지만 이건 표류기에 굳이 필요한 부분은 아니다. 아니, 오히려 없는 것이 실제 기록에 더 충실할 수 있을 터인데, 박지원은 굳이 앞부분을 이 일본 처녀 이야기로 시작한다. 좀 더 살펴보자.

> 이에 광빈은 언성을 높여 말했지요.
> "제 부모의 나라를 버리고 재물을 탐내고 여색에 연연해서 다른 나라 사람이 되어 버린다면, 이는 개돼지만도 못한 자일 것이오! 더구나 나는 내 나라에 돌아가면 과거에 올라 부귀를 누릴 수 있는데, 하필 그대의 재물과 그대의 딸을 탐내겠소?"
> 그 말에 의사는 어찌할 수 없다는 것을 알고서 광빈을 보내 주었다고 합니다. 광빈이 비록 섬 속의 무인이지만 의젓하여 열사의 기풍이 있었던 것이지요. 따지고 보면 그 부자가 나란히 멀리 이국에서 노닐게 된 것도 역시 기이한 일이라 하겠습니다.

어허, 쾌남도 이런 쾌남이 없다. 확실히 "의젓하여 열사의 기풍이 있"는 이광빈이다. 재물도, 아리따운 처녀도 다 필요 없고, 오로지 제 나라에 돌아가겠다는 굳건한 의지만 보이다니, 그야말로 영웅의 기상이다. 하지만 아들의 표류기에 과연 아버지의 영웅 놀음이 꼭 필요했을까? 아무리 봐도 이건, 처음을 흥미롭게 시작해 독자들의 시선을 확 끌려는 소설에서나 필요한 도입부가 아닐까?

나중에 이방익도 자신의 이야기를 직접 〈표해가〉라는 가사로 쓴다. 하지만 〈표해가〉에는 이런 대목은커녕 아예 아버지 이야기가 나오지도 않는다. 그렇다면 박지원은 본인도 쓰지 않은 이야기를 일부러 물어서 썼다는 말이 된다. 이야기가 재미있고 흥미롭기는 하겠지만, 한참 소설체에 빠졌다고, 그 거물이라고 혼난 사람이 할 바는 아니다. 하지만 박지원은 시침 뚝 떼고 〈이방익 사건을 적은 글〉의 앞부분을 이렇듯 소설처럼 흥미진진하게 시작한다.

정조는 과연 이 글을 보고 어떤 표정을 지었을까? 껄껄껄 웃었을 것도 같고, 으이구 쓴웃음을 지었을 것도 같고, 설레설레 고개를 저으면서 혀를 찼을 수도 있을 것 같다.

아니, 어쩌면 정조는 처음부터 이방익의 이야기를 이런 느낌으로 읽고 싶었던 것인지도 모르겠다. 박지원이 익히 《열하일기》에서 보여 준 그 웃음, 눈물, 예리함, 호쾌함 들을 다시 한번 맛보고 싶었던 것인지도. 만 리를 돌아 고향으로 온 무인의 기이한 여행기. 솔직히 그것을 《열하일기》의 박지원만큼 잘 쓸 사람이 또 누가 있겠는가.

이렇게 보면 두 사람이 마치 시소 놀이를 하는 듯하다. 바른 문체를 쓰라면서도 하필 이 불량 선비에게 글을 맡긴 정조도, 그렇다고 뚱딴지처럼 흥미로운 상황으로 이야기를 시작한 박지원도 다 알고서 눙치는 놀이다. 박지원의 글에서는 언뜻 "한번 읽어 보시라니까요. 요렇게만 해도 글이 아주 맛깔스럽답니다" 하고 혀를 쏙 내미는 장난기가 느껴지고, 정조 또한 혼자 쿡쿡대며 "이 맛에 연암에게 표류기를 쓰라고 했지" 하면서 수염을 쓰다듬고 있을 것만 같다. 두 사람은 은연중에 서로 통하고 있는 것이다.

그렇게 박지원은 슬쩍 의뭉한 대답 하나를 정조에게 던져 놓는다. 바르고 깨끗한 글이 아니라, 흥미롭고 장난스러운 글로 자송문을 대신한 것이다. 마치 소설체가 그리 나쁜 것만도 아닙니다 하듯이.

열녀라도 어찌 지나치지 않으리오

그런데 문체반정의 와중에 박지원이 〈이방익 사건을 적은 글〉보다 먼저 쓴 글이 있다. 그것도 임금의 명령 때문이 아니라 스스로 직접. 그리고 그 글에는 좀 더 복잡한, 그렇지만 좀 더 심도 깊은 박지원의 대답이 들어 있다.

정조가 문체반정을 일으켰을 때 박지원은 안의 현감으로 내려와 있었다. 남공철이 보낸 편지도 그곳에서 읽었다. 비록 무지무지 거창한 표현으로 자송문을 미뤘지만, 그래도 박지원 또한 임금의 명령에 나름 고민을 하고 있었을 것이다. 그런데 이때 느닷없이(그렇다. 좀 느닷없다!) 박지원이 쓴 글이 바로 〈열녀함양박씨전〉이다.

〈열녀함양박씨전〉은 제목 그대로 함양에 사는 열녀 박 씨의 전기문이다. 안의 현감으로 있던 어느 날 새벽, 박지원은 고을 아전의 조카딸이 죽은 남편을 따라 자결했다는 소식을 듣는다. 그 조카딸이 바로 함양 박 씨이다. 이에 함양 군수를 비롯해 산청 현감, 거창 선비 신돈항까지 나서서 앞다퉈 박 씨를 위해 열녀전을 짓는다. 한꺼번에 세 명이 열녀전을 썼으니 이미 넘치게 충분한 셈이다.

그런데 느닷없이 박지원도 이 열녀전 쓰기에 뛰어든다. 안의 현감인 박지원이 굳이 바쁜 일을 미뤄 두고 함양 출신인 박 씨의 열녀전을 쓸 까닭이 없다. 그렇다고 아전이 조카딸을 위해 글을 써 달라고 부탁한 것도 아니다. 그런데도 박지원은 다른 사람이 쓴 열녀전까지 모두 모아다 읽고 준비를 단단히 한 뒤에 〈열녀함양박씨전〉을 온 힘을 다해 쓴다. 바로 문체반정이 한참이던 그 시기에.

이쯤 되면 박지원이 그냥 재미 삼아, 소일거리로 〈열녀함양박씨전〉을 쓰지는 않았으리라는 짐작이 간다. 대체 왜 하필 그때, 가장 바른 문체를 쓰라고 임금에게 닦달받던 그때, 박지원은 열녀전을 썼을까? 이것은 혹여, 정조를 향한 어떤 대답은 아니었을까?

박지원은 그 전에 열녀전을 이미 세 편이나 썼다. 서른 초반에 〈박열부사장〉을, 그 15년 뒤에 〈이열부사장〉을, 그 이듬해에는 〈김유인사장〉을 썼다. 여기서 '사장'은 행장과 같은 말로 "죽은 사람이 평생 살아온 일을 적은 글"이라는 뜻이다. 이 열녀들은 박지원이 이미 알고 있는 사람들이기에 충분히 쓸 만했다.

하지만 문체반정 시기에 새삼 다시 쓴 〈열녀함양박씨전〉은 박지원과 아무런 접점도, 관계도 없다. 게다가 처음부터 열녀전의 형식을 파괴하는 문장으로 시작한다.

열녀전은 대개 앞부분에서 열녀를 소개하고, 중간 부분에서 열녀의 효성스럽고 덕스러운 행적을 적은 뒤에, 마지막에는 죽어서 열녀가 된 고귀한 뜻을 찬양하며 끝이 난다. 하지만 꼼꼼히 따져 보면 이것은 정말로 열녀를 기록하는 글이 아니다.

왜냐하면 첫 부분부터 열녀는 '제대로' 소개되지 않기 때문이다. 고작해야 "아무개 둘째 딸 신 씨, 아무개 첫째 부인 박 씨" 하는 식으로 그 아버지나 남편의 이름으로 소개된다. 정작 본인은 이름조차 나오지 않는 것이다.

중간 부분도 마찬가지. 몸이 부서져라 남편과 시부모를 열렬히 떠받들고 섬기는 열녀의 행적을 적기는 하되 지극히 남성적인 시각에서 바라볼 뿐이다. 열녀의 고통이나 마음고생, 켜켜이 쌓이는 한스러움은 아예 거들떠도 보지 않는다. 오로지 얼마나 남편을, 시댁 어른을, 자식과 살림을 잘 돌보는지만 적어 내려간다. 마지막 부분 또한 거의 다 "군자 왈, 이 열녀의 지극한 정절을 깊이 치하하노니……"로 시작되는, 글을 쓴 남성의 평가로 끝난다.

가장 여성답다는 열녀전의 기록이 완벽하게 남자의 눈으로 그려지는 것이다. 결말도 언제나 똑같아서 남편을 따라 죽는 것이 최고의 열녀라고 부르짖으며 끝을 맺는다.

그러니 여자들이여, 모두 열녀가 되어 그 한 몸 죽여서 가문의 명예를 드높이자! 그렇게 거창하게 외치는 지극히 가부장적인 글. 이른바 과부의 '죽음'을 조장하는 글이 바로 열녀전인 것이다.

박지원의 첫 열녀전도 그 틀에서 벗어나지 않는다. 박지원이 가장 먼저 쓴 〈박열부사장〉은 자기 문하에 드나들던 젊은 선비 박경유의 누이인 박 씨를 다룬 열녀전이다. 이름도 전해지지 않는, 그저 '김국보의 아내 밀양 박 씨'라고만 전해지는 박경유의 누이는 지지리도 가난하고 병약한 남편에게 시집가 "모진 추위, 심한 더위에도 허리띠를 풀지 아니하고 밤낮으로 잠 한숨 붙인 적이 없을" 만큼 온갖 고생을 다하면서도 남편을 극진히 보살핀 효부이다. 그러다가 남편이 죽자 친정에 돌아와 반년쯤 조용히 살다가 어느 날 갑자기 목숨을 끊는다. 박지원은 그 모습을 이렇게 적는다.

"놀랍도다, 정말 죽다니! 평소에 효순하다는 소문이 이미 저토록 자자했고, 오늘 절개를 지켜 죽은 결백한 모습이 또한 이처럼 우뚝하니, 한 마을에 사는 정의로 보아 어찌 관청에 문서(열녀전)를 올리지 않을 수 있겠는가?"

그 말대로 박지원은 박 씨의 삶을 유려하게 적어 멋들어진 열녀전을 완성한다. 그리고 이 〈박열부사장〉을 예조에 올리니, 예조는 젊은 과부의 절개를 기리는 의미에서 그 가문에 열녀문을 내린다. 그 덕분에 그저 그런 소소한 가문이 대번에 열녀를 낸 고귀한 가문으로 탈바꿈하는 것이다.

문제는 15년 뒤이다. 누이가 죽은 뒤 15년이 지나 이번에는 박경유가 병으로 죽는다. 그러자 이번에는 '박경유의 아내 남양 이 씨'가 자기 남편의 누이이자 자기 시누이인 '김국보의 아내 밀양 박 씨'가 했던 것과 똑같은 방법으로 약을 먹고 자결한다. 한 집안에서 같은 방식으로 연달아 두 명의 과부가 자결한 것이다.

사실 과부는 수절한 것만으로도 충분히 열녀가 된다. 하지만 조선 후기에 와서는 수절이 아닌 '죽음'으로 남편을 따라 가는 것만 진정한 열녀라는 생각이 팽배했으니, 나라가 앞장서서 그렇게 만들었던 것이다. 열녀가 나왔다 하면 무조건 열녀문을 세워 주고, 조세도 낮춰 주고, 면천까지 해 주니 그 혜택 때문이라도 사람들은 은근히 과부의 죽음을 부추겼다. 어차피 남의 집 자식인 며느리가, 혹은 형수가, 혹은 숙모가 죽어서 집안이 일어난다면 얼마나 좋은 일인가. 그것은 열녀에게 강요된, 죽음의 무서운 법칙이었다.

어쨌거나 박 씨가 죽었다는 소식을 들은 박지원은 충격을 받았을 것이다. 같은 집에서 같은 이유로 시누이와 올케가 나란히 죽었다. 그것도 자신이 쓴 열녀전의 행적 그대로. 똑같은 경우, 똑같은 죽음. 그리고 아마도 똑같이 억압되었을 열녀에의 강요. 박지원은 과연 그때 무엇을 느꼈을까? 과부의 죽음을 이상적이라고 칭송한 자신의 글이 어쩌면 다른 과부의 자살을 부추기는 원인이 된 것은 아닌지 고민하지 않았을까.

그럼에도 박지원은 〈박열부사장〉 때와 마찬가지로 〈이열부사장〉을 쓴다. 그러나 첫 열녀전에서처럼 무조건 "놀랍도다!" 하지 않는다. 오히려 열녀가 되라는 말없는 강요 속에 결국 죽을 수밖에 없었던 박경유의 아내 모습을 은근히 기록하기 시작한다.

〈이열부사장〉의 한 대목을 읽어 보자.

5월 17일이 되어 이 씨가 갑자기 집안사람들에게 두루 이별하는 듯한 말을 하였습니다. 하지만 이튿날이 마침 이 씨의 생일인지라 집안사람들은 그이가 살아서 이날을 당하는 것이 오히려 갑절로 비통하여 이런 말을 하는가 보다 생각하였을 뿐, 죽기로 맹세한 뜻을 품고 남몰래 때를 정해 두었을 줄은 실로 알지 못했습니다.

밤이 되자 그이는 시조모를 모시고 곁에 앉았는데 그 처량한 말과 비통한 안색을 스스로 숨길 수 없어 일어나려다가 다시 앉고, 차마 떠나지 못하고 이리저리 왔다 갔다 서성대며 한참을 어물어물하다가, 밤이 깊어서야 물러나는 것이었습니다. 그렇지만 온 집안이 잠이 들어 큰일이 일어나리라고는 실로 아무도 생각하지 못했습니다.

새벽녘에 이르러 갑자기 이 씨가 잠자는 방에서 숨이 끊어질 듯 급하게 몰아쉬는 소리가 나기에 옆방 사람들이 급히 가 보니…… 그때야 비로소 그이가 약을 마시고 스스로 목숨을 끊은 것을 알았습니다. 박지원, 《연암집》, 〈이열부사장〉

그야말로 열녀 이 씨가 "살고 싶다!"고 외치는 소리가 들리는 듯하다. 자기 생일을 맞아 두루 이별하는 말을 하는데도 시댁 식구들은 그저 생일이라 갑절로 비통한 것일 뿐 "남몰래 때를 정한 줄은 실로 알지 못했다"고 시치미를 뗀다. 밤이 되어 그 "처량한 말과 비통한 안색"으로 한참을 어물어물하는데도 그 누구도 이 씨에게 왜 그러느냐고 묻지 않는다. 그저 마음 편하게 "온 집안이 잠이 들어" 버릴 뿐이다. 마침내는 가여운 이 씨가 괴로워 신음하자 그때서야 "급히 가" 본다. 대체 죽어 가는 사람의 숨소리는 어찌 그리 단박에 알아챘던고.

이 씨는 남편이 죽은 날에 자신도 따라 죽을 것을 결심했다는 언문 유서를 남기는데, 박지원은 그 밑에 이렇게 적어 놓는다.

"아마도 이 씨가 남편을 따라 죽을 결심을 한 것은 남편이 죽던 그날에 이미 결정되었을 터인데, 다섯 달이나 시일을 끌면서 몰래 염할 옷을 꿰매었는데도 주위 사람들에게 한 번도 들킨 적이 없었습니다. 일 처리의 치밀함과 죽음을 결단하는 차분함으로 보자면 비록 옛날 전기문에 열거된 인물이라 하더라도 이보다 더할 수 있겠습니까?"

이것은 칭찬하는 말이 아니다. 그냥 읽으면 그렇게 보이지만, 조금만 삐딱하게 짚어 보면 다섯 달 동안 그토록 죽을 준비를 하는 사람의 행적을 함께 사는 사람들이 전혀 알지 못했다는 것은 말이 안 된다. 그저 "모르는 척" 했을 뿐이다. 다 알고도 모르는 척, 식구들은 이 씨의 죽음을 조장한다. 들킨 적이 없는 것이 아니라, '들켜도' 모른 척한 것이다. 이 씨가 죽어 얻을 수 있는 이득이 이 씨가 살아 얻는 기쁨보다 훨씬 더 컸으니까. 자신들의 피붙이인 딸이 죽었을 때도 그러했는데 하물며 피도 이어지지 않은 며느리에 이르러서야 무엇을 더 망설이랴. 그렇게 받는 열녀문은 더욱 크나큰 혜택을 집안에 내려줄 것인데.

하기야 〈이열부사장〉은 삐딱하게 보려는 시선만 없다면 여전히 박지원의 문장이 돋보이는 글이다. 하지만 그 사이사이 보이는 미묘한 글귀에서 박지원의 흔들리는 마음이 조금씩 읽힌다. 이 흔들림은 이듬해 지은 〈김유인사장〉에도 나타나는데, 가장 크게 나타나는 것은 뭐니 뭐니 해도 앞서 말한 〈열녀함양박씨전〉이다.

〈열녀함양박씨전〉에서 박지원은 아예 열녀전의 기본 형식을 파괴한다. 열녀(정확히는 열녀의 가문이나 남편의 가문)의 소개를 하는 대신 요즈음의 풍경, 곧 수절만으로도 충분한데 툭하면 죽음으로써 남편을 따르는 풍토를 뼈아프게 지적하면서 시작한다.

"그래서 요즘은 모두 다 세상을 등지고 남편을 따라 저승에 가려고만 하는구나. 그렇게 물에 빠져 죽거나, 불에 뛰어들어 죽거나, 독약을 먹고 죽거나, 목매달아 죽기를 마치 즐거운 곳이라도 가는 듯하니, 열녀는 열녀라지만 어찌 지나치다 않겠는가!"

이것 참, 파격이다. 열녀전을 아무리 열녀라도 너무 지나치지 않는가! 하고 시작하다니.

그다음은 더 가관이다. 역시 열녀인 늙은 과부가 한 명 나오는데 이 과부는 아예 살아 꿈틀거리는 젊음을 수절이라는 이름으로 저당 잡힌 과부의 처절한 신세를 대놓고 한탄하고 감싼다. 그것도 바로 아들 앞에서.

높은 벼슬아치인 아들이, 새로 관리를 뽑으면서 과부 아들이라는 이유로 어떤 사람을 제쳐 놓자 어머니 과부가 나서서 꾸짖는 것이다. 네가 과부를 아느냐고. 과부가 대체 무슨 죄이며, 과부로 사는 것이 얼마나 힘든지 네가 아느냐고! 그러면서 어머니 과부는 품에서 닳아빠진 동전을 꺼내 놓으며 이 동전이 다 닳도록 고통스럽게 세상을 살아 내는 것이 바로 과부라고 말한다.

"이 동전은 너희 어미가 죽음을 참아 낸 부적이다. 10년을 손으로 만졌더니 다 닳아 없어졌구나…….

　과부란 고독한 처지에 놓여 슬픔이 지극한 사람이다. 때로 혈기가 왕성해지면 어찌 과부라고 감정이 없을 수 있겠느냐? 가물거리는 등잔불에 제 그림자 위로하며 홀로 지내는 밤은 정말이지 지새우기도 어려웠단다. 또 처마 끝에서 빗물이 똑똑 떨어지거나 창에 비친 달빛이 하얗게 흘러들 때, 낙엽 하나 뜰에 지고 외기러기 하늘을 울고 갈 때, 멀리서 닭 울음도 들리지 않는데 어린 종년은 세상모르고 코를 골 때, 이런저런 근심으로 잠 못 이루는 괴로운 속마음을 내 누구에게 호소하랴?

　그럴 때면 나는 조용히 이 엽전을 꺼내 굴려서 온 방을 더듬고 다녔던 것이다." 박지원, 《연암집》, 〈열녀함양박씨전〉

　열녀의 고귀한 행적을 논해도 모자랄 열녀전에서 무려 과부의, 욕망이! 나온 것이다. 처마 밑에 물 떨어질 때, 하얀 달빛 스며들 때, 외기러기 울고 갈 때, 그 모든 혼자 지내는 긴긴 밤은 정말이지

"지새우기도 어려웠단다" 하고 과부가 스스로 고백하다니. 끊임없이 순종적이고 금욕적인 열녀의 품성을 논하는 다른 열녀전에 견주어 이런 파격도 없다. 그렇지만 그렇게 견디어 수절한 과부 또한 "열녀라고 이를 만하다"고 박지원은 말한다.

그리고 나서야 비로소 열녀 박 씨의 행적이 드러나기 시작한다. 이 또한 다른 열녀전과는 아주 다르다. 박 씨의 덕스럽고 효성스러운 행적을 적는 것이 아니라 늙은 아전의 말을 툭 던지듯 인용해서 박 씨의 오히려 바보 같은 점을 드러내는 것이다.

아전에 따르면, 박 씨가 시집가기 전부터 남편인 술증의 병세가 이만저만 나쁜 게 아니었다고 한다. 심지어 혼인 날짜 즈음해서는 "폐결핵에 걸려 콜록콜록거리고, 마치 버섯이나 그림자가 서 있는 것"처럼 보일 만큼 병약했으니, 이에 혼례를 깨려 했지만 박 씨가 극구 말려 결국 시집을 갔다는 것이다. 하지만 말로만 혼인일 뿐 "실제로는 빈 옷만 지킨 셈"과 같았다. 그만큼 박 씨에게 남편 술종의 존재란 허수아비나 허깨비에 가까웠던 것이다. 얼마든지 피해도 될 일을 스스로 껴안음으로써 평생을 허깨비와 살다니, 그것이 얼마나 안타깝고 허무한 일이냐고 박지원은 묻는 듯하다. 그래서 박 씨의 죽음을 두고 이런 말을 덧붙인다.

"박 씨의 마음을 추측해 보면, 나이 어린 과부로 세상에 오래 살아서 두고두고 친척들에게 불쌍히 여겨지거나, 이웃 사람들에게 이러쿵저러쿵 뒷공론에 오르기보다는 차라리 얼른 죽어 버리는 것이 더 낫다고 생각한 것이 아니겠는가?"

이것이 박지원이 본 열녀의 마음이었다. 남편을 따른다거나, 가문을 귀하게 하겠다거나, 수절의 고귀함을 지키겠다거나 하는 것이 아니라 이웃의 눈이 두렵고 쑥덕공론의 희생자, 뜬소문의 피해자가 되고 싶지 않아서 죽음을 택했다는 것. 그것이 바로 열녀를 죽게 한 가장 큰 이유였던 것이다.

누가 열녀를 죽게 하는가?

바로 억압된 관습이, 소문이, 쑥덕공론이…… 열녀를 죽였다.

결국 박지원은 이 〈열녀함양박씨전〉을 통해 열녀를 죽음으로 내모는 모든 잘못된 관습과 가혹한 규범, 강요되는 희생을 깡그리 비판한 것이다. 그런 관습을 퍼뜨리는 데 큰 몫을 한 열녀전 형식을 일부러 파괴한 것도 그래서이리라.

그것이 바로 〈열녀함양박씨전〉.

이 뒤바뀐 열녀전을 통해 박지원은 묻는다. 인습이 과부를 죽였다. 그 인습은 결코 사람을 위한 것도 아니고, 사람을 살리는 것도 아니다. 그저 굳은 인습을 그대로 지키려는 어리석은 고집과 욕심에서 나온 헛된 관습일 뿐이다. 함양 박 씨가 그토록 혼인을 고집하고도 평생을 빈 옷만 지키고 살다가, 결국 타인의 눈이 두려워 죽음을 택할 수밖에 없었듯이.

그리고 또한 묻는 것이다. 임금이여, 당신도 그렇게 죽어 버린 빈 옷을 오로지 신의를 지키고자 끌어안고 있는 것은 아닌가? 이미 명이 다해 가는 고전 경서의 낡은 문체를 끌어안고 여전히 성리학 질서를 담은 위대한 꿈의 정치를 할 수 있다고 생각하는 것은 아닌가? 하지만 세상은 변했다. 세상은 그 거대한 담론만으로 움직이기에는 이미 너무 머나먼 곳으로 떠나왔다.

이 시대는 죽어 있는 고전이 아니라 살아 있는 현실을 담은 글이 절대 필요한 시기이다. 그러니 눈을 뜨시라. 버섯이나 그림자처럼 콜록콜록 시들어 가는 고전에 끝까지 의리를 지켜 봤자, 평생을 허깨비 같은 빈 옷만 지키고 살 뿐이니. 그 낡고 가혹한 관습에서 얼른 눈을 떠서 새로운 세상을 바라보시라…….

박지원은 그렇게 말하고 싶었던 것이 아닐까?

그러나 정말 그런 생각으로 박지원이 〈열녀함양박씨전〉을 썼는지는 직접 물어볼 수도 없는 노릇. 우리는 그저 추측할 뿐이다. 왜 그때 그 시기에, 하필 문체반정이 가장 강하게 일어나던 그 시기에, 보란 듯이 박지원이 열녀전을 썼는지를. 그 마음이 과연 무엇인지를 그저 조심스레 추측해 볼 뿐이다.

부자들의 토지를 나누어 주어라

이제 박지원의 마지막 대답을 들어보자.

박지원의 아들인 박종채가 쓴 《과정록》에는 아버지가 임금의 명을 받아 지어 올린 글이 모두 네 편이라고 밝히고 있다. 이 가운데 죽은 이를 기리는 묘지명과 행장을 빼면 실제로 남은 글은 온전히 두 편인데, 앞서 말한 〈이방익 사건을 적은 글〉과 또 하나는 바로 농사에 관한 책《과농소초》이다. 말하자면 박지원이 정조와 마지막으로 나눈 글이《과농소초》인 것이다.

정조 22년(1798) 11월, 정조는 가난한 농부들의 시름을 덜고자 좋은 농서를 구한다는 어명을 내린다. 그러자 박지원이 기다렸다는 듯 새로운 농서를 써서 올린다. 그것이 바로 당시 농서들 가운데 가장 완벽하다고 평가받는《과농소초》이다.

모두 15권 6책으로 이루어진《과농소초》에서 박지원은 농사에 필요한 실용적인 여러 방법들을 제시한다. 농지 경영의 잘못된 점을 지적하고, 잘못된 농법을 고치거나 농기구를 개량하여 힘은 줄이되 생산은 늘리는 방법들을 제시하고, 또 재래의 경험과 기술에 중국의 기술까지 조화롭게 보태는 방법들도 내놓는다. 무엇보다 농사는 '때'를 지키는 것이 가장 중요하니, 관리들도 함부로 농민들한테 부역을 시켜 그 때를 빼앗지 말 것을 거듭 강조한다.

더 나아가 박지원은 농부에게 토지를 나누어 주자는 과감한 주장을 내놓는다. 이 주장을 뒷받침하기 위해 박지원은 지금 같은 제도 안에서는 아무리 부지런하고 농사를 잘 짓는 사람이라도 소작료에, 세금에, 갖가지 잡비로 이리저리 빼앗겨서 결국 아무것도 남지 않게 되는 비참한 현실을 먼저 짚는다.

그렇게나 열심히 일했는데도 식구들을 먹여 살리기는커녕 앉아서 굶어죽을 수밖에 없는 가난한 농민의 처지.

이것을 어떻게 멈추어야 하는가? 가장 큰 원인인 부자들의 토지 겸병이나 증가를 막으면 된다. 그렇게 해서 남아도는 땅은 직접 농사짓는 농민들에게 돌려주면 되는 것이다. 그래야 농민도 살고 살림도 넉넉해진다. 따라서 부자의 토지를 제한하는 '한전법'을 시행해, 아무리 부자라도 정해진 이상의 땅은 가질 수 없게 하고 그렇게 점차로 부자들의 토지가 자연스럽게 농민에게 흘러가게 만들자는 것이다.

"그러므로 토지 소유를 제한한 뒤에야 겸병한 자가 없어지고, 겸병한 자가 없어진 뒤에야 산업이 고르게 될 것이고, 산업이 고르게 된 뒤에야 비로소 백성들이 모두 안정될 것입니다. 그렇게 저마다 제 땅에서 농사를 짓게 되면, 부지런한 사람과 게으른 사람이 드러날 것이며, 그런 뒤라야 비로소 농사를 권면할 수가 있고 백성들을 가르칠 수가 있을 것입니다." 박지원, 《과농소초》, 〈한민명전의〉

어쩌면 이것이 《과농소초》를 통틀어 박지원이 가장 하고 싶은 말이었으리라. 부자들의 토지를 한정 지어서 직접 농사짓는 농민들에게 되돌려 주어라!

그야말로 진정한 토지 개혁의 꿈. 바로 그것이 《과농소초》에 붙인 부록, 〈한민명전의〉의 핵심인 것이다. 그야말로 실학자 박지원의 면모가 여실히 잘 드러나는 주장이다.

박지원은 흔들리지 않았다. 문체를 바르게 하려는 임금의 의도에 납죽 엎드리지도 않았고 그렇다고 완벽하게 거스르지도 않았다. 박지원은 자신의 문체가 연암체라고 불리든, 소품체라고 불리든 크게 개의치 않았다. 중요한 것은 문체가 아니라 그 문체에 담겨 있는 실용의 의미, 백성들의 삶에 가장 도움이 되는 '이로움'을 찾는 일이었다. 일찍이 중국의 기와 조각과 똥 덩어리에서조차 이로움과 발전의 힘을 본 박지원이 아니던가.

《열하일기》의 첫 부분에서 박지원은 처음 국경에 들어서자마자 중국 문물의 큰 규모와 빈틈없는 운영에 입을 딱 벌리고 놀라워한다. 그리고 중국의 맨 끝이 이럴진대, 앞으로는 또 얼마나 대단할까 싶어 질투심에 "온몸이 불을 끼얹은 것처럼 후끈"거렸다고 고백한다. 하지만 거기에 굴하지 않고 박지원은 더욱 눈을 부라리고 앞으로 나아간다. 그러면서 오랑캐라고 비웃었던 청나라, 그러나 모든 것에서 앞서 있던 중국의 본모습을 제대로 지켜본다.

어느 한 구석 빈틈이 없이 "모두가 반듯하고 물건 한 개라도 허투루 굴려 놓은 것이 없는", 심지어 "소 외양간, 돼지우리까지 모두 법도 있게 제 곳에 놓여 있고", 더 나아가 똥구덩이 거름 더미까지 "마치 그림처럼 깨끗하고 맵시가 있는" 모습을 보면서 박지원은 그만 무릎을 치고 만다.

"옳다! 이렇게 하고 난 뒤에야 '이롭게 썼다' 할 것이요, 이롭게 쓴 뒤에야 '넉넉한 삶'을 살 수 있다 할 것이요. 백성들의 넉넉한 삶을 이룬 뒤에야 비로소 도덕을 바로 잡을 수 있는 것이다. 물건을 이롭게 쓸 줄 모르고서는 그 삶을 넉넉하게 만들기가 어려운 법이다. 삶이 여유롭고 넉넉해지지 않고서야 또한 어찌 도덕을 바로잡을 수 있겠는가?" 박지원, 《열하일기》, 〈도강록〉

박지원에게는 도덕보다 삶이 먼저였다. 백성들의 삶을 이롭고 넉넉하게 만든 다음에야, 비로소 도덕을 말하고 잘못을 바로잡을 수 있는 법. 따라서 박지원에게는 학문보다는 실용이 먼저였고, 토지를 가지는 사대부의 권한보다는 굶어 죽어 가는 백성의 살림살이가 먼저였던 것이다. 그래서 과감히 《과농소초》에서 한전제를 정조에게 제안할 수 있었다.

부자들의 토지를 줄여라!

대신 백성들의 농사지을 땅을 늘려라!

그래서 백성들이 모두 안정되고 넉넉해진 뒤에야 비로소 백성들을 '가르칠 수' 있는 것이다. 그러니 가르치려 하기 전에 먼저 백성들부터 넉넉히 잘 살게 만들라고 박지원은 부르짖는 것이다. 그것이 아마도 박지원이 통치자 정조, 군왕 정조에게 가장 하고 싶었던 말일 것이리라.

왕에게는 왕의 꿈이 있듯이 선비에게도 선비의 꿈이 있다. 정조가 기울어 가는 조선 왕조에서 고대 유교의 아름다운 이상 정치를 꿈꾸었듯, 박지원은 말뿐인 도덕보다는 백성들이 모두 넉넉하게 잘 사는 실학자의 꿈을 꾸었다. 그리고 그 꿈을 자신이 가장 잘할 수 있는 글로 나타내었던 것이다.

곧고 바른 문체든, 화려하고 세련된 문체든, 날카롭고 슬픈 문체

'든, 그것이 어떤 문체냐는 박지원에게 중요하지 않았다. 그보다 더욱 중요한 것은 바로 글의 '뜻'을 드러내는 것.

그 뜻이 무엇이던가? 바로 백성들을 이롭고 넉넉하게 하는 것.

그것이 실학자 박지원의 꿈이었고, 또한 임금에게 올린 마지막 글에서 가장 하고 싶었던 이야기였다. 그 어떤 일이든 먼저 백성들을 잘 살게 만든 뒤에야 비로소 가능한 것이라고.

"그렇습니다! 이렇게 하고 난 뒤에야 이롭게 썼다 할 것이고, 그 뒤에야 삶이 넉넉해졌다 할 것입니다. 백성들 삶이 넉넉해지지 않고서야 어찌 도덕을 바로잡을 수 있겠습니까? 백성들 삶이 넉넉해지지 않고서야 어찌 도덕을."

어찌 도덕을, 어찌 문체를, 어찌 세상을…… 제대로 바꿀 수 있겠습니까? 그것이야말로 박지원이 쓴 최고의 자송문이었다. 또한 문체반정을 통틀어 가장 도전적인 대답의 하나이기도 했다.

그리고 또 다른 대답은 이름조차 잘 알려지지 않았던 유생 이옥이 하게 된다.

너나 하세요, 문체반정

아무리 당신이 왕이더라도, 아무리 당신이 문체반정을 일으켰더라도, 초라한 백성으로 살면서 그들을 기록하는 저를, 눕거나 서거나 웅크리거나 하면서 자유롭게 쓰고 싶은 글을 쓰는 저를 당신이 어찌 하시겠습니까? 아무리 거대한 흐름이더라도 물은 물. 결국에는 돌을 스쳐 흘러갈 뿐이지요.

박지원과 더불어 문체반정에서 빼놓을 수 없는 또 하나의 인물은 바로 이옥이다.

흔히 이옥을 두고 문체반정의 최대 피해자라고 한다. 똑같이 임금의 꾸중을 들었으나 자송문을 써서 도로 벼슬을 찾은 관리들이나, 끝까지 자기 생각을 버리지 않고 다른 글을 써낸 박지원이나 따지고 보면 크게 손해 본 것이 없다. 하지만 이옥은 장원급제를 하고도 도리어 벌을 받아야 했고, 그것으로도 모자라 끝내는 관직에 나가지 못하고 말년을 시골에 처박혀 살았다.

《조선왕조실록》에는 이옥의 이름이 딱 두 군데 나온다. 정조가 당시 성균관 유생이었던 이옥을 꼭 집어 그 문체가 가볍고 불경스러운 소설을 따른다며 이렇게 나무라는 것이다.

"엊그제 유생 이옥이 써낸 시문의 글귀들은 순전히 소설체를 사용하고 있으니 요즈음 선비들의 습성에 매우 놀랐도다. 지금 동지성균관사로 하여금 이옥에게 날마다 사륙문四六文, 문장이 4자와 6자로 대구를 이루는 한문 문체만 50수를 짓게 하여 낡은 문체를 완전히 고친 뒤에야 과거를 볼 수 있게 하였다."《조선왕조실록》 정조 16년, 10월 19일

"성균관 유생 이옥이 지은 글을 보니 순전히 소품 형식을 본받고 있더구나. 이옥이야 한낱 한미한 유생이므로 그렇게 심하게 꾸짖을 것까지야 없겠지만, 그래도 특별히 대사성을 단속하여 앞으로 과거 시험을 칠 때에는 그렇게 불경스러운 문체는 엄히 금하도록 명했다."《조선왕조실록》 정조 16년, 10월 24일

그러나 이옥은 날마다 규격에 딱 맞는 사륙문 50수를 써내는 혹독한 벌을 받고도, 특별히 꼭 집어 불경스러운 문체를 금하라고 거듭 꾸짖음과 내침을 당하면서도 자신의 문체를 버리지 못했다. 오히려 더욱 자유롭게 문체를 벼리고 또 벼렸다. 그리고 당당하게 이렇게 선언한다.

"나는 요즘 세상 사람이다. 내 스스로 나의 시, 나의 문장을 짓는데 선진양한이 무슨 상관이 있으며, 위진삼당에 무에 얽매인단 말인가!"

내가 내 문장을 짓는데, 중국 선진양한과 위진삼당 때의 빼어난 문장이 자신과 무슨 상관이냐고 호쾌하게 말하는 것이다. 《논어》를 비롯한 중국의 고전을 닮은 '바른 문체'를 강조하던 임금에게

그야말로 엄청나게 불경스러운 선언이다. 정조는 과연 이 말을 들었을까, 못 들었을까? 혹여 들었다면 감히 한낱 유생이 군왕을 욕보인다고 벌컥 화를 냈을까, 아니면 껄껄 웃으며 임금에게 덤비는 그 기백이 오히려 가상하다 칭찬을 하였을까? 역사에는 두 사람의 만남이 어떠했는지 더는 나오지 않는다. 하지만 분명 정조의 문체반정은 당시 사회를 크게 흔들어 놓았고, 더불어서 소품을 즐겨 쓰던 한 선비의 삶도 바꾸어 버렸다.

이제 그 선비 이옥의 삶을 찾아가 보자.

이옥은 1760년 경기도 남양 매화동에서 태어났다. 매화동은 이름처럼 봄이면 매화꽃과 복사꽃이 흐드러진 동네였다.

이옥의 집안은 제법 먹고살 만큼은 부유했던 모양이다. 그러나 가문은 노론은커녕 소론이나 남인도 못 되는 '소북'이었다. 권력의 핵심에서 한참 떨어져 아무 기반도 없는 당파에 속했다는 것이 이옥의 불운이라면 불운이었다. 게다가 이옥 집안은 처음부터 양반도 아니었으니, 서자였던 이옥의 고조할아버지가 우연히 인조반정에 가담한 덕분에 양반이 된 경우였기 때문이다. 하루아침에 서자가, 그것도 무인이 양반 행세를 하게 되었으니, 이옥의 고조할아버지는 "운이 좋아 벼락출세한, 시장 바닥의 왈짜패" 취급을 받으며 사람들 입에 오르내렸다.

어렸을 때부터 문학에 뛰어난 재능을 보였던 이옥이 이런 분위기를 몰랐을 리 없다. 이옥은 여덟 살 때 아버지와 함께 꽃놀이를 나갔다가 활짝 핀 진달래를 보고는 "햇볕을 향한 꽃은 비단과 같고, 땅에 가득한 풀은 방석과 같도다" 하고 대구를 지을 만큼 감성이 풍부한 아이였다. 그래서 더욱 주위의 분위기에 예민했을 것이다. 서얼에, 무인에, 퇴락한 당파. 이 모든 것에서 이미 이옥의 반항 기질은 싹트고 있었는지도 모르겠다.

어쨌거나 스물다섯 살 무렵, 청년 이옥은 대다수 다른 양반들과 마찬가지로 과거 시험에 뜻을 둔다. 그때부터 공부를 더욱 본격으로 하는데, 천 편에 가까운 시를 짓고, 변려문 이백여 편에, 책문 오십여 편, 온갖 종류의 문장들을 다 지었다는 기록이 있는 것을 보면 정말 '열심히' 공부한 듯하다.

하지만 이옥이 열심히 한 것이 과연 공부뿐이었을까? 당시 공부 때문에 한양에 올라와 있던 이옥은 서대문 마포 근처에 살았다. 저자와 나루터가 가까운 마포는 서민들의 활기로 가득 찬 곳이었다. 당연하지만 젊은 이옥은 갑갑한 책이 아니라 지척에서 오가는 시장 사람들을 통해 사람살이의 온갖 생기와 지혜, 재미를 알아 가고 있었다.

그래서인지 〈호상에서 씨름을 구경하고〉나 〈시정 협잡꾼의 이야기〉, 〈남학의 노래를 듣고〉 같은 글을 보면 생생하게 살아 움직이는 저잣거리 사람들을 만날 수 있다. 이 글에 나오는 씨름꾼이나 협잡꾼, 여자보다 더 아름다운 목소리를 지닌 남자 노래꾼 남학은 그대로 저벅저벅 활자 속에서 걸어 나올 것만 같다.

〈호상에서 씨름을 구경하고〉에 나오는 씨름꾼 김흑을 보자. 지금으로 치면 모든 씨름 대회를 주름잡는 '천하장사'에 드는 김흑은, 아무래도 신분이 낮았던 모양이다. 김흑에게 내내 지기만 하던 사람들이 단오 이틀 전에 김흑이 짐을 싣는 데 동원되어 "닭이 우는 새벽부터 묘시까지 백스물네 마리 말에 손수 짐을 실었다"는 소문을 듣고는 기뻐하며 만세를 부르는 대목을 보면, 새벽부터 그렇게 혹사를 당했다면 김흑은 대단히 고단하고 지쳤을 것이다. 하지만 힘들다 물러서지 않고 당당하게 씨름판에 나선다. 그것도 한꺼번에 열 사람과 연거푸 겨룬다. 그 모습을 이옥은 이렇게 그려 내고 있다.

김흑, 양쪽 옷소매를 걷어붙이고 어깨를 드러내고 한껏 차려입은 비단 도포를 벗는다. 넓적다리를 잇대어 때로는 갈고리처럼 걸고, 때로는 다리를 건너듯이 다리를 밟고, 또 때로는 손을 활처럼 뒤틀어 무려 아홉 사람을 넘어뜨린다. 최후에 황씨 성을 가진 사람이 있었는데, 심히 재빨라서…… 김흑이 일곱 번이나 연이어 던졌지만 그래도 황이 넘어지지 않았다. 김흑이 이내 어깨 위까지 높이 들어 마치 앞으로 던지려는 듯이 하다가 급히 뒤로 내동댕이치니, 황가가 비로소 새처럼 퍼드러져 일어날 수 없었다. 이옥,《문무자문초》,〈호상에서 씨름을 구경하고〉

그야말로 왁자하게 살아 있는 씨름판 풍경이 느껴진다. 이옥은 즐겨 이런 소품을 썼던 것이다. 하지만 이때는 어디까지나 이런 싱

싱한 소품들이 '취미'에 그쳤던 것으로 보인다. 그저 공부 열심히 하다가 머리가 아플 때 슬쩍 짓는 놀잇거리라고나 할까. 이옥은 딱딱한 고문체나 관각문 같은 것도 유려하게 잘 썼던 것이다.

그리하여 정조 14년, 이옥은 생원시에 너끈히 합격한다. 그리고 이듬해에 당당하게 유생으로 성균관에 들어가는 것이다.

멍멍아, 내일모레 시집간단다

성균관에 들어간 이옥은 평생의 벗인 김려를 만난다.

김려는 연안 김씨 후손으로 호는 담정이다. 김려도 이옥과 마찬가지로 소품이나 소소한 주제들을 쓰는 데 능했다. 무엇보다 이옥 글의 진가를 가장 잘 알아주는 절친한 벗이기도 했다.

정조 21년(1797)년 김려는 강이천 유언비어 사건에 휘말려 멀리 함경도 부령으로 유배를 간다. 하지만 십여 년의 귀양살이는 김려 문학에 숨을 불어넣고 뼈가 되고 살이 되었다. 이때 부령 땅에서 겪은 경험과 그곳에서 만난 씩씩하고 강한 백성들을 노래한 시편들은 김려 문학의 절창으로 꼽힌다. 벗이 나란히 함께 서민 문학을 일으키는 데 큰 몫을 하는 것이다.

김려는 이옥의 글을 몹시 사랑하여 "그 기묘한 정감과 이상한 생각은 마치 누에가 실을 토하는 것 같고, 샘이 구멍에서 솟아나는 것 같다"고 극찬했다. 이옥의 글이 이만큼이나마 알려지게 된 것도 모두 김려 덕분이다. 김려는 이옥이 죽은 뒤에 그의 글을 착실히 모으고 다듬어서 자신이 엮은 문집《담정총서》에 실었다. 만약 김려가 없었다면 우리는 이옥의 글을 보기는커녕 문체반정에 휘말린 한미한 선비의 이름이 이옥이라는 것조차 잘 알지 못했을 것이다. 김려야말로 이옥의 평생 벗이자, 그의 글을 가장 널리 알린 열렬한 홍보자였던 것이다.

물론 성균관 시절의 두 사람은 이런 것은 전혀 모르는 채 신나게 젊음과 문학을 즐겼을 것이다. 하지만 좋은 시절은 잠시였다. 성균관에 들어간 그해 10월, 유생 이옥은 갑자기 순식간에 유명해진다. 물론 좋은 쪽이 아니라 온갖 꾸중을 다 듣는 쪽으로. 정조가 숱한 유생들 가운데에서 이옥을 꼭 집어 기괴하고 불경한 소설체를 썼다고 구박하기 시작한 것이다.

그럼 대체 이옥의 글이 어떠했기에 그렇게 콕 정조의 눈에 띈 것일까? 그 답을 찾으려면 문체반정이 일어나기 바로 전해인 1791년에 이옥이 지은《동상기》를 살펴보는 것이 좋겠다. 이 글에는 이옥 글이 지닌 기본 특성이 아주 잘 드러나기 때문이다.

《동상기》는 이름부터 벌써 수많은 열혈 독자들을 거느린 중국의《서상기》에서 따 왔다. 앞서 남공철이 하루 종일 공문서에 시달리다가도 이 책만 들면 "세속에서 신선을 보는 것과 같다"고 극찬했던 바로 그《서상기》말이다. 제목도 서쪽과 동쪽, 방향만 다른데 이때의 '동상'은 단순히 '동쪽 평상'이란 뜻 말고도 '혼인'을 아울러 이른다. 게다가 드물게도 이 글의 장르는 잡극雜劇, 곧 희곡이다. 고전 경서만이 최고인 시대에 과감하게 문자를 배운 선비가 직접 희곡을 썼던 것이다. 그것도 남녀 사이 혼인을 소재로.

재미있는 것은 애초에 이 희곡의 소재를 제공한 것이 바로 정조라는 점이다. 정조는 어느 날 가난해서 혼인을 못하는 처녀 총각들이 많다는 말을 듣고는 5부 관헌에 대대적인 혼인령을 내린다. 곧 돈이 없어 혼인하지 못하는 가난한 처녀 총각들에게 나라에서 돈 500냥과 포목 2필씩을 내려 화혼을 시켜 주라 한 것이다. 그 덕분에 무려 280여 명이 새롭게 혼인을 하고 행복을 찾는다.

그런데, 나라에서 이만큼 해 주었는데도 정말 끝까지 혼인을 못 한 남녀가 있었다. 바로 김희집이라는 총각과 신 씨 처녀이다. 둘 다 혼기를 훌쩍 넘긴 노처녀, 노총각인 데다 지지리 운도 없고 가난했기 때문이다. 정조는 타다 식은 졸가리처럼 끝까지 남고만 두 남녀 이야기를 듣고 심히 애석해한다. 그리고 타고난 애민심을 불끈 발휘해서 아예 호조 판서와 선혜청에서 책임지고 두 사람의 혼인 잔치를 열어 주라고 명령하는 것이다.

그야말로 연극 같은 상황이 연출되었다. 가장 지질해서 결국 끝까지 혼인을 못 했던 두 남녀가 임금의 명으로 무려 '호조 판사'가 책임지는 거국적인 혼인 잔치를 하게 되다니. 가장 비참했기에 임금의 축복까지 받게 된 이 한 쌍의 이야기는 듣는 것만으로도 흥미로운데, 이옥 또한 이 이야기를 듣고는 사흘 만에 단숨에 《동상기》를 지었다고 한다. 하지만 스스로도 좀 파격이라고 생각했는지 글의 서문에 다음과 같이 슬쩍 눙쳐 둔다.

"행여 관객이 계시다면 사건이 혹 거짓인지 묻지 말 것이며, 이 글이 어떠한 형식인지도 묻지 말 것이며, 또 모름지기 작자가 누구인지도 묻지 말 것이라."

내키는 대로 쓸 터이니 참견하지 마시라, 하는 이야기로도 들린다. 그래서인지 《동상기》의 시작은 왠지 오래전 무성영화에서 혼자 모든 목소리를 다 표현하는 변사가 한바탕 떠드는 듯 왁자하고 예스러운 맛이 있다. 《동상기》 맨 앞에 붙어 있는 표제를 보자.

궁한 사내, 남쪽 동네에서 남몰래 한탄하고
나이 많은 처녀, 북쪽 대궐에 알려졌네.
여러 재상들, 서쪽 성에서 혼례 일을 맡고
정겨운 부부, 동쪽 평상에서 은혜에 감격하네.

이 표제는 나중에 연극을 할 때 커다란 종이나 천에 써서 무대 한 구석에 주련처럼 늘어뜨려 놓는다. 관객은 그것을 보고 연극의 내용을 짐작하는 것이다. 말하자면 짧은 줄거리인 셈인데, 동서남북을 재치 있게 배치해서 전체 분위기를 전하는 것이 흥미롭다.

그리고 제1절, 주인공 김 유생이 등장한다. 유생은 먼저 "소생의 성은 김이고 이름은 희집이외다" 하고 자기 소개를 시작한다. 그리고 김희집은 한미한 가문, 가난한 살림, 외로운 처지에 끝내 혼인조차 못한 채 스물여덟이 되도록 총각인 자신을 한탄한다. 그것도 한참 아지랑이 아롱거리고 꽃 피는 춘삼월에 이 무슨 옹색한 경우냐고 가슴을 치며 말한다.

"이 달이 무슨 달인가? 눈앞에는 아지랑이가 흔들흔들, 푸른 사초 둑에는 새 잎이 뾰족뾰족, 물억새는 서걱서걱 소리를 내고, 종달새는 세 발까지 날아오르는 달. 그런데 삼 년 묵은 말가죽만 오호롱 지호롱. 늙은 도령의 심사, 이에 참기 어렵구나."

아지랑이 아롱거리고 푸른 잎이 돋아나는 춘삼월, 오호롱 지호롱 늙은 말가죽 같은 노총각의 심정을 절로 웃음이 나게 그려 내는 대사다. 만약 점잖은 선비였다면 자기 심사를 오호롱 지호롱, 저리 우스꽝스럽게 읊을 리 없겠건만, 이옥은 적절한 대구와 표현을 써서 노총각의 심성을 아주 맛깔나게 전하고 있다.

더 나아가 김희집은 한 중매쟁이 이야기를 꺼내 놓는다. 이 중매쟁이가 어느 날 돈 많은 평민에게 혼처를 구해 주었겠다. 신랑은 더 말할 것도 없이 "집안 내력은 장량과 같고, 나이는 열에 여덟이 꽉 찼으니 딱 좋은 신랑"이라고 하면서. 장량은 중국 한나라의 유명한 장수이다. 거기에 열에 여덟이라면 꽃 피는 열여덟 살이라는 이야기니 장인 될 자가 아주 기뻐하며 혼인을 확정한다.

그런데 며칠 뒤 중매쟁이가 불쑥 "신랑 나이가 열에 여덟이 아니고 스물에 넷이라는데 괜찮은가?" 하고 다시 묻는다. 장인으로서야 그래 봤자 열여덟이나 스물넷인데 뭐 문제가 되랴 싶어서 괜찮다 큰소리를 치면서 혼인을 치렀는데, 아하, 뜻밖에도 상대는 팔십이 다 된 늙은 상놈이 아닌가! 장인은 길길이 뛰며 분개한다. 그 대목을 보자.

장인이 크게 꾸짖어 말하기를,
"너, 이 찢어 죽일 계집년아. 난장 맞아 장독 걸릴 계집년아! 아이고. 어찌하여 말을 꾸며내 나를 속였느냐!"
그 중매쟁이가 깔깔 크게 웃으며 말하기를,
"내가 어찌 털끝이라도 차이 나게 전했으며, 반점이라도 어긋나게 말했으며, 터럭만치라도 당신을 속인 점이 있는가? 장량은 오 대에 걸쳐서 '상한相韓, 재상' 이었다. 집안 내력이 장량과 같다는 것이 바로 신랑이 윗대부터 '상한常漢, 상놈' 이었다는 말이다. 또 열에 여덟, 스물에 넷이라는 말은 모두 팔십을 이르는 말이다. 네가 대체 눈으로 들었느냐, 코로 들었느냐? 귓구멍 속에 말을 매는 말뚝이라도 박았더냐?" 이옥,《동상기》, 제1절

마치 눈앞에서 직접 중매쟁이와 장인을 보는 듯 대화가 생생하다. 아니, 무엇보다 이들의 대화는 도무지 삼가고 주저하는 빛이 없다. 지금 당장 저자로 나가도 그대로 다 들을 수 있는 생짜 살아 있는 말이다. 욕설이 나오고, 방언이나 음담패설도 아주 자연스럽게 인용한다. 그런데도 속임수를 쓴 중매쟁이조차 밉지가 않다. 당시 사람들의 웃음과 질펀함이 그대로 느껴지기 때문이다. 결국 중매쟁이 이야기를 끝내면서 주인공은 이렇게 한탄한다.
"아, 내게 이런 중매쟁이가 있어서 나를 위해 정성을 다한다면!"
정말 거짓말로라도 얼른 장가가고 싶은 노총각의 절박한 심정이 느껴진다.

자, 그런 뛰어난 중매쟁이는 없지만, 임금이 나서서 혼기 찬 젊은이들을 걱정하며 혼약을 맺어 주는 제2절로 가 보자.

제2절, 혼인 행사로 바쁜 아전들이 나와 임금의 덕을 찬양하고, 자기들 하는 일을 주저리주저리 풀어 놓는다. 그러다가 엄청난 착오를 하나 발견하니 아직 혼인하지 못한 총각이 하나 있었던 것! 큰일 났다, 큰일 났다 걱정하던 아전들은 이런, 역시 아직 혼인하지 못한 처녀가 또 딱 한 명 남아 있는 것을 발견한다. 이들은 옳거니, 이 두 사람을 맺어 줘야겠다면서 세상에 가장 어려운 것이 바로 "가난한 처녀의 혼인"이라고 고개를 주억거린다. 그러면서 오랫동안 혼인을 못하다가 마침내 혼인하게 된 노처녀의 한껏 들뜬 마음이 얼마나 요란한 것인지 이렇게 떠들어 댄다.

"혼인 날짜가 점점 다가오자 처녀는 기쁨을 참을 수가 없었던 거지. 하지만 체면이 있어서 차마 말은 못 꺼내고 참고 또 참았거든. 그러다 더는 참을 수 없자 사람한테는 차마 안 되겠고, 측간으로 달려가 가만히 개를 불러 말하는 게야.

'멍멍아, 내가 내일모레면 시집간단다.'

개가 그 말을 어찌 알아듣겠어. 공연히 하품만 찍 하는데 그 처녀, 민망하고 또 민망하거든. 그래서 개를 보고 말하겠지.

'멍멍아, 내가 너한테 조금이라도 허황된 말을 할 것 같으면, 내가 네 자식이다.'

사람 심정이 얼마나 기쁘고 즐거웠으면 이런 정도에까지 이

르렀겠나." 이옥,《동상기》, 제2절

　말 못 하는 강아지한테까지 자랑하고 싶은 노처녀의 속내가 절절하다 못해 한바탕 웃음을 자아낸다.
　이 유쾌한 이야기는 제3절로 넘어간다. 이번에는 왕의 명령을 받은 호조와 선혜청 관리들이 김 유생과 신 씨 처녀의 혼사 준비를 하는 이야기다. 처음 혼서지를 준비하는 것부터 시작해서 신랑신부의 옷차림, 장신구, 화장품, 청사초롱, 신방에 들일 비단 병풍, 진홍 이불, 초록 돗자리, 산자니 유과니 찜이니 면이니 강정이니 온갖 잔치에 쓰일 요리들, 금장식 박은 가마에, 배꽃 같은 흰 말, 하님들 족두리 장식까지 온갖 세세한 품목들을 줄줄이 나열하며 준비한다. 그러면서 자연스럽게 우리 나라 전통 혼인 풍속이 세세하면서도 다채롭게 표현되는 것이다.
　만약에 이것이 경서를 조금이라도 본뜬 글이었다면 이렇게 시시콜콜 "은빛 세모시 청도포에 한포단 초록 허리띠, 초록 당사 가는 대님, 가늘디가는 붕어 모양 잠방이, 흰 모시 붉은 깨끼적삼에 명주 쌍침 허리띠, 쪽빛 가는 명주 홑치마, 금실로 봉황을 수놓은 스란치마에 진주부채" 같은 것이 줄줄이 나오지는 않았을 것이다. 오히려 "혼인은 인륜지대사이니 모쪼록 몸과 마음을 정결히 하는 것이 가장 으뜸이니라" 운운했을 것이다. 삼종지도니, 남편을 하늘같이 섬기라는 훈계도 빼놓지 않고 등장하지 않았을까.
　그렇지만 그런 지루한 훈계는 단 한마디도 적지 않은 채 이옥은 혼인 행사의 모든 시시콜콜, 이모저모, 골골샅샅을 신명나게 기록한다. 화려한 옷, 아름다운 장식, 맛있는 음식, 무엇보다 혼인으로 들뜨고 신난 사람들을 충분히 관찰하고 즐기면서 경쾌하게 기록하는 것이다.

이것이 바로 이옥의 글이었다. 또한 경서가 아닌, 당대의 살아 있는 이야기를 즐겨 썼던 소품의 큰 특징이기도 하다. 그저 "혼인을 하였다" 한마디면 끝날 것을 시시콜콜 귀찮을 만큼 자세히 열거하고, 소소하게 묘사하면서, 사람들과 더불어 즐기는 글.

이제 사람들은 더는 경서의 시대, 고전의 시대에 살고 있지 않았다. 임금을 찬양하는 시, 충의와 도덕을 찬양하는 시, 예의와 범절을 우러르는 고전의 시는 더는 사람들을 매혹시키지 못했다. 그보다는 새로 등장한 소품이나 자유로운 산문이 훨씬 더 사람들을 흔들었다.

산문이란 말 그대로 '흐트러뜨린 글散文'이 아니던가. 주제도, 문체도, 이야기도 모두 자유롭게 흐트러뜨린 글. 때로는 욕도 하고 상소리도 섞고 음담패설도 튀어나오지만, 토끼 이야기를 하다가 벼룩 이야기를 하다가 용왕 이야기로 튀기도 하지만, 그래서 더 생생하고 자연스러운 글. 살아 있는 현실의 글. 바로 그런 글이 당시에는 필요했던 것이다.

조선 후기에 이르러 서민 가사나 판소리, 잡가, 사설시조, 위항문학 들이 나타나 활짝 꽃을 피우는 것도 다 틀에 박힌 고전이 아닌, 새로운 방식의 소통에 목말라 했기 때문일 것이다. 그리고 이렇게 나타난 서민 문학은 어느새 권위 있는 사대부 문학을 압도하고 있었다. 말하자면 이때에 이르러 비로소 서민들도 문학을 '즐길' 수 있게 되었던 것이다. 이옥의 글은 바로 그런 풍토를 잘 보여주는 한 본보기라 하겠다.

제4절에 가서는 마침내 혼인한 새신랑 김 유생이 나온다. 주위 사람들이 풍습대로 새신랑을 매달아 발바닥을 두드리면서 첫날밤 이야기를 듣는다. 처음에는 "아야, 아야, 내가 무슨 죄를 지었기에 이토록 심하게 치는가" 하고 발뺌을 하려던 김 도령, 아니, 김 서방은 발을 두드릴 때마다 "아야, 아야, 곧이 다 말하겠네. 곧이 다 말하겠어" 하면서 이런저런 온갖 이야기를 털어놓는다. 자신의 합방 이야기도 능청스럽게 늘어놓으며 나중에는 노래까지 한다. 새신랑의 이야기를 들어보자.

"저녁을 먹은 후에 신방에 들어가니 붉은 촛불은 휘황하고 금침은 찬란하고 향 연기는 방안에 가득하였네. 얼마 안 있어 신부 또한 들어왔지.

(노래하는) '이는 꽃가지가 바람을 타고 실려 온 것인가아~. 구름 걷힌 푸른 하늘에 밝은 달이 떠오른 것인가아~? 천상의 선녀가 화장 거울을 대한 것인가아~? 아, 이런. 원래 조금 전에 내게 절한 신부로구나아~.'

그이의 붉은 치마 벗기고, 그이의 녹의를 벗게 하고, 그이의 은비녀를 뽑아 주고, 그이의 속옷을 벗기고, 잘 잤다네." (크게

웃고 입을 다문다.) 이옥, 《동상기》, 제4절

그리고 모두가 유쾌하게 웃은 뒤 한바탕 얼싸안고 춤을 추면서 끝이 난다. 그야말로 한 편의 마당극을 보는 느낌이다. 딱히 화자가 정해져 있지도 않고, 그다지 장소의 구애도 받지 않으며, 이야기도 민중들이 그대로 쓰는 속어와 속담, 육담이 오고가고, 혼례 물목을 장황하게 늘어놓을 때는 꼭 판소리 사설을 보는 것 같기도 하다. 그러다 마지막에는 훈훈하게 얼싸안으며 끝나는 것이다.

이것이 이옥이 정조에게 문체반정으로 혼나기 딱 1년 전에 쓴 글이다. 사흘 만에 단숨에 써 내려갔다더니 과연 그럴 만큼 신명이 느껴진다. 그리고 이런 신명이나 흥은 쉽게 사라지지 않았을 것이다. 그 어떤 다른 글을 쓰더라도, 슬근슬근 신명이 배어 나오고 자유로운 패설체가 튀어나와서 이옥의 손을 제멋대로 움직이게 하였을 것이다. 결국 임금이 내는 과거 시험에서도 이 문체가 드러났고, 마침내 이옥은 철퇴를 맞는다.

"어찌 선비가 이런 괴이한 소설 문체를 쓸 수 있단 말이냐! 당장 이옥에게 날마다 사륙문을 하루에 50개씩 쓰는 벌을 내리렷다! 그 소설체 버릇을 고치기 전까지는 과거도 보지 못하게 하라!"

반듯한 학자 군주 정조의 분노가 떨어졌다. 이옥은 따를 수밖에 없었다. 임금의 명령은 절대적인 것이니까. 그리고 한동안 반성의 시간이 지나갔다. 그렇다면 반성하는 그 시간 동안 이옥의 문체는 과연 변했을까?

뾰족뾰족 들쭉날쭉 집채만 하더라

정조의 꾸지람을 받은 이듬해 가을, 이옥은 머리도 식힐 겸 가까운 북한산으로 유람을 떠난다. 친구인 김려와 그 동생 김선 형제가 함께였다. 이때 쓴 글이 북한산 중흥사 일대를 유람한 기록, 곧《중흥유기》이다.

여기서 '유기'는 유람기를 뜻한다. 산천을 유람하면서 유유자적 느낀 생각과 소감을 적은 글. 하지만 선비들의 유기는 단순히 느낌을 적는 데에서 그치지 않는다. 그보다는 아름다운 자연이 지닌 거대함, 그 앞에 선 인간의 왜소함과 존재의 의미, 자연에 내포되어 있는 변함없는 진리, 깨달음, 자연을 찬양하는 시 들이 가득 덧붙여진다. 곧 유람을 할 때조차 그 안에 어떤 이념이나 유교적인 생각을 담아 쓰는 것이 전통 고전체 유기의 특징인 것이다.

그런데《중흥유기》는 이런 유기의 기본과는 확 동떨어진다. '산행 날짜', '함께 간 사람', '꾸린 짐' 같은 것을 단락을 나눠 세세하게 써 나가는가 하면, 산천을 유람한 내용도 마치 보고서처럼 '성곽', '정자', '관아 건물', '사찰' 같은 식으로 제목을 붙여 따박따박 기록한다. 마치 유람이 아니라 취재를 하는 것 같다.

그렇다고 아예 딱딱한가 하면 그렇지도 않다. 가령 이옥 일행은 유람하면서 스스로 몇 가지 규칙을 정해 놓는데, 이를테면 술집을 구할 때의 규칙은 이렇다.

"산골짜기나 개울가에 다행히 주막이 있거든, 술이 붉은지 누런지도 묻지 말 것이며, 맑은지 걸쭉한지도 묻지 말 것이며, 술 파는 여자가 어떠한지도 아예 묻지 말 일이다."

그저 술집이 있어만 주면 고마운 거지, 그 밖에 뭘 더 바라겠느냐고 껄껄껄 웃는 듯하다. 그야말로 술의 흥취를 제대로 느끼게 해주는 대목이다.

결국 이 흥겨움은 마지막 단락인 '총론'에 가서는 멋진 문장으로 꽃을 피운다. "바람은 잔잔하고 이슬은 정겨우니 8월은 아름다운 계절이다"로 시작하는 총론은 이들이 유람했던 세검정, 용암봉, 백운대, 칠유암 같은 곳을 일일이 짚어 멋지다고 칭찬하고, 아침도 저녁도 멋지고, 산도 물도 멋지고, 멀리서나 가까이서나 다 멋지다고 감탄하면서 마침내 이렇게 끝을 맺는다.

> 요컨대, 그윽하여 멋진 곳이 있고 밝아서 멋진 곳이 있다. 탁 트여서 멋진 곳도 있고 드높아서 멋진 곳도 있으며, 담백하여 멋진 곳도 있고 알록달록 화려해서 멋진 곳도 있다. 시끌시끌해서 멋진 곳도 있고, 고요해서 멋진 곳도 있지. 어디를 가든 멋지지 않은 곳이 없고, 누구와 함께하든 멋지지 않은 것이 없다. 멋진 것이 어찌 이리 많을 수 있을까!
>
> 이 선생은 말한다.
>
> "멋지니까 놀러 왔지. 멋지지 않았다면 오지도 않았을걸?"
>
> 이옥, 《중흥유기》, 〈총론〉

이 짧은 단락에 무려 멋지다는 말이 13번이나 나온다. 같은 단어를 수없이 되풀이하는데도, 전혀 지루함이 없고 오히려 되풀이 되면서 그 멋짐이 더욱 강조되는 느낌이다. 이것도 멋지고 저것도 멋지다고 주절주절 떠드는 사이에 독자는 굉장히 멋진, 그야말로 멋진 것이 펑펑 터지는 화사한 불꽃놀이에라도 초대받은 느낌이 든다. 딱딱한 고전 문체에서는 절대 볼 수 없는, 그야말로 멋지고 또 멋진 유람기이다. 이옥은 국왕의 문책을 받고 지극히 조심해야 할 때에도 여전히 자기 문학의 색깔을 버리지 않았던 것이다.

결국 이런 이옥의 변함없는 '소품스러움'은 문제를 일으킨다. 문체반정이 일어나고 3년이 지난 1795년 8월, 이옥은 또다시 임금에게 문책을 받는다. 성균관 유생을 대상으로 연 과거 시험에서 스리슬쩍 소품체 문장을 썼다가 정조에게 딱 걸린 것이다. 두 번이나 문체반정의 그물에 걸린 이옥을 정조는 용서하지 않았다. 이번에는 문장 공부를 호되게 시키는 것에서 그치지 않고 단호하게 '충군充軍'을 명한다.

충군이란 말 그대로 군대에 충원되는, 곧 군대에 들어가는 벌을 말한다. 하지만 당시 양반들은 일반 서민들과는 달리 군역의 의무를 지지 않았다. 따라서 충군은 양반의 체면을 떨어뜨리는 굉장히 굴욕스러운 벌에 든다. 이옥은 그것을 받은 것이다.

아니, 그런데 왜 하고많은 유생 중에 유독 이옥만 이렇게 번번이 정조의 눈에 띄는 것일까? 문체반정 때 정조에게 혼나는 관리들은 남공철이니, 김조순이니, 심상규니 해서 아미 몇 명이고 이름이 나왔다. 하지만 유생 중에는 오로지 이옥만 유일하게 몇 번씩 거론된다. 정조의 눈에는 다른 유생들은 아예 보이지도 않는 듯하다.

이건 거꾸로 보면 정조가 오히려 이옥을 눈여겨봤다는 뜻도 될 수 있다. 재능이 있어 보이니 더욱 다그쳐서 거친 원석을 찬란한 보석으로 다듬으려는 것이다. 박지원에게 남행 문임을 언급했듯이 정조는 이옥에게도 비슷한 방법을 쓰려 한 듯 보인다. 하지만 이옥은 박지원이 아니었고, 정조 또한 당대 문장가 박지원을 대하듯 한낱 유생 이옥을 대할 수는 없는 노릇이었다.

그래도 할 수 있는 한 정조는 나름대로 이옥에게 혜택을 베푼 듯싶다. 처음에 정조가 이옥에게 내린 벌은 '정거停擧'였다. 말 그대로 과거를 못 보게(정지) 하는 형벌이다. 하지만 정조는 이 벌을 내린 뒤에 곧바로 '충군'으로 바꾸어 명령한다.

이때 대사성은 임금의 말을 이렇게 전한다.

"과거가 멀지 않았는데 만약 정거를 당한다면 이옥, 너는 아예 과거에 응할 수도 없을 것이야. 그래서 임금님께서 명령을 바꾸어 충군을 명하신 것이니, 충군을 갔다가 바로 돌아와서 앞으로 모든 과거를 전처럼 보도록 해라."

곧 이옥에게 과거를 볼 기회를 주려고 일부러 정거에서 충군으로 바꿔 명했다는 것이다. 사실 충군이라고 해도 실제로 군역에서 일한다기보다는, 그저 얼마간 군적이 있는 지방에 내려가 얼굴만 비치면 되는 것이었다. 이렇게 일단 충군을 다녀오면 벌은 받은 셈이 되어 면죄부가 주어진다. 그나마도 정조는 충군하는 읍에 이옥이 과거를 볼 수 있게 휴가를 주라고 명한다. 이에 이옥은 "황공하고 감격하여 울기까지 하였다"고 기록하고 있다. 정조도, 이옥도 서로를 알아보았다는 짐작이 가능한 것이다.

이옥은 충군을 명한 충청도 정산현에 달려가서 잠시 군적에 이름을 올렸다가 곧바로 서울로 돌아와 그해 9월에 과거를 치른다. 그렇지만 이 과거에서 또 임금에게 혼난다. 그래서 이번에는 좀 더 먼 곳으로 충군을 당한다. 이옥은 삼가는 마음으로 경상도 삼가현에 내려가서 사흘을 충군하고 돌아온다. 그리고 이듬해 2월에 이르러 별시 초시에 응시한다. 그리고 당당히 수석을 한다.

그렇다. 말 그대로 '장원급제'를 한 것이다.

드디어! 오랜 고난 끝에 이옥에게도 꿀같이 달콤한 결실이 찾아온 것인가? 하지만 불행하게도 이것은 새로운 고난의 시작이었을 뿐이다. 정조가, 으뜸으로 올라온 이옥의 시험지를 읽어 보고는 여전히 소품체를 쓴다고 꼴찌 처리를 해 버린 것이다. 정조는 앞서 말한 "만일 조금이라도 패관잡기를 쓰는 답이 있으면 비록 글이 주옥같을지라도 꼴찌로 처리한다"는 말을 진심으로 지킨 셈이다.

이건 사실 깐깐한 빨간펜 선생 정조니까 가능한 일이다. 시험관들조차 별로 의식하지 못하고 으뜸으로 뽑은 글에서 정조는 여전히 남아 있는 소품체의 흔적을 정확히 찾아낸 것이다. 이 지나치게 똑똑한 임금은 글 한쪽에 슬그머니 집어넣은 한 문장, 한 단어도 결코 놓치지 않았다. "고친다고 하더니, 겨우 이 정도냐?" 하고 발끈해서 고개를 젓는 정조의 모습이 눈에 보이는 듯하다.

자, 이쯤 되면 둘 사이에 무슨 자존심 대결이라도 있는 느낌이다. 이옥은 도저히 자기 문체를 고치지 못하고, 정조도 또한 그런 이옥을 도저히 봐주지 못하고 있지 않은가. 정조도 적당히 하면 될 것을 끝까지 물고 늘어져 모두가 장원으로 민 이옥의 글을 결국 꼴찌로 떨어뜨리고, 이옥도 이때쯤 되면 대체 임금을 거슬리게 하는 문체가 어떤 것인지 뻔히 알겠건만 끝까지 자기 문체를 슬쩍 녹여 넣어 임금이 지적을 하게 만든다.

이옥이 자기 글쓰기 버릇을 버리지 못했으리라는 추측은 첫 충군 때 지은 〈남정십편〉을 봐도 알 수 있다. 말 그대로 '남쪽으로 내려가는 길에 겪은 10편의 이야기'인 〈남정십편〉은 충군을 하려고 남쪽에 있는 삼가현에 내려가면서 마주친 풍속이나 사람들, 경치, 유적지, 목화밭, 살림살이 같은 것들을 쓴 글이다.

〈남정십편〉 또한 《중흥유기》처럼 이전까지 유람기나 산수기가 가지는 특징들이 거의 보이지 않는다. 이를테면 여행 중에 이옥은 송광사 나한전의 오백여 개 불상들을 구경하는데, 보통 산수기라면 웅장하고 부리부리한 불상들을 보면서 겸허함을 배우고, 자기반성을 하거나, 새삼 불교의 가르침을 가슴에 깊이 새길 것이다. 하지만 이옥은 그런 것을 쓸 생각이 애초에 없다. 그보다는 마치 현미경으로 들여다보듯 나한의 모습 하나하나를 치밀하게 묘사하기에 바쁘다.

나한의 눈은 "물고기 같은 것, 속눈썹이 드리운 것, 봉새처럼 둘러보는 것, 자는 것, 불거진 것, 눈동자가 튀어나온 것, 부릅뜬 것, 흘겨보는 것, 곁눈질하며 웃는 것, 닭처럼 성내며 보는 것, 세모난 것"으로 시작해서, 눈썹은 "칼을 세운 듯 꼿꼿한 것, 나방의 더듬이 같은 것, 굽은 것, 긴 것, 몽당비 같은 것"이 있는가 하면, 코는 어떻고 입은 어떻고 얼굴은 어떻고 심지어 "물고기 눈에 사자 코를 한 것, 양 코에 눈썹이 드리운 것, 사자 코에 부릅뜬 눈에 호랑이 입을 한 것"까지 온갖 나한의 생김새를 늘어놓는 것도 모자라, 혹은 서고 혹은 앉고 혹은 숙이고 혹은 칼을 지고 혹은 어깨를 기대고 혹은 근심하는 듯 머리를 떨어뜨린 온갖 품새를 묘사하는 것을 지나, 마침내는 "혹은 어린애 같고 혹은 늙은이 같아서 천 명이 모인 모임, 만 명이 모인 저자처럼 제각각이다"는 말로 치가 떨릴 만큼 정교한 묘사가 겨우 끝이 난다. 대체 그 많은 것들을 어찌 저리 일일이 관찰하고 묘사하여 쓸 수 있는지 기막힐 지경이다.

하지만 이옥은 고승과 나누는 고리타분한 대화보다는 나한의 생생한 모습을 구경하는 것이 더 좋았고, 길이 남을 거룩한 불교 시 한 편을 쓰는 것보다는 저잣거리처럼 왁자지껄한 나한전 묘사를 하는 것이 더 마음에 당기는 사내였다. 그러니 어쩌겠는가. 좋아하는 것을 구경하고, 좋아하는 것을 쓸 수밖에.

심지어는 길가의 돌까지도 이옥은 지극한 흥미를 지니고 꼼꼼히 관찰한다.

산의 돌은 모나고, 물의 돌은 둥글고, 밭의 돌은 뾰족하고, 길의 돌은 들쭉날쭉하다. 돌 중에서 큰 것은 집채만 하고, 그 다음 것은 곡斛, 쌀 10말을 재는 큰 통만 하고, 작은 것은 궤짝만 하고, 아주

> 작은 것은 곡식알만 하다. 쌓여 있는 것은 책 만 축이 될 만하고, 모여 있는 것은 까마귀 떼가 고기에 모여든 듯하고, 뒤섞인 것은 바둑판을 밀쳐놓은 것 같고, 늘어서 있는 것은 도기들이 스스로를 뽐내어 팔리기를 구하는 듯하다. 햇볕에 쪼인 것은 희고, 무늬가 벗겨진 것은 검고, 사람의 발에 깎인 것은 분홍빛을 띠는 푸른색이다. 이옥, 〈남정십편〉, '돌에 대한 단상'

"아니, 도대체 이게 무슨 필요야!" 하고 정조는 비명을 지를지도 모르겠다. 그냥 "갖가지 모양의 돌이 있다" 하는 한 문장이면 끝나는 광경을 저토록 세밀하게 묘사하다니, 대체 저것이 무슨 종이의 낭비고 지루한 열거란 말인가 하고.

이 글은 고문과 비교해 보자면 그 어떤 뜻도 없다. 사람들에게 고귀한 도덕을 전하는 것도 아니요, 그렇다고 쌀 한 줌, 옷감 한 치라도 얻을 실용적인 방도를 말해 주는 것도 아니다. 그냥 여러 가지 돌의 생김새를 줄줄이 늘어놓았을 뿐이다. 그야말로 아무 짝에도 쓸모가 없는, 없애 버려도 하등 아까울 것이 없는 무익한 글에 가깝다. 정조가 "패관이어稗官俚語의 문자들은 실용에 무익하다"고 한 것도 바로 이런 점 때문이다.

그렇지만 이것이야말로 소품의 맛이요 또한 의미이다. 그냥 "돌들이 많다"에서 끝나면 될 것을 이옥은 돌마다 하나하나 일일이 다 다르게 맛깔나게 묘사해서 제각기 개성을 부여하고, 다양성을 인정하게 만들지 않았던가. 그렇게 작고 하찮은 것들까지 이옥은 다 넉넉히 감싸 안는 것이다.

게다가 단순한 묘사에서만 끝나지도 않는다. 이를테면 마부가, 가장 못 배운 자이지만 실생활에서는 아마도 가장 영리할 마부가 이런 말을 한다. 그 말을 들어 보자.

"아! 한양에서라면 이런 돌들은 아주 쉽게 돈이 됩니다. 당의 계단 양쪽에 박아 넣는 돌로, 뜰에 벽돌처럼 까는 돌로, 방구들로, 낭하의 주춧돌로, 못을 쌓는 돌로, 담장을 쌓는 돌로 둥그런 것, 모난 것, 판판한 것, 좁은 것, 불룩한 것, 갈래가 진 것, 도톰한 것, 얇은 것, 길고 가느다란 것, 뾰족한 것들이 모두 재료가 되는데, 안타깝게도 한양과 달리 여기서는 유용한 것이 모다 쓸모없게 되어 버렸습니다."

이에 이옥이 대답한다.

"돌만 그런 것이 아니지. 옛날에는 사람을 등용하는 것이 다 이와 같았다네."

여기서 돌은 자연스럽게 사람으로 바꿔 보게 된다. 돌이 크든 작든, 뾰족하든 넓적하든, 도톰하든 얇든 다 생김새에 맞게 잘 쓰이는 데 견주어, 사람은 전혀 그렇지 못하다. 오히려 조금만 다르거나 튀거나 하면 바로 벌을 받고 내쳐지지 않던가. 이옥 자신의 처지가 그렇듯이. 소설체라 하여 의미가 없는 게 아니고, 소품체라 하여 마냥 가볍기만 한 건 아닐 터인데, 그냥 무조건 고전이라는 틀만 내세워 그 틀에 맞추라고 하는 세상. 그래서 나머지 것들이 모두 단숨에 "쓸모없게 되어" 버리는 세상. 이옥은 그런 세상을 견딜 수가 없었다.

 그래서일까, 딱딱 규격에 맞게 바른 틀만 강조하는 유교의 세계관은, 들쭉날쭉 아기자기한 돌멩이들을 늘어놓은 이 소품에서 갑자기 퇴색하고 꽉 막힌 폭군이 된다. 얼핏 보기에 비슷비슷한 돌멩이들도 다 쓰임새가 있고 귀하건만, 오로지 세상 천지에 "바른 것은 도뿐이다"를 고집하며 모든 "유용한 것을 쓸모없게" 만드는 저 거대하다는 유교의 가치를 이옥은 물가의 돌멩이 다루듯 가볍게 발로 톡톡 차면서 투덜거리고 있는 것이다.

 그래서 소품은 의미가 있다는 것이다. 저마다 다른 돌의 생김새를 말했을 뿐인데도, 단숨에 잘못된 세상 풍속을 짚어 내는 쪽으로 발전하지 않았나. 아주 작은 것, 사소한 것, 아무 의미가 없어 보이는 것들을 나열하고 늘어놓는 것뿐인데도, 바로 거기에서 유교라는 거대한 세계관마저 휘청 흔들리는 한순간을 만들어 내는 것이다. 마치 의도하지 않은 듯, 그렇지만 울림은 크게. 그래서 소품체가 위험할 뿐 아니라, 사람들을 자기도 모르는 사이에 나쁜 길로 떨어뜨린다고 정조는 걱정하였던 것이다.

 이것이 삼가현으로 충군을 가면서 이옥이 쓴 글이다. 문체반정 때문에 쫓겨 가는 사람이 임금이 명한 바른 문체를 쓸 생각은 추호도 없어 보인다. 오히려 전보다 더 극진한 소품체를 쓰고 있다. 변함없이 자유롭게 이리저리 부딪히면서 나한도 보고, 돌 구경도 하고, 마부랑 노닥거리기도 하면서 그 느낌들을 생생하게 글로 써 내려간 것이다.

이옥은 아직 반성하지 않았다. 아니, 점점 더 소품체로 빠져 가고 있었다.

글은 아니지만 글의 나머지는 되더라

반성하지 않은 것을 나라가 알았던가, 이옥은 또 한 번 충군을 가게 된다. 이번에는 임금이 명령한 것도 아니건만 순전히 '잘 몰라서' 간다. 원래 충군하던 자가 과거에 급제하면 더는 벌을 받지 않아도 된다. 대신 급제 사실을 관청에 알려야 하는데 이옥은 자의인지, 타의인지 이 알림을 "잊어버린다." 덕분에 계속 삼가현 군적에 이름이 올라가 있어, 어느 날 삼가현 관청에서 어서 충군을 오라고 독촉장이 날아든다. 이옥은 그제야 부랴부랴 급제 사실을 알리지만 고지식한 관부에서는 확인이 어려우니 일단은 무조건 내려오라고 명령한다. 그래서 결국 이옥은 다시 삼가현에서 충군을 하게 되는 것이다.

이때 삼가현에 이옥이 머무른 시간은 모두 118일. 넉 달에 가까운 시간이다. 그리고 이 어처구니없는 충군 기간 동안 이옥은 또다시 글을 쓴다. 그것이 바로 《봉성문여》이다.

'봉성'은 삼가현의 다른 이름이고, '문여'는 '글의 나머지'란 뜻이다. 이 제목은 평생의 벗 김려가 붙여 주었다. 김려는 《봉성문여》의 글들이 "자못 아름답고 깔끔하고 사랑스러웠다"며 그래서

'글의 나머지'라는 이름을 붙이고 싶다고 했다. 거창한 고전이나 경서가 아니라 그런 것들을 뺀 나머지 이야기. 삼가현에서 만난 사람들, 풍속, 일화, 방언, 물건 같은 것들을 줄줄이 적은 가벼운 소품에 지나지 않지만, 그래서 더 사랑스럽고 깔끔한 글. 그래서 더욱 읽어 볼 만한 아름다운 나머지 글이라고. 실제로 《봉성문여》의 소품들은 말할 수 없이 다정하고 따뜻하다.

또 박지원이 《호질》이나 《양반전》을 지었듯이, 이옥도 마치 소설 같은 여러 가지 이야기들을 이 《봉성문여》에 담아낸다. 자신의 딸들을 믿지 못해 거짓 죽은 체를 하고 시험하는 김 진사나, 가마를 타고 강도짓을 하는 도적떼, 쌀을 담는 둥구미를 교묘하게 흔들어 곡식을 훔치는 창고지기, 어린 딸에게 몸을 팔라는 여사당, 유부녀와 간통해서 남편을 죽이려는 중 같은 이야기들은 기이하기도 하고, 흥미롭기도 하고, 섬뜩하기도 하다.

그러나 이들을 다루는 시선에서 이옥은 박지원과는 확실히 달랐다. 박지원은 범의 입을 빌려 위선자를 꾸짖고, 모자란 백성의 입을 빌려 양반의 허위의식을 질타하고, 웃음 속에서도 가르침을 주려 한다. 하지만 이옥은 전혀 그런 것이 없다. 어찌 자식을 믿지 못해 시험을 하느냐는 둥, 어찌 나라의 녹을 먹는 창고지기가 곡식량을 속이냐는 둥, 어찌 유부녀에게 남편을 죽이는 끔찍한 짓을 하느냐는 둥 질타하지 않는다. 그저 그런 일이 있었다, 하고 담담하게 적어 놓을 뿐이다. 자기가 나서서 이러쿵저러쿵 어떤 판단을 내리기보다는 읽는 사람의 판단에 올곧이 모든 것을 맡겨 버리는 것이다. 바로 그것이 박지원과 이옥의 다른 점이자, 두 사람 글이 서로 갈리는 특징이었다.

이를테면 〈묵방사의 북〉 같은 글을 보자. 묵방사에 아주 크고 소리가 잘 나는 오동나무 북이 있는데 너무 무거워서 옮겨 오지를 못한다. 여럿이 함께 모여 옮길 의논을 하는데 문을 지키는 포졸 한 명이 불쑥 자기가 혼자 가져오겠다고 한다. 아, 그런데 이 포졸, 혼자 가져온 것은 맞는데 북을 조각조각 모두 분해해서 달랑 한 보따리에 넣어 짊어지고 온 것이 아닌가. 북이 망가진 것은 당연한 일. 사람들이 화를 내자 이 포졸, 자기도 성이 나서 이렇게 받아친다.

> 포졸이 골이 나서 말했다.
> "가져오기 어렵지 않았다지만 그래도 메고 오느라 얼마나 고생했는데요. 그리고 북을 한 조각도 훔치지 않았다고요!"
> 사람들이 모두 웃었다. 이옥,《봉성문여》,〈묵방사의 북〉

그리고 끝이다. 그뿐이다. 제 잘못을 당최 모르고 성을 내는 포졸을 비웃지도, 무식을 타박하지도, 가르치려 하지도 않는다. 그저 포졸의 말을 옮기고 사람들이 웃었다로 끝난다. 하지만 그것만으로도 느낌은 충분히 전달된다. 그리고 왠지 이 어리석은 포졸에게 이옥이 엷은 애정을 보이고 있는 듯 느껴진다. 그래, 너 수고했다, 너 나름대로 애썼다, 하고 말하듯이.

이옥은 불우하였고, 그래서 그 자신을 사대부나 양반의 입장이 아니라 불우한 백성의 하나라고 느끼고 있었던 것 같다. 스스로 "길을 잃은 사람"이라거나, "세상과 어긋난 사람", "초야에 사는 백성"이라고 칭한 것도 다 그 때문일 것이다.

그래서 박지원이 그 뛰어난 해학과 재치로 우둔한 사람들을 '일깨우는' 글을 썼다면, 이옥은 그 우둔한 백성들의 하나가 되어서 말없이 묵묵하게 그들의 모습을 '기록할' 뿐이었다. 그 기록에는 양반이라지만 실은 양반답지 않은, 무인에 서얼에 한미한 가문인 이옥 자신의 처지가 녹아 있었고, 그럼으로써 그 어떤 선입견이나 판단 없이 백성들 자체가 되어 그 삶을 충실하게 기록할 수 있었던 것이다.

그래서일까, 이옥이 삼가현을 떠날 때에는 마을 어르신과 젊은 이들 수십 명이 잔치를 열어 주고, 친하게 지내던 관인이나 지인들이 십오 리 밖까지 나와 울면서 송별해 주었다고 한다. 이옥은 삼가에 있던 나날 동안 양반이나 선비들과는 거의 만나지 않았다. 하지만 일반 백성들과는 참으로 격의 없이 어울렸다. 그리고 함께할 수 있는 일이 있다면 기꺼이 함께하면서 하루하루를 보냈다.

입춘을 맞아 좋은 글씨를 받으려고 찾아온 촌사람들에게 일일이 "사흘 낮밤 동안 차 한 잔 마실 시간도 없이" 글을 써 줬던 선비 이옥. 폭포의 아름다움보다는 폭포에서 배가 고파 낭패 당한 일을 애기하며 하하하 크게 웃던 소탈한 이옥. 심부름하던 어린 관비 운득이가 죽자 다른 아이를 운득이로 착각하고 "운득아, 운득아" 하고 부를 만큼 다정했던 이옥…….

그런 이옥이기에 마을 부민들은 십 리 밖까지 울면서 따라나와 이옥을 환송했던 것이다. 그리고 그 애틋함이, 그 따뜻함과 격의 없음이, 그 함께한 하루하루가 이옥의 글에는 풍부하게 담겨 있었다. 그것이 바로 글의 '나머지.' 글의 찌꺼기란 뜻이 아니라, 딱딱한 글을 더욱 풍성하게 만드는 멋지고 또 멋진 글의 나머지,《봉성문여》이다.

세 차례에 걸친 충군은 이옥 자신에게는 불운이겠으나, 그 문학 세계만큼은 더욱 풍부하게 만들어 주었다.

가장 아름다운 시의 정수, 여자

1800년 마침내 이옥은 사면령을 받는다. 오랫동안 자신을 묶어 왔던 충군과 정거의 굴레에서 드디어 벗어난 것이다. 임금의 명령으로 이미 몇 번이나 과거 제도에서 내쳐진 다음이었다.

그리고 그해, 정조도 죽는다. 정조의 죽음이 이옥에게 어떤 영향을 끼쳤는지는 알 수 없다. 이옥은 결국 정조가 죽을 때까지 순정한 글, 바른 글을 바치지 못했다. 하고 많은 유생들 중에서 유독 이옥을 지목했던 정조. 하찮은 유생이라고 하면서도 볼 때마다 꼬박꼬박 지적하고, 충군을 보냈다가도 시험을 볼 수 있게 휴가를 내려 주었던 정조. 하지만 내칠 때는 또 아주 냉정했던 정조. 이옥과 정조의 인연은 과연 무엇이었을까?

이옥은 세 번의 충군 때문이었는지, 느닷없는 정조의 죽음 때문이었는지, 그저 벼슬살이의 신산함에 지쳤기 때문인지 젊은 시절부터 꿈이었던 관리 출사를 버린다. 그리고 아름다운 고향 매화동으로 돌아가 일생을 마친다. 정승이나 판서 같은 관직은 끝까지 이옥과 인연이 없었지만, 그가 쓴 소품만은 이옥의 이름과 함께 영원히 남았다.

이제 이옥 문학의 절창이라 할 수 있는 《이언》을 살펴볼 때가 되었다. 거기에는 차마 임금에게 대놓고 말하지 못했던 이옥 문학의 모든 이야기가 담겨 있으므로. 아니, 어쩌면 바로 이 글이야말로 이옥이 정조에게 바치는 가장 순정한 글, 가장 순정한 반성문일지도 모르겠다.

《이언》은 연작시이다. 그것도 처녀나 기생, 과부 같은 여성 화자를 통하여 당시 여성들의 삶과 애환을 노래하는 여성 연작시이다. 크게 4부로 나뉘는데, 제1부는 바르고 우아한 이야기 〈아조〉, 2부는 화려하고 아름다운 이야기 〈염조〉, 3부는 자유롭고 방탕한 이야기 〈탕조〉, 마지막으로 4부는 서글프고 한스러운 이야기 〈비조〉이다. 이미 제목에서 하고자 하는 이야기가 반은 나온 셈이다. 그 밖에도 글쓰기의 어려움을 말하는 〈첫 번째 어려움〉, 〈두 번째 어려움〉, 〈세 번째 어려움〉 같은 장도 있다.

제목이 《이언》인 것도 흥미롭다. 이언은 민간에서 쓰는 속된 말이나 속담을 이르는 말이다. 한마디로 천한 상말이나 낮춤말, 사투리라는 뜻이다. 그런데 왜 하필 그 말을 제목으로 삼았을까? 이옥은 그 말이 가장 참되고 아름답기 때문이라고 대답한다. 일단 제목 이야기는 조금 나중에 다루기로 하고, 우선은 시 몇 수부터 감상해 보자.

제1부 〈아조〉에는 갓 시집 온 새색시의 수줍고 삼가고 보드라운 느낌이 드러난다. 한번 읽어 보자.

낭군은 나무 기러기 잡고
이 몸은 말린 꿩 받들었네.
그 꿩 울고 그 기러기 높이 날도록
두 사람의 정 다함이 없고 지고.

한번 맺은 머리털
파뿌리 되도록 같이 살자 하였네.
부끄러운 일 없음에도 수줍어하여
석 달이 가도록 말도 나누지 못했네.

햇살 무늬 놓인 고운 보에 싸서
대나무 상자에 간직한다.
밤 깊도록 마름질한 낭군의 옷
손에도 향내, 옷에도 향내로다.

화려하고 아름다운 여인 이야기 〈염조〉를 보자.

머리 위에 무엇이 있나?
나비가 나는 듯 죽절비녀요.
발밑에 무엇이 있나?
꽃이 피어 있는 듯 비단신이라.

속치마는 붉은 항라요
겉치마는 남방사라.
쟁그랑쟁그랑 걸음마다 소리 있어
은복숭아 노리개가 향집과 서로 부딪네.

복숭아꽃은 오히려 천해 보이고
배꽃은 서리처럼 너무 차갑다.
연지와 분 고르게 발라
살구꽃 화장으로 이 몸 꾸며 본다네.

규범에서 사정없이 이탈해 자유롭고 방탕한 기생의 이야기 〈탕조〉는 어떠한가.

님은 내 머리에 닿지 말아요
옷에 동백기름 묻어나요.
님은 내 입술 가까이 하지 말아요
붉은 연지 윤기가 흐를 듯해요.

그 사람 이름자도 알지 못하는데
어이 직함을 욀 수 있을까.
좁은 소매 차림은 다 포교들이요
붉은 옷차림은 정히 별감이겠지.

내가 부른 사당 노래에
시주하는 이가 모두 스님들이네.
노래 소리 절정을 넘어갔을 때
스님들, "나무아미타불."

    마지막 행인 "스님들, 나무아미타불"은 한자로 쓰면 '나무아애미那無我愛美'인데 이를 글자 그대로 풀어 보면 "어찌 미인을 사랑하지 않으리오"라는 뜻이다. 나무아미타불이라는 염불 소리와 방탕한 승려의 속내를 절묘하게 엮은 것이다.
    가장 서글픈 이야기는 〈비조〉이다. 이옥은 이 시에서 가난한 집 여종에서, 허구한 날 순라 도는 구실아치의 아내, 석 달 열흘을 변방에 나가 있는 군인의 아내 들을 줄줄이 대면서 이런 남편들 때문에 속상하고 힘겨운 여인들을 그려 낸다. 가장 밑바닥에는 '난봉꾼' 남편의 아내가 있다. 이옥은 마치 진짜 여자라도 된 양 난봉꾼 아내의 모습을 이렇게 쓴다.

당신을 사나이라 하여

여자 이 한 몸 맡겼는데
비록 날 어여삐 여기지는 못할망정
어쩌자고 번번이 구박한단 말인가.

긴 다리 한껏 뻗어
공연히 내 몸을 걷어차네.
붉은 빰에 푸른 멍 생긴 뒤
무슨 말로 시어른께 답할까?

시집 올 때 입은 옛 다홍치마
두었다가 수의 지으려 했는데
낭군의 투전 빚 갚으려고
오늘 아침 울면서 팔고 왔네.

비참하고 안타까운, 난봉꾼 아내의 심정. 그러나 이런 아낙들이 실제로 세상에는 득시글댔고, 이옥은 바로 그 점을 짚어 담담하지만 아름다운 시어로 그이들을 노래하고 있는 것이다. 그렇게 이옥은 〈아조〉의 얌전한 새색시도, 〈염조〉의 아름다운 처자도, 〈탕조〉의 빛바랜 기생도, 〈비조〉의 버림받은 아낙들도 모두 다 끌어안고 시로 승화한다.

여자보다 더 여자 마음을 아는 선비 이옥.

대체 남자만이 최고인 시대에, 열녀전에서조차 자기 이름을 올리지 못하는 여인네들의 가장 깊은 마음을 드러내면서, 이옥은 무엇을 말하고자 한 것일까?

박지원은 열녀전에서 부당한 인습과 악습을 비판했다. 박지원이 쓰고자 하는 주제는 악습이고, 그 악습의 '비판'이었다. 하지만 이옥은 부당한 악습을 쓰기보다는 그 악습에 맞부딪치는 '여성'이 주제였고, 그 악습으로 인한 '고통'을 드러낼 뿐이다. 그 여인들과 함께 아파하든, 또는 아예 외면하든 그것은 온전히 읽는 이의 몫이다. 하지만 그 고통들을 말하지 않고는 견딜 수 없는 것, 그대로 가만있지 못하고 그 고통을 토해 내게 하는 어떤 것, 바로 그것이 이옥으로 하여금 글을 쓰게 하는 힘이었던 것이다.

《이언》의 첫 장인 〈첫 번째 어려움〉에서 이옥은 이렇게 말한다. 이 글은 자신이 쓴 것이 아니라고. 다만 자신을 쓰게 하는 어떤 불가사의한 힘, 이른바 '주재자'가 따로 있어서 그가 시킨 것이라고. 그리고 그 주재자는 바로 세상의 온갖 것, '천지만물'이라고. 아, 천지만물이란 또한 무엇이냐고?

"만물이란 만 가지 물건이니 진실로 하나일 수 없거니와, 하나의 하늘이라 해도 하루도 서로 같은 하늘이 없고, 하나의 땅이라 해도 한 곳도 서로 같은 곳이 없다. 마치 천만 명 사람이 각자 천만 가지 이름을 가졌고, 일 년 삼백 날에 또한 스스로 삼백 가지 하는 일이 있음과 같다. 오직 그와 같을 뿐이다."

천 가지, 만 가지 사물이 다 다르다. 그리고 바로 그 천 가지, 만 가지 다른 이름과 다른 일이 내게 글을 쓰게 했다…….

그렇다면 그 글은 당연히 천 가지 빛깔, 만 가지 모습을 할 수밖에 없지 않은가. 천지만물이라는 것이 워낙이, "진실로 하나일 수 없"는 것이니까.

이것은 천하에 오직 한 가지 진리, 오로지 "도가 최고다"라는 고전적인 사고방식과 완벽하게 대치된다. 그렇지만 대체 세상에, 절대적이고 불변하는 것이 어디 있단 말인가? 그 어떤 진리도, 심지어 도조차도 영원할 수는 없는 법인데.

이옥은 사대부들이 말하는 거대한 우주와 도리의 문제를 실제로는 거대하게 보지 않았다. 국가와 정치, 인의와 도덕, 불변의 진리, 그런 거대하고 위대한 도리들만이 글의 주제가 된다는 사실을 이옥은 인정하지 못했던 것이다. 문장이 겨우 그런 거창한 것만 담는다니, 그렇다면 대체 글을 쓰는 재미가 어디에 있단 말인가.

그보다는 오히려 지금, 여기에 존재하는 천지만물, 온갖 다채롭고 살아 숨 쉬는 세상의 모든 것들을 글로 표현해 내는 데 자신의 문학이 있다고 이옥은 생각했다. 아니, 문학이란 모름지기 그래야만 한다고 생각했다. 때가 다르고 곳이 다른데, 다 똑같은 진리 '도'에 맞춰서 하나로 다 똑같아야 하다니. 이옥에게 그런 주장은 헛소리에 지나지 않았다.

그러자 사람들이 아우성 치고 마구 비난하며 이옥에게 묻는다. 말도 안되는 소리 하지 말라고.

"아니, 천지만물이 그대에게 들어갔다가 그대에게서 나와 《이언》이 되었다고? 그렇다면 그대의 천지만물은 어찌 천 가지, 만

가지가 되지 못하고 유독 한두 가지에 그치고 말았는가? 어찌하여 그대의 이언은 하필 분바르고 연지 찍고 치마 입고 비녀 꽂은 여자의 일만을 노래하는가? 천 가지, 만 가지 다 내버려 두고 왜 하필 '여자' 만?"

확실히 《이언》은 여자를 노래한 글이다. 화자도 여자고, 이야기를 끌어가는 주체도 여자며, 가장 주된 소재도 여자의 삶이다. 하지만 작가인 이옥은 남자다. 그것도 온갖 혜택을 누리는, 글을 배울 수 있고 자유자재로 쓸 수도 있는 사대부 남자이다. 어찌 이런 남자에게서 여자의 온갖 이야기들이 가장 소중한 천지만물이 되어 나올 수 있단 말인가. 그건 결국 다 가짜고 거짓말이란 뜻이 아닌가? 이 의심에 이옥은 이렇게 대답한다.

"이보시오, 대저 천지만물을 관찰할 때 가장 큰 일은 사람을 살피는 것이오, 사람을 관찰할 때 가장 오묘한 일은 사람 사이 정을 살피는 것이오, 정을 관찰할 때 가장 참된 일은 남녀의 정을 살피는 것이오. 남녀 사이의 정이야말로 가장 크고, 오묘하고, 참된 것이라오. 그러니 내 어찌 가장 참된 것을 쓰지 않겠소?"

그렇다. 이옥은 수천, 수만 가지 천지만물 중에서도 가장 큰 것, 가장 묘한 것, 가장 거짓이 없고 참된 것으로 '남녀의 정'을 꼽은 것이다. 남녀가 사랑을 나눌 때만큼은 그 어떤 거짓도 없이 가장 솔직하고 진솔한 모습이 나온다고 이옥은 믿었다. 그리고 이런 '진짜' 사랑을 할 수 있는 것은 대개는 음흉한 남정네가 아니라 언제나 열려 있는 여자이다. 솔직하고 따뜻하고 넉넉한 여자만이 그런 사랑이 가능하다. 여자들이야말로 세상에서 가장 크고도 참된 마음을 지닌 존재인 것이다.

그리하여 이옥은 여자의 "그 환희, 그 우수, 그 원망, 그 방탕함이 진실로 모두 정 그대로 흘러나와 마치 혀끝에 바늘을 간직하고 눈썹 사이로 도끼를 희롱하는 것과 같으니, 사람 중에 시정詩情이 넘쳐흐르는 아름다운 경지에 이를 수 있는 것은 여자 말고는 없다"고 자신이 여자를 대상으로 글을 쓰는 이유를 설명한다. 그러니 나는 오장육부를 다 기울여 이 시정들을 쏟아낸 뒤에야 겨우 글쓰기를 그만둘 수밖에 없다고.

그렇게 이옥은 넘쳐 나는 모든 시정을 밖으로 쏟아 내고자 스스로 여자가 되었다. 천지만물 중에 가장 진솔하고 묘한 주재자, '여자'가 되어서 여자들의 삶을 노래했다. 그야말로 여자의, 여자에 의한, 여자를 위한 이야기가 바로 《이언》인 것이다.

이옥은 오로지 도가 최고라는 갑갑한 유교의 세계관도, 남성만이 최고라고 떵떵거리는 가부장적인 가치관도 모두 인정하지 않았다. 오히려 으스대는 남정네들보다는 감정에 솔직한 여인들이 훨씬 더 참되고, 시정이 넘쳐흐르며, 시의 경지에 이를 수 있는 아름다운 소재라고 보았다. 이옥의 마음속에서는 잘난 남성만큼이나 천시받는 여성의 진실함이, 엄격한 도덕의 진리만큼이나 한낱 벌레의 생생한 하루살이가, 반짝이는 보석의 찬란함만큼이나 냇가를 구르는 돌멩이의 쓰임새가 더 중요하였던 것이다.

그리하여 그런 이야기들을 토해 내듯 쓸 수밖에 없는 것이 바로 이옥이었다. 그래서 이옥은 지금은 비록 불우하더라도 언젠가는 자신의 글이 '묵토향墨吐香, 이옥 문집의 제목', 향기를 토하는 먹이 되어 세상 온갖 사람들의 마음을 사로잡을 것임을 믿어 의심치 않았다. 왜냐하면 천지만물이 온전히 다 드러나는 글이야말로 진짜 글이요, 진짜 살아 있는 문장이니까. 그래서 이옥은 자신을 빗대어 이렇게 말한다.

> 물이 흘러가는 곳에서 흙은 휩쓸려 가지만 돌은 한곳에 머물러 있다. ……돌은 굳세고 단단한 것이어서 물의 노함을 받아도 편안해한다. 누워 있는 것도 있고, 서 있는 것도 있고, 엎드려 있는 것도 있고, 웅크리고 있는 것도 있고, 겨루고 있는 것도 있고, 키처럼 쭉 뻗어 있는 것도 있고, 물에 씻기고 있는 것도 있고, 물을 마시고 있는 것도 있다. 이러니 물이 돌을 어떻게 한단 말인가? 이옥, 〈남정십편〉, '물에 대하여'

여기서 세차게 흐르는 물은 임금. 세찬 물살에 줏대 없이 쓸려가는 흙은 사대부. 물의 노함을 받아도 편안해하는 돌은 이옥 자신.

이옥은 실제로 그렇게 했다. 가혹하게 밀려드는 문체반정이라는 물살에 흙은 다 쓸려가도 돌은 머물러 있는 것처럼. 줏대 없이 흔들리는 사람들이 임금의 명령에 자신의 문체를 다 버리고 함께 쓸려가더라도, 이옥만큼은 그 자리에서 눕기도 하고, 웅크리기도 하고, 물에 씻기기도 하면서 제 자리를 올곧이 지켰던 것이다.

그러니 왕이시여, 그런 돌을 물이 어떻게 하겠습니까? 아무리 당신이 왕이더라도, 아무리 당신이 문체반정을 일으켰더라도, 한미한 가문에서 태어나 초라한 백성으로 살면서 묵묵히 그들을 기록하는 저를, 눕거나 서거나 엎드리거나 웅크리거나 하면서 자유롭게 쓰고 싶은 글을 쓰는 저를 당신이 대체 어찌 하시겠습니까? 아무리 거대한 흐름이더라도 물은 그저 물. 결국에는 돌을 스쳐 흘러갈 뿐이지요.

그렇게 이옥은 가장 자신다운 것, 가장 좋아하는 것, 가장 하고 싶은 이야기와 가장 쓰고 싶은 문체를 지킴으로써 임금이라는 거대한 물의 흐름을 가뿐히 넘어섰다. 임금조차 그 돌을 어떻게 할 수가 없었다. 그것이 바로 이옥의 글이었고, 이옥이 쓴 자송문, 세상에서 가장 멋지고 바른 문장이었던 것이다.

"나는 요즘 세상 사람이다. 내 스스로 나의 시, 나의 문장을 짓는다는데, 선진양한이 무슨 상관이며, 위진삼당에 무에 얽매인단 말인가!" (이옥, 크게 웃고 입을 다문다.)

지키고, 구경하고, 대항하고

1792년, 문체반정의 바람이 불었다.

그리고 몇 가지는 바뀌고, 몇 가지는 바뀌지 않았다. 문체를 바르게 돌리겠다는 확고한 왕의 의지에 어떤 사람은 자기 뜻을 꺾었고, 어떤 사람은 자기 뜻을 끝까지 고집했던 것이다.

반듯한 학자 군주 정조의 문체반정은 결국에는 실패했다. 가장 바탕이 되어야 할 사람들의 '의지'가 빠진 채, 이상적인 유교 체제를 지켜야 한다는 '명분'이 앞섰기 때문이다. 그러나 정조는 끝까지 그 명분을 지키려 했다.

겉으로는 임금의 명분에 따르는 듯 보였지만 실제로는 소설을 즐기며 엉거주춤 고의춤을 잡고 있던 사대부들은 문체반정을 그저 '구경'했을 뿐이다. 소설 문체의 유행을 고전 가치관을 쳐부수는 습격으로 알고 몸을 떨었던 임금과는 달리, 사대부들은 적당히 소설을 즐기고 또 적당히 소설을 배척하면서 멀찌감치 떨어진 채 한가한 구경꾼이 되었다.

아주 적은 수의 몇몇 사람들만이 문체반정에 적극으로 '대항'하였다. 설사 그 때문에 몇 번이고 제도권에서 내쳐지더라도, 임금이 쓰라는 글은 끝까지 쓰지 않고 자신이 쓰고 싶은 글만 즐겁게 오래오래 썼다. 잡글이고 패설이라고 손가락질 받았지만, 그 시대를 가장 자유롭고 생생하게 써 내려간 글들은 두고두고 길이길이 전해질 것이었다.

과연 누가 옳고 그르냐를 따질 필요는 없으리라.

다만 구경하는 사람이 자기 한 몸의 안위만 걱정하다 결국에는 잊히는 것에 견주어, 자신의 가치를 끝까지 지키려는 사람은 설사 깨지고 다칠지라도 끝내는 빛나기 마련이다. 그렇게 변함없이 자신의 모습으로 우뚝 서서 사람들에게 진정한 빛을 전해 주는 것이다. 그것이 문체반정에서 살아남아 영화를 누리는 사람들보다, 대항하고 내쳐진 사람들이 더 오래도록 기억되는 이유이리라. 글이란 결코 누구의 전유물도 아니며, 그 어떤 권력의 힘으로도 바꿀 수 없다는 것을 바로 그들이 보여 주었던 것이다.

그리하여 천 년 뒤, 만 년 뒤에는 그들의 글이야말로 고전을 능가하는 가장 고귀한 글의 반열에 올라가게 될 것이었다.

> 이 세상 사람들 살펴보니,
> 남의 문장을 칭찬하는 사람은
> 문장은 꼭 한나라를 본떴다 하고
> 시는 꼭 당나라를 본떴다 하는구나.
> 비슷하다는 말은 벌써 참이 아니라는 뜻.
> 한당이 어찌 다시 있을 수 있을까.
> 눈앞에 참된 흥취 들어 있는데
> 하필이면 먼 옛것을 취하려 하나?
> 지금 때가 천하다 이르지 마라.
> 천년 뒤에 이르면 당연히 고귀하리라. 박지원, 《연암집》, 〈좌소산인에게〉

같은 시대, 다른 문체

언제나 바름을 앞세웠던 반듯한 정조도, 어떤 일이나 유연하고 자유로웠던 연암도, 늘 작디작은 것에 마음을 두었던 멋진 이옥도 자기 시대에서 가장 열정을 다해 할 수 있는 일을 하였고, 지킬 수 있는 것을 지켰다. 그런 이들이 있어서 우리는 그 시대를, 그 시대의 온기를 기억하는 것은 아닐까.

1800년, 정조가 죽었다. 마지막 개혁 군주의 시대가 막을 내리고, 가뜩이나 흔들리던 조선은 서서히 추락하기 시작한다.

1800년, 정조는 죽고 이옥은 비로소 과거를 볼 권리를 얻는다. 그러나, 고향으로 내려가 평생을 벼슬길에 나서지 않고 조용히 살다 죽었다.

1800년, 박지원은 양양 부사로 승진했다. 하지만 이듬해 양양 부사를 그만두고 몇 년 뒤 집 안 사랑에서 죽었다. 아무것도 필요 없고 다만 깨끗이 씻어 달라는 유언만을 남겼다.

세 사람이 있었다.

같은 시대를 살았지만 전혀 다른 삶을 살았던 정조와 박지원과 이옥. 1800년을 기점으로 세 사람의 운명은 바뀌었고, 그들의 삶과 죽음도 달랐다. 그들과 함께 파란의 18세기도 서서히 기울어

가고 격동의 19세기가 시작되고 있었다.

문체반정을 일으킨 정조.

문체반정의 거물로 꼽혔지만 유연하게 비켜 갔던 박지원.

문체반정으로 거듭해서 세상에서 밀려난 이옥.

그들에게 문체란 과연 무엇이었을까? 같은 시대를 살았으되 참으로 다른 생각들을 품고 그 생각대로 또박또박 살아간 세 사람에게 과연 문체란, 문장이란, 글이란 어떤 의미였을까?

이제 문체반정 이야기를 마무리하면서 세 사람의 발자취를 잠시 따라가도록 하자. 세 사람이 저마다 지닌 문장론, 문체론, 시대론을 함께 살펴보자는 말이다. 그러노라면 분명 저 수백 년 전 과거를 살아간 사람들 삶의 자취 속에서 지금 여기를 살아가는 우리들 삶의 모습을 새롭게 다시 볼 수 있을 테니까. 치열한 그들의 삶과 글을 엿봄으로써 이 시대를 사는 의미와, 다가올 시대에 더 나은 길로 나아갈 바른 지혜를 또한 얻을 수 있을 테니까.

역사를 배운다는 것은 바로 그런 것이므로.

정조, 얼음 갑옷을 입은 임금

1800년, 정조가 죽었다. 조선의 마지막 개혁 군주라 불린 정조의 죽음은 좋은 의미로든 나쁜 의미로든 새로운 변화를 일으켰다. 체제는 더 단단해졌고, 백성들 살림은 더 어려워졌으며, 권력층은 더욱 탐욕과 파벌을 일삼았다. 그래서 더더욱 뜨거운 의지들이 밑바탕에서부터 꿈틀거리기 시작했다. 그것은 언젠가는 터지고야 말 시한폭탄과도 같은 것이었다. 단순히 문체 개혁만으로 해결할 수 있는 간단한 것들이 결코 아니었다.

생각해 보면 정조처럼 문체의 의미를, 곧 글쓰기의 의미를 과대평가한 임금은 없다. 순진하게도 정조는 문체의 문제를 해결함으로써 정치와 경제, 사회, 문화 같은 모든 문제를 한꺼번에 고칠 수 있다고 믿고 싶었던 모양이다.

그러나 또한, 정조처럼 문체를 과소평가한 임금도 없다. 정조는 위로부터 개혁을 통해 얼마든지 문체가 바뀐다고 보았기에 문체반정을 일으킬 수 있었다. 그러나 문체라는 것이 마치 살아 있는 생물처럼 스스로 움직인다는 사실, 임금 개인의 힘만으로 되는 것이 아니라 무수히 많은 사람들의 힘과 의지가 들어가야 비로소 변화한다는 사실을 정조는 간과하고 있었다. 문체가 가지고 있는, 스스로 살아 숨 쉬는 힘을 결정적으로 과소평가한 것이다.

그럼으로써 정조는 중요한 한 가지를 놓치게 된다. 과연 그것이 무엇일까?

이제 우리는 정조가 남긴 방대한 문집《홍재전서》에 나와 있는 그의 말과 글을 통해 정조의 마음결, 그 핵심으로 들어가 보자. 정조에게 궁금한 것을 묻고 그 대답을 들어보자는 말이다. (《조선왕조실록》이나 다른 문집의 기록도 함께 참조해서 정조의 대답에 녹여 넣었다.)

때는 갑진년 어느 날, 정조가 왕위에 올라 한참 일에 매진하고 있던 때. 정조 8년 일이다. 앞서 말했듯 정조는 이때 몹시 아파서 앓아누워 있었다. 하지만 시간 때우기로 소설을 권하자 대번에 고개를 저으며 읽다 보면 오히려 졸음이 온다고 털어놓는다. 그뿐만 아니다.

"요즈음 잡서를 좋아하는 자들이 《수호전》은 《사기》와 비슷하고 《서상기》는 《시경》과 비슷해서 괜찮다고들 하는데, 그 말이 나는 더 웃기더구나. 만약 비슷하다는 이유로 좋아한다면 곧바로 《사기》와 《시경》을 읽으면 될 일이지, 왜 허접한 소설책 따위를 읽는단 말이냐?"

이거 참, 아무리 비슷해도 소설은 소설이고, 역사 기록은 기록일 뿐. 그 재미와 감동과 지루함이 다른데, 어찌 꽉 막힌 벽창호처럼 비슷하면 차라리 고전을 읽으라는 말을 할까. 김조순이나 이상황 같은 이가 왜 숙직하면서까지 몰래몰래 소설책을 읽다 들켰는지, 정말 그 마음을 모르는 걸까?

"그러니까 모르겠다는 말이다. 알다시피 나는 음악과 여색 같은 것을 본래 좋아하지 않는다. 그래서 정사를 하는 틈틈이 여가를 즐긴다고 해 봤자 그저 책을 읽는 것뿐이지. 그래도 패관의 속된 글들은 지금까지 한 번도 본 적이 없구나. 이런 문자는 전혀 쓸모가 없을 뿐만 아니라 마음까지 어지럽히니, 그 해악이 이루 말할 수 없다. 실학에 힘쓰지 않고 이런 곁다리 학문에 힘쓰는 자들을 보면 참 애석할 뿐이다."

그야말로 지나치게 반듯해서 답답하기 짝이 없는 모범생의 이야기를 듣는 듯하다.

사실 정조에게 이 반듯함, 바름은 숙명과도 같은 것이었다. 오죽하면 시호에도 바를 정正자가 들어갈까. 정조는 삶도 바르고, 정치도 바르고, 문체도 바르고, 모든 것이 바르게 정도를 향해야 비로소 마음이 놓이고 보람을 느끼는 드문 사람 중의 하나이다. 대체 왜 그렇게까지 '바름'에 집착하는 것일까?

"그야 매사에 부끄러움이 없기를 바라니까. 어쩌다 아무 의미도 없이 흐트러진 하루를 보낸 뒤에는 좋은 옷을 입어도 편치 않고, 맛난 음식을 먹어도 맛있지가 않더구나. 마음속에 부끄러움이 있는데, 어찌 그럴 수가 있겠느냐?"

하지만 정조는 좋은 옷도 별로 안 입고, 맛난 음식도 별로 안 먹는, 무지무지하게 검소한 임금 편에 든다. 만날 무명옷에 반찬 한두 가지로 수라를 대신하기 일쑤이고, 그나마도 어떤 때는 일에 치여 "더러는 대낮이 지나서 아침을 먹거나, 밤중이 되어야 저녁을 먹는" 고된 하루를 보내고는 한다. 그래도 명색이 임금인데 랄라라라 방탕하게 즐기면서 좀 쉬어도 되지 않을까? 그러나 정조는 임금이 그래서야 어찌 백성들이 제대로 따르겠느냐고 고개를 젓는다.

"임금이 백성 아니면 누구와 나라를 다스리겠느냐? 그래서 '임금은 백성을 하늘로 여긴다'는 것이다. 또 백성은 먹을 것이 아니면 살아갈 수 없지 않더냐? 그래서 '백성은 먹을 것을 하늘로 여긴다' 하는 것이다. 그러니 임금은 진실로 자신의 하늘을 두려워하고, 백성의 하늘을 소중히 여겨야 할 것이야. 그런데 어찌 내 한 몸의 즐거움만 바라겠느냐."

하지만 바로 그 백성들이 소설을 참 좋아하는데? 소설이 얼마나 다른 세계를 보여 주고, 얼마나 세상의 많은 것들을 바꾸게 하는지 모르는데?

"소설은 독이다!"

정조가 엄하게 말을 이었다.

"소설은 사람의 마음을 유혹하는 이단에 불과해. 들뜨고 음탕한 말만 가득하고, 이치에 어긋나는 데다 사람들에게 해를 입히지. 음란하고 야비한 음악이나, 남의 비위를 잘 맞추는 간사스러운 사람과도 같은 것이야. 그래서 나는……. 나는, 소설을 생각하면 춥지도 않은데 몸이 떨린다."

정말로 소설을 생각하면 정조는 때로 그런 두려움을 느꼈는지도 모른다. 그 아버지 사도세자가 《중국역사회모본》에서 "마음의 병을 고쳐 주고, 외로움도 없애 주고, 웃음도 주고, 훈계도 하고, 심지어는 사랑스럽다"고까지 한 소설을 정조는 마냥 두려워했던 것이다.

정조에게 이 아버지는 그립다는 말도 할 수 없는 애틋한 존재였지만, 또한 그래서 더욱 아버지를 닮지 말도록 노력해야 했을 것이다. 할아버지 영조에게, 노론 대신들에게, 심지어 어머니나 외할아버지에게조차 정조는 늘 한 몫의 왕자로서 곧게 서 있어야 했다. 자칫 조금만 삐딱하거나 아버지 비슷한 모습을 내비쳤다가는, 아버지와 똑같이 처참하게 파멸할지도 몰랐다. 정조는 언제나 최선을 다해서 아버지와 '다른' 모습을 보여야 했다. 그래야 살아남을 수 있었다.

하지만 결국 소설을 그렇게 싫어하는 이유가 죽은 아버지 때문이냐고 묻는다면, 정조는 아마도 단호하게 고개를 저었을 것이다. 그리고 《홍재전서》에 나오는 이 말을 들려주었을 것이다.

"말은 가려 쓰지 않으면 안 된다."

그리고 덧붙이리라.

"말은 가리지 않으면 안 되고, 마음은 확고하지 않으면 안 되고, 뜻은 높지 않으면 안 된다. 도량은 넓지 않으면 안 되고, 일은 진실하지 않으면 안 되며, 학문은 힘쓰지 않으면 안 된다. 그래, 마음은 확고하고, 뜻은 높고, 도량은 넓고, 일은…… 진실해야만 한다."

그렇다면 당신의 진실은 과연 무엇인가? 당신은 죽을 때까지 과연 어떤 진실을 이루기 원했는가? 묻는다면 대답은 하나다.

정조가 믿고 있는 진실은 언제나 확고했다. 정조는 자신이 읽은 고전의 가장 아름다운 무위지치를 최고의 목표로 삼았고, 실제로 그렇게 다스리려 애썼으며, 그것이 최고의 통치라고 믿었다. 정조에게 나라와 학문과 백성과 정치는 때로는 거의 동일시되었다.

"학문이란 그저 날마다 평소처럼 움직이는 것과 같은 것이다. 자신에게 있어서는 행동하고 멈추고 말하고 침묵하는 것이고, 집안에 있어서는 어버이를 섬기고 형을 섬기고 아내와 자식을 가르치는 것이고, 나라에 있어서는 적임자에게 일을 맡기고 백성을 다스리는 것이고, 책에 있어서는 책을 읽고 이치를 궁구하는 것이다. 이처럼 간단하고 가까운 것을 버려두고 어찌 쓸데없는 곳에다 힘을 쓴단 말이냐?"

이처럼 간단하고 확고한 이치를 두고 어찌 음탕하고, 가볍고, 괴이하고, 무엄한 소설을 찾는단 말이냐? 정조는 그렇게 묻고 있었다. 그것은 마치 게으른 베짱이가 겨울은 너무나 멀고머니 그냥 지금 여름이나 즐기겠다고 노는 것과 비슷한 것일 뿐.

"여름 벌레가 얼음을 의심하는 것은 얼음을 모르기 때문이다. 날마다 차근차근 학습을 잘하면 어느새 최고의 공부(얼음)에 이를 수 있는데도, 그 길이 너무 멀고 어려워서 찾기 힘들다고 말하는 것과 다를 바가 없지 않더냐."

이 어리석은 여름 벌레가 바로 가벼운 소설만 좋아하고 최고의 공부는 너무 힘들다고 도망치는 이들과 같다고 정조는 말하는 듯하다. 얼음은 분명 존재하는데, 그것을 의심하고 믿지 못해서 가벼운 소설이나 찾아 읽는 어리석은 벌레와 같다고.

그러나 여름 벌레는, 비록 차가운 겨울을 보지는 못할망정 내년 여름에는 또다시 그 모든 얼음이 녹는 뜨거운 계절이 올 것임을 알고 있다. 오히려 겨울을 안다고 여름 벌레의 돌아올 여름을 비웃는 것이 우물 안 개구리와 같은 것이 아닐까? 여름에 태어나서 여름에 죽는 벌레에게 겨울을 강요하는 것은 자신의 바름(겨울)만이 최고라 주장하는 억지에 가깝다.

바로 이 지점에서 앞서 말한 정조가 놓친 것이 무엇인지 뚜렷이 드러난다. 정조는 분명 문체가, 곧 글쓰기가 사람들의 생각을 바꾼다는 것을 알고 있었다. 그래서 부랴부랴 자유로운 소설 문체를 완고한 고전 문체로 바꾸려 하였다. 그렇게라도 스러져 가는 조선이라는 나라를 견고한 성리학의 성채로 다시 세우려 한 것이다. 뜨거운 여름 햇볕 아래에 차가운 겨울 성채를 지으려는 무모함을 보였다고 할까.

하지만 중요한 것은 문체가 나빠져서 세상인심이 나빠진 게 아니라는 점이다. 그보다는 오히려 세상인심이 변화를 일으켰기에 문체도 함께 변한 것이다. 세상이 온통 바뀌자 자연스럽게 문체도 함께 바뀐 것이지, 결코 문체가 먼저 나빠졌기에 세상도 함께 나빠진 것이 아니라는 말이다. 여름이 되었기에 뜨거운 것이지, 차가운 얼음이 모자랐기에 여름이 온 것이 아닌 것처럼. 정조는 바로 그것을 놓치고 있었다.

때는 바야흐로 모든 것이 부글부글 끓던 시기.

신분의 의미가 약해지고, 치받아오는 민중의 힘과 권력으로 누르려는 지배층의 이해가 극도로 충돌하던 시기. 한여름의 뜨거운 도가니 같은 이 시대에, 수천 년 전 차가운 겨울 성채에서 얼어 있던 고전을 끄집어내어 아무리 "그것이 옳다! 바르다!" 외쳐 본들 누가 금세 녹아 버릴 고전에 눈을 돌리겠는가. 당장 들끓는 현실을 올곧이 다 드러내는 무시무시한 소설이 있는데.

그러므로 정조는 시대의 끓어오름을 막지 말았어야 했다. 오히려 당당하게 감당하면서 죽은 고전체가 아닌, 살아 있는 그 시대의 문체를 찾아 주어야 했다. 그것이 진정 올바른 해결책이었다. 하지만 결코 그럴 수 없는 것이 수백 년을 이어 온 조선 왕조의 한계요, 또한 유교 군주 정조의 한계였다.

결국 정조가 택한 것은 부글부글 끓는 세상의 뜨거움을 아주 잠깐 없애 줄 두꺼운 얼음 갑옷을 입는 것이었다. 바로 성리학이라는 갑옷을. 유교라는 수천 년을 벼려 온 갑옷을. 언젠가는 저 뜨거운 여름빛에 녹아 버릴 허망한 얼음 갑옷을. 그리고 문체반정이라는 칼을 들고 변화하는 시대를 향해 휘둘렀던 것이다.

정조는 끝끝내 이 얼음 갑옷을 벗지 않았다. 그 얼음이 결국에는 녹아 버릴 것을 알면서도 결코 벗을 수가 없었다. 벗는 순간 자신이 지켜온 모든 것이 한순간에 무너질 것이기에. 그래서 자신에게도 이가 시리도록 찬 얼음 갑옷을 끝까지 몸에 두른 채 문체반정이라는 칼을 휘두를 수밖에 없었던 것이다. 그것은 칼을 맞는 남과 더불어 휘두르는 나까지도 해치는, 양날검의 숙명을 지니고 있는 것. 그러나 그 차갑고도 또 차가운 양날검을 정조는 결코 놓지 않았다. 아니, 놓을 수 없었다.

"평범한 군주가 되는 것은 부끄러운 일이다."

정조는 스스로에게 마치 주문처럼 외우고 있었다.

"내 평소 스스로 약속한 바가 있다. 평범한 군주가 되는 건 부끄러우니! 반드시 잘못된 풍속을 크게 변화시키고, 세도를 바로잡아 회복함으로써, 한 세상의 가장 크고도 어진 정치를 새롭게 이룰 것이다!"

그것이 삼종혈맥으로 아비를 잡아먹고, 위에서는 살벌한 당쟁을 다스리고, 아래에서는 무너지는 민생을 책임져야 했던, 그 와중에도 고대의 아름다운 무위지치를 꿈꾸었던 철혈의 군주가 자신을 가장 바르게 세울 수 있는 이유요, 버팀목이었던 것이다. 그리고 그렇게 말을 하는 순간, 정조의 눈이 번쩍번쩍 빛나기 시작했다.

"하나란 둘이 없다는 말이다. 저것도 될 수 있고 이것도 될 수 있다든지, 짝이 될 수도 있고 상대가 될 수도 있다면, 그것은 결코 '하나'가 아니다."

그러므로 나는, 이 세상의 모든 물을 비추는 단 하나의 달, 만천명월주인옹萬川明月主人翁. 만 갈래 시내를 비추며 홀로 빛나는 달처럼, 나라 안 만백성들에게 골고루 은혜와 화평을 나누어 주는 단 하나의 위대한 임금. 그것이 바로 정조 스스로 세운 자신의 호 '만천명월주인옹'의 뜻인 것이다.

그러나 단 하나의 달, 단 한 명의 임금 힘만으로 모든 것을 해결할 수 있는 시대는 결코 없었다. 처음부터 그것은 책에서나 나오는 꿈같은 일일 뿐. 아무리 밝게 빛나더라도 임금 혼자의 힘만으로 세상은 결코 바뀌지 않기 때문이다. 만 개의 시내가 온전히 함께 움직여야만 비로소 세상도 바뀌기 시작한다. 그러므로 정조는 가장 빛나는 하나의 달은 될 수 있겠지만, 그 달이 만 개의 시내를 모두 다스릴 수 있다고 보아서는 안 되었다. 차라리 시내가 천 갈래, 만 갈래로 자연스럽게 흐르도록 내버려 두는 것이 가장 좋은 길임을 알아야 했다.

하지만 그렇게 하는 대신 정조가 택한 것은 시대를 거스르는 얼음 갑옷을 입는 것. 정조는 문체를 바르게 바꿔서 세상을 바르게 만든다는 원대한 꿈을 결코 버리지 않았던 것이다. 오히려 그 꿈을 이루기 위해 스스로 뜨거운 여름 속의 얼음 군왕이 되어 역사의 한 갈피 속으로 사라져 간다. 문체반정은 어쩌면 바로 그 임금 정조의 가장 서러운 자기 긍정이었을지도 모른다.

죽을 때까지 정조, 그에게 글은 '바른' 것이었다. 바른 것이어야 했다.

박지원, 아침 햇살을 쬐는 선비

1800년 정조가 죽던 해, 박지원은 양양 부사로 승진했다. 하지만 이듬해 곧바로 양양 부사를 그만두고 평범한 선비로 돌아와 몇 해 뒤 1805년 집 안 사랑에서 조용히 죽었다. 다른 허식은 전혀 필요 없고, 다만 깨끗이 씻어 달라는 유언만을 남겼다.

이 희대의 문장가요 사상가인 박지원에게 글이란, 또한 문체란 어떤 의미였을까? 박지원 스스로도 자신에게 같은 질문을 던지고 있다.

"글을 어떻게 써야 할까? 사람들은 반드시 '옛것을 따르는 것'

이 옳다고 말한다. 그래서 마침내 세상에는 옛것을 흉내 내고 본뜨면서도 그것을 전혀 부끄러워하지 않는 자가 생기게 되었다. ……그렇다면 '새롭게 만드는 것'이 더 좋을까? 그래서 마침내 세상에는 괴상하고 허황되게 문장을 지으면서도 두려워할 줄 모르는 자가 생기게 되었다. ……그렇다면 어떻게 해야 옳단 말인가? 장차 나는 어떻게 해야 하나? 아니면 아예 글쓰기를 그만두어야 할까?" 박지원,《연암집》,〈초정집서〉

옛 것을 따르는 것과 새로운 것을 만드는 것.
이것은 글을 쓰는 누구나가 한번쯤 해 보았을 질문이다. 정조가 옛 고전을 따르자는 쪽이라면, 소품체의 극치를 보여 주는 이옥은 새롭게 다시 쓰자는 쪽일 것이다. 그리고 바로 그 사이에 박지원이 있다. 물론 문체 타락의 주범으로 몰려 있는 박지원으로서야 정조보다는 이옥 쪽에 더 가까울 것이다. 그렇다면 박지원은 당연히 새로움에 손을 들어 주었을 듯하지만 실제로는 그렇지 않다.

"명나라의 여러 작가들이 옛것을 따르느냐, 새것을 따르느냐를 두고 서로 비난만 일삼다가 모두 바른 길을 얻지 못한 채 다 같이 말세의 자질구레한 폐단에 떨어졌다. 결국 도를 옹호하기는 커녕 한갓 풍속만 병들게 하고 교화를 해치는 결과를 낳고 말았구나. 나도 이렇게 되지나 않을까 두렵다. 그러니 새롭게 쓴다고 재주를 부리느니 차라리 옛것을 따르다가 고루해지는 편이 낫다고 생각한다."

그렇다면 박지원은 정조와 마찬가지로 차라리 옛 고전으로 낡아지는 편이 쓸데없이 새것을 만드는 재주보다 낫다고 생각한 것일까? 그건 또 아니다. 오히려 박지원은 글이란 정확히 "뜻을 나타내면 그만이다"라고 주장한다. 잠시 옛것과 새것을 택하는 문제는 접어두고 그 '뜻'이라는 것부터 먼저 따라가 보자.

박지원은 〈공작관문고자서〉에서 이 뜻을 조근조근 풀어낸다. 마치 가까운 친구나 벗에게 풀어내는 듯한 박지원의 이야기를 귀 기울여 들어보자. 글의 부드러운 전개를 위해 박지원이 가상의 벗에게 이야기를 푸는 식으로 인용해 본다.

"이보게, 벗님. 글은 뜻을 나타내면 그만일 뿐이네. 억지로 꾸미려 하지 말게. 제목을 놓고 붓을 잡은 다음에야 갑자기 옛말을 생각하고, 허둥지둥 고전의 사연을 찾거나, 뜻을 근엄하게 꾸미고, 글자마다 장중하게 만들려 하다니. 그래서야 마치 화가를 불러 초상화를 그린다면서 용모를 자꾸 고치고 있는 것과 같지 않은가. 눈동자 한번 깜박이지 않고 주름살 하나 없이 옷을 펴서 평소 같지 않게 꾸미고 나온다면, 아무리 훌륭한 화가라도 진실한 모습을 그려 내기는 어려울 것이야. 글을 짓는 사람인들 대체 무엇이 다르겠는가?"

그러면서 박지원이 드는 두 가지 예가 바로 '귀울림'과 '코골이'이다.

귀울림이 있는 아이는 자기 귀에서 "피리를 부는 소리, 생황을 부는 소리"가 다 들린다고 주장하지만 아무도 그것을 함께 듣지 못한다. 왜 듣지 못하느냐고 아이가 아무리 애면글면해 봤자 다른 사람이 무슨 재주로 남의 귀울림 소리를 듣겠는가. 마찬가지로 코골이를 하는 사람은 옆 사람이 "휘파람을 부는 듯, 탄식을 하는 듯, 물이 끓는 듯, 들이쉴 때는 톱을 켜는 듯, 내쉴 때는 돼지처럼 씨근거리는 듯"한 코골이 소리에 놀라 깨우면, 오히려 자기가 언제 코를 골았느냐고 버럭 화를 낸다. 자기 코골이 소리를 스스로 듣지 못하고는 남 탓만 하는 것이다.

"이보게, 벗님, 어찌 코와 귀에만 이런 병이 있겠는가? 글에도 있는데 더욱 심하다네. 귀울림은 사실 병인데도 남이 자기를 몰라준다고 냉가슴만 앓고, 코콜이는 병이 아닌데도 남이 일깨워 주면 화만 내니, 병이다 병이 아니다 말해 봤자 무슨 소용인가. 글을 잘 짓고 못 짓고는 내게 달렸고, 헐뜯고 칭찬하는 것은 남에게 달린 것. 허니, 남의 귀울림 소리를 들으려 하지 말고, 나의 코골이 소리를 먼저 깨닫는다면 비로소 글을 쓰는 뜻을 안다고 할 것이야."

박지원의 이 비유는 지금 글쓰기에 대비해 봐도 참 적절하다. 아무리 걸작을 썼다고 혼자 우겨 봤자, 제대로 표현되지 않았다면 그 어느 독자도 작가의 귀울림을 함께 들을 수 없다. 거꾸로 옆에서 아무리 잘못을 알려 주려고 해 봤자 글쓴이가 스스로 깨달아 고치지 못한다면 자기는 결코 코를 골지 않는다고 우기는 고집쟁이와 다를 바가 없다. 그래서는 그 어떤 좋은 글도 나올 수 없다.

박지원은 혼자만 들린다 주장하는 귀울림도, 스스로 절대 잘못되지 않았다는 코골이도 모두 덜 떨어진 글로 보았다. 자신의 귀울림을 남에게 들릴 수 있게 하는 설득력, 코골이를 한다는 남의 비판을 겸허하게 수용하는 포용력, 두 가지 모두 글에는 꼭 필요한 것이다. 그러므로 이 비유를 통해 박지원이 말하고자 하는 것은 딱 하나이다.

"글은 오로지 진실해야 할 뿐이네."

진실이 가장 설득력이 있으며, 오로지 진실만이 비판에 대응할 수 있는 가장 확실한 방법임을 박지원은 알고 있었던 것이다.

그리고 이 진실을 드러내는 데 있어서 박지원의 문체는 앞서 살펴보았듯 참으로 활기차고, 총명하며, 재치 넘치고, 때로는 용맹하고, 능수능란하기까지 하다. 마치 한 자루 검을 들고 천만 대군을 무찌르는 유능한 장수와 같다. 박지원 또한 글쓰기와 병법을 비유하면서 "글을 잘 짓는 자는 병법을 잘 아는 사람"이라고 말한다.

"비유하자면, 글자는 군사요, 글 뜻은 장수요, 제목이란 적국이요, 고사의 인용이란 싸움터의 보루와 같은 것. 글자를 묶어서 구를 만들고, 구를 모아서 장을 이루는 것은 대오를 이루어 행군하는 것과 같은 것이요, 운에 맞춰 소리를 내고 멋진 표현으로 빛을 내는 것은 징과 북을 울리며 깃발을 휘날리는 것과 같고, 앞뒤의 조화는 봉화와 같으며, 적절한 비유는 기습 공격을

하는 기병과 같은 것." 박지원,《연암집》,〈소단적치인〉

더 나아가 박지원은 같은 병사라도 "명장이 거느리면 승리하고, 졸장이 거느리면 패배하는 것"처럼 글도 그렇다고 못을 박는다. 글이 좋고 나빠지는 것은 온전히 글쓴이의 몫이지 결코 병사나 글자 탓이 아니라는 것이다.

"벗님, 그래서 예부터 싸움 잘하는 사람에게는 버릴 병졸이 없고, 글을 잘 짓는 사람에게는 따로 가려 쓸 글자가 없다는 것이네. 진실로 좋은 장수를 만나면 호미 자루나 창 자루를 들어도 굳세고 사나운 병졸이 되고, 옷자락을 찢어서 작대기 끝에만 달아도 사뭇 훌륭한 깃발이 되지 않던가? 이치에 들어맞는다면 집에서 쓰는 말도 학교에서 가르칠 만하고, 아이들 노래나 속담도 고전 문학과 나란히 어깨를 겨룰 수 있는 법이지. 그러므로 글이 능숙하지 못한 것은 글자 탓이 아니라네."

멋진 문구를 늘어놓거나 현학적인 설명을 줄줄이 써 댄다고 좋은 글은 아니다. 오히려 소박하고 아이들 같은 말이라도 그 말을 제대로만 쓴다면 훌륭한 글이 나온다고 박지원은 말하는 것이다.

"그래야만 붓과 먹이 날카롭고, 글자와 글귀가 날고뛸 수 있는 것이라네."

대체 어떻게 해야 글자와 글귀가 날고뛰는 경지에 이를 수 있는 것인지 까마득하기는 하지만, 어쨌거나 그야말로 박지원다운, 생기발랄한 문장론이요 문체론이다. 거기에 박지원은 한 가지 더 덧붙인다.

"무엇보다 중요한 것은 자기 자신의 글을 쓰는 것이네."

자기 자신의 글?

"벗님, 자기 문장이 한유와 구양수 글을 모방하고, 반고와 사마천의 글을 본떴다고 우쭐대거나 으스대면서 요즘 사람을 하찮게 볼 것이 아니네. 중요한 것은 그런 모방이나 본뜸이 아니라 바로 '자기 자신의 글'을 쓰는 것이지. 귀로 듣고 눈으로 본 바에 따라 그 모습과 소리를 정성껏 표현하고 그 정경을 고스란히 드러낼 수만 있다면, 문장의 도는 그것으로도 지극하다네."

여기서 한유와 구양수, 반고와 사마천은 모두 고대 중국의 빼어난 문장가요 역사가들이다. 하지만 그들의 글을 본떴다고 해 봤자 결국 흉내 내기에 지나지 않는 법. 차라리 자기 귀로 듣고 자기 눈으로 본 '진실'을, 바로 자기 자신의 글을 쓰는 것이 문장의 지극한 도라고 박지원은 말하는 것이다. 쓸데없이 과거의 멋진 문장들을 흉내 내는 것보다는.

그러고 보면 이야기가 다시 앞서의 고민인, 옛 고전을 따르는 것과 새롭게 글을 만드는 문제로 돌아가게 된다. 이제는 미뤄 두었던, 박지원의 대답을 속 시원히 들어보자.

박지원이 쓴 〈영처고서〉는 이덕무의 문집 《영처고》 앞에 붙인 서문이다. 이덕무는 딱딱한 고전보다는 새롭고 활기찬 글을 쓰기를 원했다. 하지만 그런 이덕무의 문집을 보고 한 선비가 그 따위가 뭐냐고 마구 비웃었다.

"데데하구나, 무관懋官, 이덕무의 자이 지은 시는! 옛사람의 시를 배웠다는데도 그와 비슷한 점이라고는 조금도 찾아볼 수도 없으니. 털끝만큼도 비슷한 모습이 없는데 어찌 그 소리인들 비슷할까. 시골뜨기의 서투른 티를 벗지 못하고, 시장터 사람의 자질구레한 사연만 늘어놓고 있으니, 그것이 요즘 시지 어찌 옛날 시란 말인가?"

이것은 명백히 옛 고전이 지금의 글보다 훨씬 낫다는 가정 하에서 나올 수 있는 비판이다. 고전과는 털끝만큼도 닮지 않은 요즘 글들은 그저 서투르고 자질구레한 시골뜨기의 사연일 뿐이라고 손가락질하고 비난하는. 하지만 박지원은 이 말을 듣고 오히려 크게 기뻐한다. 그것이야말로 무관의 시에서 가장 중요한 점이라면서.

"이제 무관은 조선 사람이다. 우리 조선은 산천과 기후가 중국 땅과 다르고, 언어와 풍속도 한당 시대와는 다르다. 그런데도 글쓰기를 중국에서 본뜨고 문체를 한당에서 베껴 쓴다면, 글 쓰는 법이 고상하면 할수록 그 내용은 실로 비루해지고, 문체가 근사하면 할수록 그 표현은 더욱 거짓이 될 것이다.

우리 나라가 비록 구석진 곳에 있지만 구구한 역사가 있는 나라요, 신라와 고려가 비록 소박하지만 민간에 아름다운 풍속이 많았다. 그러니 그 말을 문자로 적고 그 민요를 운율에 맞추기만 한다면 자연히 문장이 되어 그 속에서 참다운 맛이 나타날 것이다. 따라서 옛것을 모방하거나 빌려 올 것 없이, 현재 있는 그대로를 가지고도 눈앞의 모든 것을 표현할 수 있으니, 무관의 시가 바로 그런 것이다." 박지원,《연암집》,〈영처고서〉

옛것을 모방하거나 빌려 오지 않고, 현재 있는 그대로를 가지고도 눈앞의 모든 것을 표현할 수 있는 것. 그것이야말로 가장 훌륭한 시라고 박지원은 말하는 것이다. 그리하여 고전과 신문체에 대한 박지원의 마지막 견해가 드디어 나온다.

"아! 소위 옛것을 따른다는 사람은 옛 자취에만 얽매이는 것이 병이고, 새것을 따른다는 사람은 정도에서 벗어나는 게 걱정거리지. 진실로 옛것을 따르면서도 융통성이 있어야 하고, 새것을 따르면서도 능히 우아한 법도에 맞게 한다면 요즘 글이 바로 옛글이라 할 것이네."

정조가 옛것을 최상의 가치로 여겼다면, 그리고 뒤에 나온 이옥이 새것에 흠뻑 빠졌다면, 박지원은 옛것과 새것을 조화롭게 섞는 것이 가장 중요하다고 본 것이다.

하지만 이 말은 "옛것도 따르고, 새것도 따른다"는 뜻이 아니다. 오히려 "옛것을 따라서 새것을 만든다"는 전혀 다른 주장이다. 옛것도 늘어놓고 새것도 늘어놓아 무작정 섞자는 뜻이 아니라, 옛것과 새것을 자연스럽게 조화시켜 마치 처음부터 하나였던 듯 새로운 어떤 것을 만든다는 뜻이다.

말하자면 고전을 양식 삼아 자기만의 새로운 문체를 만들어 내는 것. 옛것과 지금 것의 조화, 우아한 고전과 참신한 신문체의 어울림. 그것이 가장 훌륭한 문체라고 박지원은 본 것이다. 그리고 실제로도 그렇게 썼다.

박지원의 〈어떤 이에게 보내는 편지〉를 한번 살펴보자. 친한 벗을 잃은 슬픔을 드러내는 이 편지에서, 박지원은 먼저 중국 고전의 한 대목을 인용한다. 바로 종자기와 백아의 일화이다.

종자기와 백아는 둘도 없는 절친한 벗이다. 백아의 아름다운 거문고 연주는 늘 종자기를 감동시킨다. 그러나 종자기가 죽자 백아는 더 이상 자신의 거문고 연주를 종자기만큼 제대로 들어줄 사람이 없음을 깨닫는다. 그 슬픔에 백아는 "장차 누가 내 연주를 듣겠는가!" 울부짖으며 단숨에 칼을 뽑아 거문고 줄을 자르고 통곡한다. 그 이야기를 묘사하는 박지원의 글을 보자.

"백아는 그렇게 줄을 자르고, 끊고, 부딪고, 깨고, 부수고, 밟아서 모조리 아궁이에 밀어 넣고 단번에 불태워 버린 뒤에야 마음이 후련하였을 것이네. 그리고 제 자신과 이렇게 문답했겠지.

'네 속이 시원하냐?'

'시원하고말고.'

'울고 싶으냐?'

'울고 싶고말고.'

그러자 마침내 백아가 우는데, 울음소리가 천지에 가득하여 종이나 경쇠에서 울려 나오는 듯하고, 눈물이 솟아나 옷깃 앞에서 마치 구슬이나 보석처럼 떨어졌을 것이네. 그렇게 눈물을 드리운 채 눈을 들어 바라보노라면, 빈산에는 사람 하나 없는데 물은 절로 흐르고 꽃은 절로 피어 있네.
　네가 백아를 보았느냐고 물을 테지. 암, 보았고말고!" 박지원, 《연암집》, 〈어떤 이에게 보내는 편지〉

　여기서 '네가'는 박지원 자신을 이른다. 누군가 그렇게 묻는다면, 친구를 잃어 절절한 백아의 모습을 그리는 자신에게 누군가 "네가 보았느냐?" 그렇게 묻는다면 박지원은 "암, 보았고말고" 대답한다는 것이다. 친구를 잃은 슬픔이 얼마나 큰지를 잘 알기 때문에.
　이것은 거짓이면서 또한 진실이다. 저 수천 년 전 고사성어의 한 장면을 어찌 박지원이 볼 수 있단 말인가. 그러므로 이것은 거짓이다. 그러나 저 수천 년 전 벗을 잃은 슬픔과 똑같은 슬픔을 느끼고 있는 것도 박지원이다. 그러므로 이것은 또한 진실이다.
　고전에 나오는 고사를 빌려 왔지만 박지원은 그것을 단순히 설명하는 데 그치지 않는다. 놀랍도록 생생한 상상력으로 울고 있는 백아의 모습을 그려 내면서 그것이 바로 현재를 사는 자신에게도 똑같은 슬픔임을 역설한다. 저기 금을 끊고 혼잣말을 하다가 엉엉 울면서 처절한 슬픔을 토해 내는 사람은 바로 친구를 잃은 박지원 자신이다. 수천 년 전 과거 이야기지만 그것이 현재 나의 슬픔과 맞물리면서 어느 순간 뛰어난 현실성을 갖게 만드는 것. 그것이야 말로 옛것을 통해서 새것을 만드는 경지인 것이다.
　딱딱한 고전에서 현재의 뜨거운 슬픔을 끌어내는 경지.

뻑뻑 굳어 있지 않고 펄펄 살아 있는 감정을 끌어내는 힘. 글이란 바로 그래야 한다고 박지원은 말하고 있는 것이다.

"이보게, 벗님. 남을 아프게도 못하고, 가렵게도 못하고, 구절구절 밋밋하고 데면데면해서 우유부단하기만 하다면, 그런 글을 대체 어디다 쓰겠는가?"

그건 죽어 버린 글과 마찬가지다. 딱딱하고 밋밋하고 도만 설파하는 글. 그래서 감정과 생기와 온기가 깡그리 날아가 버린 글은 박지원에게 의미가 없었다. 그보다는 차라리 반듯하지도, 틀에 맞지도 않지만 절절이 살아 있어 사람들을 울게 하고, 웃게 하고, 아프게도 하고 가렵게도 하는 것. 그래서 절절이 끓게 만드는 것. 그런 것이 진짜 글이었다.

그래서 박지원은 당대 최고의 문장가로 이름을 날리고 있던 대경 황경원을 두고도 자신 있게 이렇게 말할 수 있었다.

"황대경 씨의 글이 사모관대를 하고 패옥을 한 채 길가에 엎어져 있는 시체와 같다면, 내 글은 비록 누더기를 걸쳤어도 앉아서 아침 해를 쬐고 있는 저 살아 있는 사람과 같다네."

죽은 시체는 아무리 멋진 옷을 걸쳤다 해도 아무 일도 하지 못한다. 하지만 살아 있는 사람은 누더기에 가진 것이 없어도 그 생기로 모든 것을 바꿀 수 있다. 죽은 글쓰기가 아니라 살아 있는 글쓰기가 세상을 바꾸듯이.

그리하여 박지원은 누더기를 걸친 채 길 한복판에 서 있으면서도 유유자적 햇살을 즐기면서 이렇게 외칠 수 있었으리라.

"여보게, 벗님. 사모관대와 패옥을 버려 버리게! 누더기를 걸치더라도 차라리 눈을 크게 뜨고 아침 해를 바라보게! 그래야 비로소 진실한 글을 쓸 수 있다네. 사람들을 아프게 하고, 가렵게 하고, 구절구절 생기 있고, 다채로우며, 팔팔 살아 있는 글. 그래서 사람들을 참으로 움직이게 하는 글. 벗님, 그래야 세상이 바뀐다네. 그것이 바로 살아 있는 글쓰기라네!"

박지원에게 글은, '살아 있는' 것이었다. 살아서 세상을 바꾸는 것이었다.

이옥, 홑겹 옷을 걸친 비단옷 사내

여기 한 사내가 있다.

뛰어난 재주와 굳은 기상을 지녔지만 가문이 한미하고 뒷배가 없었다. 임금조차 그의 재능을 인정은 하되, 그의 문장은 위험한 것으로 몰았다. 그래서 으뜸으로 장원을 했음에도 꼴찌로 밀렸고, 그렇게 몇 번이고 몇 번이고 벼슬에 오를 기회를 잃었다.

소설 안에서라면 이제 사내는 떨치고 일어서야 한다. 핍박에 굴하지 않고 벌떡 일어나 자기 이름을 날리고 자신의 문장으로 세상을 떠르르 놀라게 해야 한다. 그래서 임금조차 그를 인정할 수밖에 없게 만들고, 마침내 수많은 사람들의 갈채 속에 축복받은 주인공이 될 수 있을 것이었다. 이른바 '해피엔딩'이란 이런 것.

하지만 이런 소설 같은 일은, 바로 그 소설 문체를 쓴다고 절벽 끝까지 내몰린 사내에게는 결코 일어날 수 없는 일이었다. 당연한 일이리라. 사내는 소설이 아니라 '현실'을 살아가는 사람이므로. 하지만 그의 현실은, 누군가에게는 마치 잘 쓰인 한 권의 소설처럼 진짜배기 감동과 생생함을 주었다.

그것은 사내가 끝까지 자신을 포기하지 않았기 때문에 가능한 일이었다. 자신이 한낱 힘없는 벌레와 같을지라도, 사내는 소설 속의 멋진 주인공처럼, 깨끗하게 살아 자기 자신의 차고도 맑은 기운을 결코 포기하지 않았다. 끝까지 자신을 지켜 마침내 하늘의 소리와 맞닿았던 것이다.

> 아, 이것은 벌레 우는 소리로다.
> 깨끗하게 숨어 살아 세상에 쓰이지 않았기에
> 그 자취 차고도 맑으며
> 풀을 먹고 녹祿을 먹지 않아서
> 그 마음 비어 있으면서도 신묘하구나.
> 그리하여 너 비록 몸은 미물이나
> 또한 하늘이 낳은 것이고
> 너 비록 울음소리는 네게서 나오지만
> 실은 하늘이 너를 빌려 우는 것이니
> 그 울음은 네 소리가 아니라
> 곧 하늘의 정한이로다. 이옥,《경금소부》,〈벌레 소리를 읊은 부〉

벌레, 두꺼비, 벼룩, 메추라기, 흰 봉선화…….

지상에서 가장 하찮은 것, 가장 미물인 것, 가장 바닥에 있는 것.

하지만 시인이 노래하는 순간 가장 하찮은 것도 이미 가장 크고, 하늘의 뜻을 울리는 정한으로 바뀌어 버린다. 그것이 바로 이옥의 시였다.

이옥은 정조나 박지원과는 달리 거창한 문장론이나 문체론을 거의 쓰지 않았다. 그저 자신이 쓴 글로 자신이 생각하는 바를 드러낼 뿐이었다. 이옥의 문장관이 그나마 가장 잘 드러나는 것은 앞서 살펴본 《이언》인데, 그 또한 어디까지나 《이언》을 설명하고 변호하는 데 그치는 것이지 본격으로 나서서 문장론을 펼치는 것은 아니다. 하지만 그 와중에도 이옥은 자기가 하고 싶은 말을 은연중에 다 하고 있다.

자, 이제 이옥이 《이언》에서 글쓰기의 첫 번째, 두 번째, 세 번째 어려움을 차례로 물었듯이 우리도 이옥에게 물어보자. 그에게 글이 무엇이고, 문체가 무엇인지. 이옥 또한 자신의 소품과 산문과 시로써 우리에게 대답해 줄 것이다. 대체 왜 산에 놀러 왔느냐는 물음에 이렇게 멋지게 대답했듯이.

이 선생이 말했다.
"멋지니까 놀러 왔지. 멋지지 않았다면 오지도 않았을걸?"

멋진 이 선생에게 가장 먼저 할 질문은 아마도 이것이리라. 어째

서 그렇게 소품을 쓰려 하는가? 이옥은 왜 하필 "경박한 사詞를 짓
느냐?"고 묻는 손님과 주인을 등장시켜 이에 대한 대답을 한다.

> 손님이 내게 물었다.
> "그대는 무엇 때문에 사를 짓소?"
> 내가 대답하였다.
> "옛사람들이 지었으니 나도 짓는 것이지요."
> "그대는 모쪼록 조심하여 짓지 마시게. 지금 사람들은 사를 짓
> 지 않고 있다네."
> "어찌하여 짓지 않소?"
> "사는 대부분 꽃을 읊조리고 달을 노래하니, 대장부가 짓지 않
> 는 것이오. 또 그 말이 화사하고 섬세하며 교묘하여 경박스럽
> 다는 비난이 있으니, 그대는 제발 짓지 말게나." 이옥,《화석자문초》,
> 〈도화유수관에서 한 문답〉

여기서 '사'는 악부에 붙이는 노랫말로, 지금으로 치면 대중가
요의 가사쯤 되겠다. 따라서 소설이나 소품으로 바꿔 읽어도 크게
뜻이 어긋나지 않는다. 도덕과 의리를 노래하지 않고 꽃과 달을 읊
조리는 글. 화사하고 섬세하며 교묘하고 가벼운 글. 정조가 그토록
비난해 마지않았던 소품의 특징이 그대로 나타난다.

그렇다면 이옥은 뭐라고 대답했을까? 사를 지었던 이백, 백거
이, 구양수, 소식 같은 옛날 문인들을 줄줄이 열거한 뒤에 "여러 거

장들이 다 그것을 지었다"면서 그럼 그 사람들이 모두 경박한 졸장부였냐고 묻는다.

"그렇다면 옛날에 사를 지었던 사람들은 모두 경박하단 말이오? 지금 짓지 않는 사람들은 다 현명한 것이고? 나는 참 알 수가 없구려. 그러면 차라리 문자를 불살라 없애고 곧장 노끈을 묶어 그 매듭으로 의사소통을 하던 상고시대로 돌아가지 그러시오. 그리고 그것을 태고의 소박함이라고 여기는 게 어떻겠소?
　나는 우리 나라의, 지금, 사람이외다.
　다만 일찍부터 사를 짓지 않았음과 그래서 능숙하게 짓지 못함을 한스러워할 뿐이오. 어찌 그대의 말을 두려워해 사를 짓지 않겠소이까?"
손님이 말이 막혀서 가 버렸다.

그렇다. 이옥은 남들이 다 비난하는 소품을 오히려 일찍부터 짓지 못해서 안타깝고, 잘 짓지 못해서 한스럽다 말하는 것이다. 아무리 대장부답지 못하고, 꽃과 달을 노래하는 경박한 서정시라고 말해 봤자 이옥은 '두렵지' 않다.
　왜냐하면 나는, 우리 나라의 '지금' 사람이므로.
　지금, 여기 이곳, 우리 나라 사람들이 살아 숨 쉬고 있는 소품을 쓰는 것이, 수천 년 전 고대 중국의 이야기를 읊조리는 고전보다는 훨씬 더 중요한 것이므로.

바로 그것이 이옥이 소품을 쓰는 이유였다. 어찌 남들의 눈이 두려워, 어찌 임금의 질책이나 처벌 따위가 두려워, 이 소중한 '지금, 이곳'의 이야기를 하지 않을 수가 있단 말인가.

그리하여 이옥, 이 선생은 말한다.

"시가 말할 수 없는 것도 능히 말할 수 있고, 시가 말하지 않으려는 것도 또한 능히 말하려 한다오."

고전의 시가 말할 수 없는, 그리고 말하지 않는 것은 무엇일까? 바로 거대한 성리학의 뒤에 감춰져 있는 세상의 '진짜' 모습. 새로운 변화를 꿈꾸며 여기저기서 들끓고 올라오고 있는 동시대의 현실과 상황. 소품은 바로 그런 것을 감추지 않고 똑똑히 쓰고자 하는 글이요, 그래서 '진짜' 글이라는 것이다.

그렇다면 과연 지금, 우리 나라의 글을 쓰기 위해 가장 필요한 것은 무엇일까?

무엇보다 소재부터 달라져야 한다. 고전이 말하는 가장 주된 소재 '도'는 이제 더는 필요 없다. 그보다는 지금 바로 이곳의 현실을 드러내는 것들이 글의 소재로 필요하다.

그래서 이 선생은 또한 말한다.

"이야기를 하지 않는다면 그만이겠지만, 이야기를 한다면 부득불 새를 이야기하고, 물고기를 이야기하고, 짐승을 이야기하고, 벌레를 이야기하고, 꽃을 이야기하고, 곡식을 이야기하고, 과일을 이야기하고, 채소를 이야기하고, 나무를 이야기하고, 풀을 이야기해야 하겠습니다. 이것이 《백운필》이 부득이하게도 쓰인 까닭이요, 또한 어쩔 수 없이 내가 이런 것들을 이야기하는 까닭이라오."

《백운필》은 이옥이 모든 벼슬길을 끊고 고향 매화동에 가서 쓴 글이다. 거기서 이옥은 세상의 거대한 도가 아닌 지극히 작은 것들, 새와 물고기와 짐승과 벌레와 꽃과 곡식을 이야기하였다. 하지만 그 속에는 고전의 도만큼이나 중요한 의미가 깃들어 있었다.

〈오뉴월의 벌레들〉 한 대목을 살펴보자.

"작은 산 무성한 계수나무 숲속에 깃들어 만승천자에 대해서도 오만하고, 스스로 그 한 몸을 깨끗이 하는 자를 열린 눈으로 보자면 곧 한낱 반딧불이다. ……고관대작의 집에 고약한 객이 있어 힘없는 자를 등지고 권세 있는 자를 좇아, 이익이 있는 곳을 이리저리 찾아다니며 달콤한 것을 핥고 빨기를 혹시라도 남에게 뒤질까 저어하는 자를 열린 눈으로 보자면 곧 한낱 파리이다. ……감사와 수령처럼 뿔 나팔을 불고 깃발을 뽐내며 남의 뼈를 깎고 피를 빼앗아 그 백성을 창백하게 하고 제 배를 불리는 자를 열린 눈으로 두루 보자면 곧 한낱 모기이다." 이옥,《백운필》,〈오뉴월의 벌레들〉

파리, 모기 같은 벌레들 이야기는 고스란히 백성을 괴롭히는 탐관오리와 거만한 양반으로 바꿔 읽힌다. 이렇듯 소재가 달라지면 글쓰기도 달라진다. 그리고 달라진 글쓰기에서는 양반의 허식에 찬 도덕경이 아니라 하찮은 모기에서도 허울뿐인 벼슬아치를 읽어내고 비판하는 백성의 날카로운 눈이 나타나는 것이다.

또한 소재가 달라지면 자연스럽게 문체도 달라질 수밖에 없다. 어떤 것을 묘사할 때 딱딱하고 밋밋한 문체가 아니라 생생하고 발랄한 문체가 더 어울리는 것처럼. 〈벼룩을 읊은 부〉의 한 대목을 보자. 벼룩이 따끔, 이 선생을 무는데 그때 이 선생의 반응이다.

마치 은바늘로 터진 솔기를 꿰매는 듯
재빨리 살갗을 파고드는데,
장미꽃에 잘못 부딪혀
붉은 가시에 살갗이 찔린 듯
피와 신경이 놀라고 자지러져
사람으로 하여금 배겨내지 못하게 한다.

이에 손톱으로 쳐 누르자
튀는 듯한 소리가 났다.
그 창자는 볼 수 없고
다만 한 떨기 복사꽃 같은 피가 보였다.

이옥, 《경금소부》, 〈벼룩을 읊은 부〉

마치 눈으로 보는 듯 섬세한 묘사가 아름답기까지 하다. 대체 저 거대한 우주의 움직임, 성리학의 위대한 담론에 비추어 볼 때 벼룩에게 물리는 순간의 이 자세한 설명이 무엇에 필요하단 말인가? 하지만 거꾸로 실제로 벼룩에게 따끔 물렸을 때 누가 세상의 거대한 움직임이나 담론을 떠올릴까. 그냥 "앗, 따가워!"라던가, "이놈의 벼룩!" 하고 욕을 하게 되겠지. 그러므로 그것이 훨씬 현실에 가까운 문장인 것이다.

또한 '반복과 고조'의 문체도 자주 쓰인다. 《연경》의 한 대목을 보자. 《연경》은 '담배의 경전'이라는 제목 그대로 담배를 재배하는 방법부터, 사용법, 원산지, 담배 피는 도구, 잘 피우는 법, 효과와 성질 들까지 '담배의 모든 것'을 다 다룬 책이다. 심지어 〈담배 피우기 좋을 때〉도 목록에 있는데, 과연 그때가 언제일까?

이 선생은 말한다.

"달빛 아래에서 좋고, 눈 속에서 좋고, 빗속에서 좋고, 꽃 아래에서 좋고, 물가에서 좋고, 누각 위에서 좋고, 길 가는 중에 좋고, 배 안에서 좋고, 베갯머리에서 좋고, 변소에서 좋고, 홀로 앉아 있을 때 좋고, 벗을 마주 대할 때 좋고, 책을 볼 때 좋고, 바둑을 둘 때 좋고, 붓을 잡았을 때 좋고, 차를 달일 때 좋다오."

반복되는 이미지 속에 왠지 담배 피우는 것이 은근히 낭만인 것처럼 느껴지게 만든다.

그럼 시집인 《초사》를 읽는 것은 언제, 어디가 가장 좋을까? 이 또한 이 선생은 말한다.

"나뭇잎이 떨어지는 한밤중이나 달 밝은 밤, 서리 내린 새벽, 해질 무렵, 벌레 우는 때, 기러기 우는 때, 꽃이 떨어지고 소쩍새가 우는 밤이 읽을 만한 때이며, 백 척의 높은 누각, 낙엽 진 나무 아래, 졸졸 소리가 나는 작은 시냇가, 국화가 피어 있는 곳, 대 있는 곳, 매화 곁, 여울에 거슬러 올라가는 배 안, 천 길의 석벽 위가 읽을 만한 곳이지요."

그야말로 시집도 시집이지만, 시집을 읽는 분위기를 기막히게 좋게 만드는 대답이다.

심지어 "~이 없을지언정 ~이 없을 수 없다"를 무수하게 반복하는 〈주자의 글을 읽고〉를 보자. 이 글은 제목 그대로 주자의 글을 읽고 쓴 독후감이다. 이옥은 주자의 글을 "참되고, 순수하고, 담박하고, 힘이 두텁다"고 인정하면서 "주자에 앞서 주자만 한 이가 없고, 주자의 뒤에 또한 주자가 없을 수 없다"고 말한다. 그리고 이런 말을 덧붙인다.

"보통 사람의 일상생활에서 오나라 미인과 한나라 궁녀는 없을지언정 (함께 일해 줄) 힘센 계집종은 없을 수 없고, 주 목왕의 여덟 명마와 한 무제의 힘센 맹수는 없을지언정 (밭을 갈아 줄) 늙은 암소는 없을 수 없고, 상서로운 보리와 신비한 풀은 없을지언정 (끼니를 잇는) 쌀과 소금은 없을 수 없고, 예리한 창과 보배로운 검은 없을지언정 (연장으로 쓰는) 도끼와 삽은 없을 수 없고, 전설의 새와 흰 사슴은 없을지언정 (양식이 되는) 닭과 돼지는 없을 수 없고, 고전과 선문은 없을지언정 (기본이 되

는) 주자의 글은 없을 수 없을 것이외다." 이옥, 《문무자문초》, 〈주자의 글을 읽고〉

　여기서 주자의 글은 힘센 계집종, 늙은 암소, 닭과 돼지 같은 것과 동일한 무게로 올라가 있다. 그만큼 일상에서도 중요하다는 것이겠지만, 거꾸로 그런 일상들 또한 주자의 글만큼이나 중요하다고 말하고 있는 셈이다. 성리학의 교주 주자를 이렇게까지 자연스럽게 바닥으로 끌어내리는 것도 이옥이나 되니 할 수 있으리라.
　이렇듯 평범한 묘사도 반복되고 적절한 비유로 쓰이면 글쓴이의 뜻이 스리슬쩍 멋지게 드러나는 글이 된다. 소품이란 바로 이런 것이다. 새로운 소재를 새로운 문체로 써서 바로 지금, 여기의 생생하게 살아 있는 글을 쓰는 것.
　하지만 여기에 꼭 빠질 수 없는 중요한 것이 하나 더 남았다. 바로 새로운 '말', 곧 당대의 언어이다. 새로운 소재를 어려운 한자말이 아니라 지금 우리 나라 사람들이 쓰는 말로, 곧 토박이말로 써야만 비로소 진정한 현재의 글이 되는 것이다.
　앞서 아직 살피지 않은 《이언》의 〈세 번째 어려움〉을 보자.
　이옥의 글에는 이언, 말 그대로 토속어가 숱하게 등장한다. 제목부터 이언(사투리)이지 않은가. 이옥 산문이 지닌 값진 성과의 하나로 당시 사용하던 우리 말을 풍부하게 채록한 것을 드는 것도 다 그래서이다. 이옥은 물고기 이름을 쓸 때 한자로 '추어'라 하지 않고 '미꾸라지'라 하고, '자하'라 적지 않고 '곤쟁이'라 부르며, 매도 '각응'이라 하지 않고 '보라매'라 하였다. 콩도 쥐눈이콩이니, 청태콩이니 자연스럽게 섞어 쓴다. 그렇게 이옥은 거듭 우리 말을 써야 한다고 강조하는 것이다.

하지만 그것을 두고 오히려 사람들은 흠을 본다. 어찌 귀한 한자 이름을 두고 천박한 토박이 이름을 쓰느냐며 수군거리는 것이다.

"이것 보게, 이 선생.《이언》을 보니 나오는 옷이나 음식, 그릇 같은 여러 물건들을 본래 한자 이름으로 부르지 않고, 망령되이 자기 마음대로 토박이말을 써서 나타내더구먼. 참으로 주제넘고, 괴팍하고, 촌스러워서 읽다가 내가 아주 참담해졌다네."

하지만 이옥은 거꾸로 대체 왜 우리가 쓰는 물건에 중국 이름을 붙여야 하느냐고 묻는다. 그냥 쉽게 '돗자리' 하면 되는 것을 한자로 '석席'이라 하고, '종이' 하면 될 것을 '지紙'라 하며, '붓'은 '필筆'이라고 하는 것이 무슨 의미가 있단 말인가. 중국 사람들이야 마땅히 그렇게 부르겠지만 우리야 멀쩡하고 뜻도 잘 통해 "그 이름으로 부르면 세 살 먹은 어린아이도 환히 알고도 남는" 우리 말을 두고 왜 중국 한자말을 써야 하는가? 그게 과연 옳은 일일까? 이옥은 다음 예를 들어 절대 아니라고 고개를 젓는다.

옛날에 어떤 원님이 아전에게 장에 가서 제사에 쓸 물건을 사오게 하였다. 아전이 장부를 바탕으로 제사 물건들을 다 사들였다. 다만 법유法油라는 것만은 무슨 물건인지 알지 못했다. 기름 파는 남자에게 물어보니, "우리는 참기름과 등잔 기름, 두 가지만 쓴다오. 법유라니, 듣도 보도 못했소" 하는 것이었다. 결국 아전은 법유를 사지 못하고 돌아왔다. 끝내 그 법유가 등잔 기름인 줄 알지 못했던 것이다. 이것은 등잔 기름을 법유라고 한자로 말한 원님의 잘못이지 결코 아전과 기름 파는 남자의 잘못이 아니다. 이옥, 《이언》, 〈세 번째 어려움〉

그러므로 이 선생은 말한다.

"그런데도 내가 무엇이 두려워 수많은 우리 토박이말 이름들을 내버려 두고 쓰지 않겠소? 오히려 반드시 토박이말을 써야 옳지. 내 어찌 촌스러워서 그랬겠소? 괴팍하여 그랬겠소? 주제넘어서 그렇게 쓴 것이겠냔 말이오!"

그리고 중국 사람들조차 우리가 만든 한자를 썼다며 당당히 이렇게 덧붙인다.

"그대가 나를 참람하다고 하니 내 그 참람함을 피하지 않고 큰 소리로 말하리다. 일찍이 중국 문헌인《강희자전》을 보니 '늑玏' 자가 실려 있는데 조선 종실의 이름이라 하였고, 또 '답畓' 자가 있는데 고려 사람들이 논을 일컫는 말이라 하였소. 우장주尤長洲, 여러 나라의 풍속을 담은《외국죽지사》백여 편을 쓴 중국 문인의 악부에도 우리나라 속어들이 아주 많이 실렸다오. 그것을 정녕 모르시오?"

여기서 늑과 답은 모두 중국 한자에는 없는, 우리 나라 사람들이 '만든' 한자이다. 중국 한자로는 도저히 우리 뜻에 정확히 맞는 말을 찾을 수가 없으니, 스스로 글자를 만들어서 말뜻을 제대로 밝히려 한 것이다. 그래서 중국에서조차 그 뜻을 높이 사 조선 사람들의 글자라고 책에 올렸다는 말이다.

"그러니 그대는 두고 보시오. 훗날 중국에서 널리 채집하는 자가 있어 내가 부른 토박이말 물건 이름들을 기록하고 주석하기를, '아, 조선의 경금자綱錦子가 말한 것이로다' 할 것이오! 아무렴, 그렇고말고. 껄껄껄."

여기서 경금자는 이옥의 호인데, 경綱은 홑옷을, 금錦은 비단을 뜻한다. 곧 화려한 비단옷을 가리려고 그 위에 홑겹 옷을 덧입는다는 말로, 타고난 뛰어난 재주를 숨기고 겉으로 드러내지 않는 것을 말한다. 하지만 그렇다고 안에 든 빛나는 비단이 한 겹 홑옷으로 온전히 다 가려질 수는 없다. 홑겹 옷을 벗는 순간 비단옷은 더더욱 멋지게 드러날 것이다. 비록 지금은 벌을 받고, 꼴찌로 밀려 나고, 아무것도 이루지 못한 것처럼 보일지라도.

그래서 거침없이 껄껄껄 웃으며 이옥은 말하는 것이다. 두고 보라고. 나중에 멀리 중국에서까지 토박이말을 제대로 기록한 나를 귀하게 기억하고 그 밑에 주석을 달기를 "조선의 경금자가 말한 것이로다" 할 것이라고. 그만큼 우리 말에 자신 있다고. 그렇게 호탕하게 웃음을 터뜨리며 이옥은 모든 비난을 멋지게 미끄러뜨려 버리는 것이다.

그렇다. 여기 한 사내가 있다.

문장이 뛰어나고 재주가 멋져 마치 붓이 달리는 듯 글을 써냈다. 하지만 거대한 정치 이야기보다는 작은 나무, 예쁜 꽃, 먹는 곡식

이야기를 하기 좋아했고, 반드시 정의롭고 예의 바르게 써야 할 문체 대신에 농담하고, 되풀이하고, 비웃고, 따끔해하는 문장들을 쓰면서 감정을 있는 그대로 드러내는 것을 좋아했다. 그러면서도 그 안에 가장 중요한 것을 담아냈다. 바로 당대의 문장을, 당대의 감성을, 그때 당시의 가장 개성적인 글쓰기를.

그것은 마치 향기를 토하는 먹과도 같았다. 한껏 취해서 토하는 시와도 같았다. 천지만물의 감성, 가장 작은 것의 외침, 가장 핍박받는 여인의 사랑. 그 모든 것을 다 받아들여 흔연히 취해 버린 시인이, 결국 그 모든 이야기를 다시 밖으로 토해 내 쓸 수밖에 없는 것이었다. 그야말로 가장 작고 천대받는 이야기여서 가장 멋지고 위대해지는 소품의 극치.

이옥에게 글은 '멋진' 것이었다. 멋지고 또 멋져서 끝내는 저절로 토해 쓸 수밖에 없는 것이었다.

같은 시대, 다른 생각, 다른 문체

한 시대가 있었다.

그리고 그 시대를 함께한 세 사람이 있었다.

한 사람은 임금이요, 또 한 사람은 당대를 울린 문장가, 또 한 사람은 그저 이름 없이 초야에 묻혀 살다 간 선비였다. 그러나 그들은 자신들의 시대를 자신들의 방법으로 가장 치열하게 살다 갔다.

시대는 흐르고 있었다.

정조는 그 흐름을 거스르려 하였다. 성리학이라는 얼음 갑옷을 입고 문체반정이라는 칼을 휘두르면서. 그러나 시대의 뜨거운 강 속에서 얼음 갑옷은 이내 산산이 녹아서 사라져 버릴 것이었다. 그래도 정조는 끝까지 그 무거운 얼음 갑옷을 결코 벗지 않았다. 그것이 자신이 믿는 '바름'이었으므로.

박지원은 그 흐름의 정점에 조용히 서 있었다. 아니, 눈을 부릅뜨고 제자리에 서서 누더기를 걸친 채 '살아 있는' 햇빛을 즐겼다. 그것만으로도 시대는 요동을 쳤다. 그래도 박지원은 끝까지 결코 흔들리지 않은 채, 자신의 눈으로 살아 꿈틀거리며 바뀌는 시대를 똑똑히 지켜보았다.

이옥은 기꺼이 그 흐름에 몸을 맡겼다. 굳이 맞서지도, 조급하게 재촉하지도 않았다. 있는 그대로 자연스럽게 함께 흐르면서 다만 자신이 갖고 있는 뜻만은 결코 놓치지 않았다. 그래서 언젠가 허름한 홑옷이 쓸려가는 날, 진정으로 '멋진' 비단옷의 가치가 드러날 것을 믿었다. 그때까지는 그저 세월과 함께 흐르면 그만이었다.

과연 이 세 사람 중에 누가 옳았는지를 따지는 일은 무의미하리라. 다만 그들이 저마다 자기들의 시대를 가장 치열하게 살아갔음을 기억해야 할 것이다. 고전과 소설이 충돌하고, 나라와 개인이 부딪치고, 이성과 감성이 마주치던 때. 그러면서 세상이 조금씩조금씩 근대로 나아가는 때. 그렇게 새로운 세기가 시작되기 바로 직전인 그때를, 가장 치열하게 살아갔음을.

언제나 바름을 앞세웠던 반듯한 정조도, 어떤 일이나 유연하고 자유로웠던 연암도, 늘 작디작은 것에 마음을 두었던 멋진 이옥도 모두 자기들의 시대에서 가장 열정을 다해 할 수 있는 일을 하였고, 지킬 수 있는 것을 지켰다. 그렇게 반듯하고, 자유롭고, 멋진 이들이 있어서 우리는 그 시대를, 그 시대의 온기와 의미를 기억하는 것은 아닐까.

얼음 갑옷을 입은, 반듯한 정조.
누더기를 걸친 채 햇살을 즐기는, 자유로운 연암.
허름한 홑겹 옷 사이로 빛나는 비단옷을 내비치는, 멋진 이옥.

그렇게 같은 시대, 다른 문체, 뜨거운 세 사람을 만나는 것만으로도 우리는 그 시대와, 그 시대 사람들의 생각과, 또한 이루지 못한 꿈을 기억하는 것은 아닐까. 그리고 그 꿈은, 지금도 여전히 우리에게 의미를 전해 주고 있는 것이다.

나가는 글

문체가 차이와 차별을 불러올 때 어떻게 해야 할까요? 당연히, 바꿔야 합니다. 어떻게 바꾸냐고요? '바르게.' 정조만 문체반정을 할 것이 아니라 우리도 문체반정을 해야 합니다. 차별과 불평등을 불러오는 문체가 아니라 공평함과 평등을 일으키는 문체로 반정, 바르게 바꾸어야 하는 것입니다.

지금까지 조선 시대에 일어난 문체반정 이야기를 해 보았습니다. 그 시대가 어떤 시대였으며, 문체반정이 왜 일어났는지, 또 결과는 어찌 되었는지 흐름을 따라 쭉 왔지요. 이제는 지금, 여기, 바로 '우리'의 문체 이야기를 해야 할 때가 되었습니다.

아, 그런데 가장 중요한 질문을 먼저 하나 던져 볼까요?

문체란, 과연 무엇일까요?

사람에게는 누구나 고유한 말투가 있습니다. 부드럽게 조근조근 설명하는 말투도 있고, 또박또박 따지며 가르치는 말투가 있는가 하면, 유난히 거칠게 욕을 섞어 하는 반말투도 있고, 토박이말을 섞어 구수하게 푸는 사투리 말투도 있을 것입니다. 말투에 따라서 그 사람의 첫인상도 달라지고, 상대를 대하는 태도도 달라지죠. 말투는 그 사람만이 지니는 특성이자 개성이며, 남을 향해 보여 주는 또 다른 자신의 모습인 셈입니다.

그처럼 글에도 자기의 '투'가 있습니다. 화려하게 이야기를 전개하는 만연체, 짧고 담백하게 뜻을 표하는 간결체, 문장을 우아하고 부드럽게 만드는 우유체 들처럼 같은 내용을 쓰더라도 어떤 문체로 쓰느냐에 따라 전하는 바는 크게 달라집니다. 말에 나타난 특성이 말투라면, 이렇듯 글에 나타난 특성은 '글투'입니다. 그렇게 저마다 다른 글투가 바로 문체인 것이지요.

좀 더 정확한 뜻을 알아보기 위해 국립국어원 《표준국어대사전》을 살펴보았습니다.

> 문체 : 문장의 개성적 특색. 시대, 문장의 종류, 글쓴이에 따라 그 특성이 문장의 전체 또는 부분에 드러난다.

그냥 데면데면한 설명입니다. 그런데 대체 이런 문체가 뭐가 그리 중요해서 정조는 문체가 바뀌면 세상인심도 바뀌고, 도도 바르게 선다고 하였을까요? 문체의 어떤 힘 때문에? 정조는 바로 그것이 고전의 힘이라고 말했지요. 도를 말하고 도를 가르치는 고전 시가 사람들을 바르게 가르쳐서 그런 것이라고요.

하지만 그건 18세기 국왕의 생각이고, 우리는 우리 생각을 좀 더 넓혀 보지요. 답은 위에서 인용한 국어사전 풀이말에 다 나와 있습니다. 문체의 뜻 그대로 "시대, 문장의 종류, 글쓴이"가 드러나기 때문에 그런 것이지요.

첫째, 문체에 당시 '시대'가 드러난다는 것은 지극히 당연한 말이니 따로 설명을 붙이지는 않겠습니다. 다만 시대에 따라 문체도 함께 변해 왔음을 기억하였으면 합니다.

둘째, 문장의 '종류'가 드러난다는 것은 그 시대의 경향이나 유행이 드러난다는 말과 같습니다. 곧 그때 유행하던 새로운 글들, 당시 사람들이 좋아하고 자주 쓰는 글의 방향이 드러난다는 말이지요. 조선 시대라면 자유로움을 노래하는 소설이나 소품이 있겠고, 지금이라면 인터넷 게시판이나 트위터의 글들까지 포함해서 생각할 수 있겠습니다. 조선 시대에 소설을 비롯해 판소리나 잡가, 사설시조가 나타나면서 문체가 크게 변했듯이, 인터넷이나 휴대전화, 전자 기기가 발달하면서 요즈음 시, 소설, 수필, 전 장르에 걸쳐 나타나는 짧고 가볍고 톡톡 튀는 문체는 확실히 지금 이 시대가 어디로 흐르는지를 잘 보여 주는 좋은 잣대입니다.

셋째, '글쓴이'가 드러난다는 것은 곧 사람이 드러난다는 뜻입니다. 바로 그 시대를 사는 그때 그 사람들이. 글쓴이는 자기 시대 사람들을 주인공 삼아 그 시대 생생한 삶의 모습을 고스란히 문체에 담아 나타내니까요.

결국 문체에는 그 시대가, 그 시대의 경향이, 그 시대의 사람이 드러난다고 할 수 있습니다. 곧 그 시대의 '현실'이 고스란히 드러난다는 말이지요. 그러므로 문체를 바꾼다는 것은 다른 무엇도 아닌, 현실을 바꾼다는 것과 같은 뜻이 됩니다.

문체를 바꾼다는 것은 곧 현실을 바꾼다는 것.

그래서 그토록 정조는 문체를 바꾸려 했는지도 모르겠습니다.

하지만 그러면 바로 되묻겠지요.

"애개, 현실은 현실이고 문체는 문체지. 그깟 문체 조금 바꾼다고 이 퍽퍽한 현실이 바뀌겠어? 웃기지 마."

그렇지요. 아무리 말이 그럴듯해도 곰곰 생각해 보면 지나치다고 느껴집니다. 겨우 문체 좀 바뀐다고 현실이 바뀌다니, 무슨 그런 과장된 말을 할까요! 아니, 솔직히 말해서 문체를 바꿔 쓴다고 밥이 나오나요, 떡이 나오나요. 당장 물가라도 내려가고, 하늘 높은 줄 모르고 치솟는 전셋값이라도 떨어지나요?

문체가 바뀌는 것으로는 그 무엇도 할 수가 없습니다. 차라리 공장에 가서 일을 하고, 밤새 부업이라도 해서 돈을 버는 것이 낫지요. 그래야 먹을 것도 사고, 입을 옷도 사고, 잘 곳도 마련하지 않겠습니까. 달랑 문체 하나 고치는 것이 대체 무슨 소용이 있나 싶지요. 솔직히 보통 사람들은 문체고 뭐고 아예 글을 쓰는 일조차 거의 없으니까요. 그러니까, 그깟 문체 조금 바뀐다고, 이 퍽퍽한 현실이 뭐 얼마나 바뀌겠는가 싶은 것입니다.

그렇다면 잠시 이런 생각을 해 볼까요? 복잡한 얼개 다 빼고 가장 단순한 가정을 해서 문제를 한번 새롭게 살펴보자는 말입니다.

여기 평범한 한 사람이 있습니다. 어느 날 이 사람이 배가 살살 아파서 병원에 갔더랬지요. 그런데 진찰을 한 의사가 이렇게 말했다고 생각해 보자고요.

"어머, 환자분, 부주의하게 스포일드 푸드(spoiled food)를 먹어서 다이어리어(diarrhea)가 생겼군요."

뭐라? 스포일드 푸드? 다이어리어?

"창구에서 앱스트런트(obstruent) 받아 가세요."

앱스트런트으?

여기서 스포일드 푸드는 상한 음식을, 다이어리어는 설사를, 앱스트런트는 설사약을 이르는 영어입니다. 결국 "상한 음식 먹고 배탈이 났으니 설사약을 주겠다"는 간단한 말을 저렇게 영어를 섞어 정체불명의, 알아들을 수 없는 말로 한 것이지요. 이옥이 좋은 우리 말을 내버려 두고 왜 자꾸 돗자리를 석이라 하고, 종이를 지라 하느냐고 목청을 높인 것이 이해가 갑니다.

물론 이 경우는 조금 과장된 것입니다. 하지만 병원이나 법원 같은 곳에 가면 대부분 느끼겠지만, 쉬운 단어조차 저렇게 영어나 전문 용어를 써서 알아듣지도 못하게 말하는 사람들을 자주 만날 수 있습니다. 일반 사람들 앞에서는 일부러 더욱 혀가 꼬부라지게 외국어를 쓰는 사람도 숱하게 많지요.

대체 저들이 쉬운 일상용어를 두고 왜 그렇게 자기들만 아는 전문 용어를 쓰려고 고집하는 것일까요? 한마디로, '있어 보이기' 때문입니다. 그래야 '배운 티'를 낼 수 있기 때문이지요. 보통 사람들이 쓰는 말을 그대로 쓰면 자신들이 많이 배우고, 많이 안다는 것을 결코 드러낼 수가 없습니다. 그래서야 의사로서 권위도 안 살고, 품위도 없어 보이고, 재물도 잘 안 따르지요. 무조건 자신이 많이 배우고 똑똑하다는 것을 내세워야 하는데, 그럴 때 가장 간단하고 효과 있는 방법이 바로 저런 말투를 쓰는 것입니다.

그래서 이런 의사의 말투가 그대로 글에도 옮겨져 문체가 된다고 해 보지요. 그것도 사회를 지배하는 아주 기본 문체가. 어떤 일이 벌어질까요? 마치 조선 시대에 한문을 아는 양반만이 귀족이 되고 지배층이 되었듯이, 그때 그 한문처럼 지금 외국어가 뒤섞인 이 국적 없는 말들이 세상을 지배하는 문체가 된다면? 과연 어떤 일이 벌어질까요?

가장 먼저는 엄청난 '격차'가 생길 것입니다. 많이 배워서 그 말을 아는 사람과, 배우지 못해 그 말을 모르는 사람 사이의 커다란 격차가. 또한 구분이 생기고, 차별이 생길 것입니다. 돈이 많아서 마음껏 배울 수 있는 사람과, 가난해서 학교 근처에는 가 보지도 못한 사람 사이의 구분이. 그래서 온갖 높은 자리에서 권력을 휘두를 수 있는 사람과, 그 밑에서 끝없이 착취당해야 하는 사람 사이의 차별이. 수백 년 전 조선 시대의 사농공상, 임금과 귀족과 노비의 계급이 여전히 이 시대에도 존재하게 되는 것입니다.

결국 그 단어를 아는 자, 배운 자, 가진 자들만이 그 말을 안다는 이유만으로 힘(권력)을 가지게 되고, 그 말을 모르는 서민들, 못 배운 사람들, 가난한 민중들은 간단한 설사약조차 엄청나게 귀한 약인 줄 알고 받아먹는 세상이 되고 맙니다. 문체가 힘 있는 소수만의 것이 되면서 세상은 그만큼 불평등하고, 불공평하며, 차별이 심하고 계층이 나뉘는 곳이 되고 마는 것입니다. 말과 글은 그렇듯 은연중에 세상을 바꿉니다. 그것이 바로 말의, 그리고 글의 힘인 것이지요.

그렇다면 어떻게 해야 할까요? 문체가 저렇게 차이와 차별을 불러올 때 우리는 대체 어떻게 해야만 할까요? 당연한 말이지만, 바꿔야 합니다. 바꿔서 그 모든 차별과 격차를 깨끗이 몰아내야만 하는 것입니다.

어떻게 바꾸냐고요? 또한 당연한 말이지만, '바르게.' 정조만 문체반정을 할 것이 아니라 우리도 문체반정을 해야 합니다. 차별과 불평등을 불러오는 문체가 아니라 공평함과 평등을 일으키는 문체로 반정, 바르게 바꾸어야 하는 것입니다.

그러면 또 묻게 되겠지요. 대체 그놈의 '바른 문체'는 무엇인가? 하고요.

정조의 바른 문체는 기울어 가는 조선 왕조를 지키려는 유교의 세계관을 담은 고전 문체였습니다. 그러나 지금 이 시대의 바른 문체는 결코 그런 것이 아님을 우리는 이미 잘 알고 있지요.

그렇다면 과연 무엇이 바르고 좋은 문체일까요?

답은 참으로 쉽습니다. 이미 모두 그 답을 알고 있습니다. 다만 너무 쉬워서 잊고 있을 뿐. 바로 '말하듯이' 쓰는 것. 그렇습니다. 그것이 바로 가장 중요한 답입니다.

말하듯이 쓰는 것이 왜 좋은 문체냐고요? '정직하기' 때문입니다. 생각해 보세요. 앞서의 의사조차 집에서 다이어리어나 앱스트런트를 입에 달고 살지는 않을 것입니다. 만약 자기 아이가 아파서 울고 있다면 "아이고, 우리 아가, 아파서 자꾸 설사하는구나. 약 줄게 먹고 코~ 자자" 그러겠지요. 우는 아기에게 대고 "너는 왜 스포일드 푸드를 먹어서 다이어리어나 하고 있니?" 하고 핀잔을 줄 부모는 결코 없습니다. 만약 집에서 그렇게 말한다면, 밖에 나와서도 당연히 그렇게 말해야 합니다.

그러므로 말과 글을 일치시켜 쓰는 일은 참으로 중요합니다. 꾸밈이나 허식이 없이, 자기 지식을 자랑하거나 지식으로 무언가를 얻으려는 것 없이, 그저 있는 그대로 솔직하게 말하듯이 글을 쓰면 누구나 다 이해할 수 있게 됩니다. 누구나 다 함께 그 뜻을 나눌 수 있습니다. 그것이야말로 가장 좋은 글인 것이지요.

게다가 말하듯이 글을 쓰는 것의 또 다른 좋은 점은 누구나 다 "함께할 수 있다"는 것입니다. 꼭 많이 배워야만 글을 쓰고, 꼭 많이 알아야만 멋진 글이 나오는 것은 아닙니다. 말은 누구나 편하게 하지 않던가요? 많이 배운 학자라고, 못 배운 노동자라고 더 잘하거나 더 못할 것이 없습니다.

흔히 말은 어찌어찌 해도 글은 정말 못 쓰겠다는 말을 많이 하지만, 그건 말과 글이 일치할 때 가장 좋다는 것을 잊고 있기 때문에 그런 것입니다. 많이 배운 학자도, 일하는 노동자도 그저 편하게 늘 평소처럼 말하듯이 쓰면 그게 가장 좋은 글이 됩니다. 그 글에 진심만 담긴다면 그것으로 이미 충분한 것이지요. 그렇게 누구나 다 함께 자기 뜻을 전할 수 있고 나눌 수 있다면, 그런 때에야 비로소 세상은 좀 더 평등하고, 좀 더 아름다워지는 것이 아닐까요?

"일하는 사람들이 글을 써야 세상이 변한다."

그런 말이 괜히 나온 것이 아닙니다. 일하는 사람들이 글을 쓸 수 있다는 건 누구나 다 글을 쓸 수 있다는 뜻이고, 누구나 다 글을 쓸 수 있다는 건 차별이나 구분이 없는 평등한 세상에 좀 더 가까워졌다는 뜻이니까요.

그리고, 그렇게 문체를 바꿔서 세상을 좀 더 평등하게 바꾸는 것은 결국 평범한 우리들 몫입니다. 왜냐고요? 우리가 바로 문체의 '주인'이니까요. 한 시대가 언제나 왕의 것이 아니라 민중의 것이었듯, 문체도 왕이나 대통령, 소수 권력층의 것이 아니라 대다수 평범한 민중의 것이요, 서민의 것입니다. 그러므로 문체의 주인인 우리가 스스로 문체반정을 이루어야 합니다. 새로운 문체, 새로운 변혁을 일으켜야 하는 것이지요.

흔히 혁명이 일어날 때 '문체 혁명'도 함께 일어난다는 말을 합니다. 격변하는 정치 흐름과 알게 모르게 바뀌는 문체를 같은 선상에 두는 이 말은 얼핏 동조하기가 힘들지요. 하지만 찬찬히 둘러보면 얼마든지 그런 예를 찾아볼 수 있습니다.

이를테면 중국 위진남북조 시대를 볼까요? 그 시대를 숱한 왕조가 나타났다 사라지는 혼돈의 시기로 보는 사람도 많지만, 거꾸로 보자면 그 시대는 전한과 후한 400년 동안 이어져 내려온 '유교'라는 억압된 굴레를 깨부수고 벗어나려는 저항의 시기라고도 볼 수 있습니다. 그래서 굉장히 파격적이면서 역동적이고 자유로운 시기이기도 합니다.

이에 맞추어 문체도 변합니다. 글 쓰는 방식이 옛날과는 아주 달라지는 것이지요. 어려운 말로 아무 내용도 없이 형식적인 미사여

구만 늘어놓던 시가, 쉽고 단순하여 모든 사람들이 알아듣는 시로 바뀐 것입니다. 그리고 그렇게 바뀐 문체는 비로소 사람들과 소통하며 새로운 세상을 꿈꾸게 하지요. 글이 드디어 힘을 가지게 되었다고 할까요.

예를 들어 봅시다. 당시 위나라 승상 조조의 아들 조비는 권력을 잡은 뒤 동생 조식의 재주를 탐내 죽이려 합니다. 그때 조식이 짓는 시가 바로 일곱 걸음 만에 썼다는 '칠보시'지요.

"콩깍지를 태워서 콩을 삶으니, 콩이 솥 안에서 눈물 흘리네.
본래 한 뿌리에서 태어났건만 들볶는 것이 어찌 그리 심한가."

형제를 죽이려 하는 형의 포악함을 솥에서 삶는 콩깍지에 비유해 나타낸 것입니다. 이에 조비는 동생을 죽이는 것을 포기합니다. 이 시가 어렵거나 뜻을 모르겠거나 하지는 않지요? 그전까지의 화려하고 현학적인 시와는 확실히 다른 모습입니다. 그러면서도 자신의 마음과 처지를 정확히 전달하고 있지요. 말하자면 이런 문체의 변화가 자유로우면서도 저항적이고, 지극히 개인을 추구하는 위진남북조 시대의 분위기와 변화에 함께한 것이지요.

프랑스 혁명 때도 비슷합니다. 흔히 영국에는 밀턴이, 이탈리아에는 단테가, 그리고 독일에는 괴테가 있다고 하지요. 하지만 프랑스로 가면 기껏해 봤자 "통속 소설을 쓴 빅토르 위고밖에 더 있느냐"고 조금은 비웃음을 담아서 말합니다. 그렇지만 통속의 입장, 곧 대중의 입장에서 보자면 빅토르 위고만큼 위대한 사람은 다시 없습니다.

위고는 민중의 언어로 민중의 이야기를 하며 민중들과 함께 프랑스 혁명의 앞길을 닦았습니다. 위고가 죽었을 때 200만 명이 넘는 사람들이 그의 죽음을 애도했다고 하지요. 그만큼 많은 사람들이 위고의 글에 큰 영향을 받았다는 말입니다. 솔직히 밀턴이나 단테나 괴테는 뛰어난 문인이기는 하였으나, 사회 변혁을 촉발하는 글을 쓰지는 못했지요. 하지만 '통속적인' 위고는 그것을 해냅니다. 글은 그렇게 큰 힘을 지니고 있습니다.

중국 혁명 전에도 문체 혁명이 일어나지요. 《아큐정전》의 루쉰이 그 혁명을 주도합니다.

러시아 혁명 때도 고골, 푸시킨으로 시작해서 도스토옙스키, 톨스토이 같은 사람이 글쓰기로 혁명을 준비합니다. 러시아 민중들이 쓰는 아주 쉬운 말로 대중에게 말을 걸고 변화를 일으키려 한 것이지요. 톨스토이가 말년에 자기의 모든 힘을 러시아 민담을 모으는 데 기울인 것도 그 때문입니다. 러시아 민중들에게 자신들이 아는 말로 자신들의 이야기를 들려주려 한 것이지요. 그렇게 함으로써 자신들이 지금 어느 위치에 있는지, 세상을 어떻게 바꿔야 하는지 알 수 있도록 말입니다. 이런 노력들이 러시아 혁명을 준비하는 밑거름이 됩니다.

우리는 흔히 무언가를 바꾸거나 개혁할 때 "천명을 받았다", 또는 "혁명을 일으켰다" 같은 말을 쓰지요. 비슷해 보이는 두 말은 그러나 전혀 다른 뜻을 지니고 있습니다.

천명은 대개 왕이나 천자, 영웅 들이 받습니다. 왕은 하늘의 자식이라거나, 하늘이 내려준 최고의 영웅 같은 말들은 다 이 천명을 받아 세상을 바꾸는 사람들을 일컫는 말입니다. 이때의 천명은 하늘 천天을 써서 사람이 바꿀 수 없는 절대적인 운명을 뜻하지요.

그런데 그런 것을 사람이 고칠 수 있다, 바꿀 수 있다, 그렇게 보는 것이 바로 혁명입니다. 여기서 혁은 가죽 혁革을 씁니다. 가죽은 그냥은 쓸 수 없고 꼭 사람이 손질을 해서 써야 하지요. 곧 천명을 손질할 수 있다, 천명을 바꿀 수 있다, 그것이 바로 혁명인 것입니다.

천명에 가까웠던 정조는 문체를 바꾸려 하였지요.

그것이 학자의 양심이었든, 정치가의 승부수였든, 군왕으로서 신념이었든, 문체를 바꾸려는 시도를 하였고, 사실 그 시도는 무의미했습니다. 문체라는 것이 임금 한 명이 바꿀 수 있는 것이 결코 아니니까요. 정조가 그토록 지키려 했던 고전 문체는 사양길로 사라지고, 문체는 자연스럽게 흘러 지금의 문체로 발전해 왔습니다. 심지어 한문은 이제는 문서에서나 존재할 뿐, 거의 아무도 쓰지 않지요. 암글이니 언문이니 손가락질 받던 한글이 모든 것을 주도하고 문체를 이끌어 갑니다.

그렇게 바꾼 것이 누구던가요?

바로 가죽을 손질할 수 있는 사람들, 천명조차 손질하여 역사를 바꾸는 사람들, 곧 평범한 보통 사람들입니다. 그 시대를 살아간 가장 평범한 보통 민중들이 그렇게 바꾼 것입니다. 소설을 읽고 그 소설이 그려 낸 평등한 세상을 꿈꾸었던, 판소리와 잡가를 들으면서 그 생생하게 살아 있는 우리 말에 울고 웃었던, 억압된 체제 속에서도 부글부글 끓어오르며 뜨겁게 자유의 뜻을 키워 왔던 바로 그 사람들이 조금씩 문체를 바꿔 좀 더 우리 말에 가깝게, 좀 더 평등하게, 좀 더 올바르게 만들어 온 것입니다.

하지만 우리 시대 문체는 아직도 완성되지 않았습니다. 모두가 평등한 대동 세상이 아직 오지 않았듯이. 우리는 아직도 온전히 완벽한 백성의 나라, 민중의 나라를 이루지 못했습니다. 그저 그곳으로 가는 길의 한 과정에 있을 뿐이지요. 어쩌면 그 길의 끝은 영원히 꿈으로 남을지도 모르겠습니다. 그래도 끝까지 그 꿈을 향해 달려가는 것, 끝까지 포기하지 않고 꿈을 이루고자 노력하는 것, 그것에 의미가 있는 것이 아닐까요.

그러므로 우리는 끊임없이 우리의 문체반정을 해야 합니다. 조금씩 문체를 바꾸고 현실을 바꾸어, 좀 더 평등한 세상, 좀 더 올바르고 아름다운 세상으로 나아가야 하는 것입니다.

문체반정으로 가장 불우했다 일컬어지는 이옥은 '도'에 대해서 이렇게 말했습니다.

"도라는 것은 이 세상 전체와 함께하는 것이다. 천하에 행하였을 때 단 한 명의 백성에게라도 아주 조금이나마 해가 된다면 그것은 도라고 말할 수 없다." 이옥, 《매사첨언》, 〈축씨〉

천하 백성 단 한 명에게라도 해가 된다면 그것은 도가 아니다…….

　진정한 도라는 것은 그렇게 모든 사람들을 다 끌어안고 함께할 때 비로소 완성되는 것입니다. 그래야 비로소 변할 수 있고, 바꿀 수도 있는 것이지요. 문체도 마찬가지. 정치도, 세상도 모두 마찬가지. 단 한 사람까지 끌어안으면서 모두가 함께할 때 비로소 꿈같이 아름답고 평등한 세상을 이룰 수 있는 것입니다.
　그러므로 우리 시대 문체반정은 아직 끝나지 않았습니다.
　이제부터, 시작인 것입니다.

부록

부록1 문체반정 속 논쟁, 이동직 대 정조
부록2 바른 문체와 막된 문체, 정조 대 정조
부록3 《조선왕조실록》 속 문체반정

부록1

문체반정 속 논쟁, 이동직 대 정조

본문에서 정조가 문체반정을 일으킨 까닭을 두 가지로 살펴보았습니다. 하나는 학문적인 이유요, 또 하나는 정치적인 이유였는데요. 이 두 가지를 한꺼번에 짐작하게 하는 논쟁이 문체반정 때 있었습니다. 바로 홍문관 부교리 이동직이 정조에게 올린 상소와, 그 상소에 대한 정조의 대답입니다. 이동직의 상소는 조정 일을 말하려는 듯하다가 문체반정을 끌어와 정치 논리로 푸는 글이었고, 정조는 같은 정치 논리로 풀면서도 학자 군주답게 탁월한 지식과 아름다운 문장으로 이에 맞서고 있지요.

문체반정 속에서 과연 신하와 군주가 어떻게 부딪치고 어떻게 해결했는지 한번 살펴볼까요?

이동직의 상소는 정조가 문체반정을 선포한 10월 19일에서 불과 한 달도 채 되지 않는 11월 6일에 올라옵니다. 문체반정의 연장선에서 이 상소를 볼 수 있다는 뜻이지요.

상소의 내용은 간단합니다. 역적 신기현과, 그 역적의 아들을 과거에 합격시킨 시험관 윤영희를 벌주자는 것입니다. 그런데 여기에 채제공과, 이가환까지 함께 벌을 주자는 주장이 덧붙여지지요. 채제공은 종조카인 윤영희를 두둔하는 말을 했다가 이즈음 엄청난 비판에 시달리고 있었으니까 그렇다 쳐도, 이가환은 순전히 채제공과 가까운 '동류'라는 이유만으로 괴이한 역적 취급을 받습니다. 채제공은 남인의 영수요, 이가환 또한 대표적인 남인 학자이기는 하지만 오로지 그것만으로 역적죄를 묻기는 좀 모자란 느낌이지요.

만약에 이동직의 상소에서 이가환을 언급한 부분이 없었다면, 이 상소는 그저 흔한 상소문의 하나가 되었을 것입니다. 하지만 이가환과 그의 문장을 언급하면서 이동직의 상소는 문체반정의 논쟁거리가 될 만한 단서를 남기게 됩니다.

과연 이동직이 뭐라고 말했는지 상소부터 살펴볼까요? 이동직은 먼저 정조가 천하의 역적들을 너무나 쉽게 용서하고 벌을 주지 않는다며 불만을 털어놓습니다.

"언관들이 고발하는 여러 역적들은 모두 다 하늘과 땅 사이에서 잠시도 숨을 쉴 수 없는 악독한 자들입니다. 그런데도 전하께서는 여러 사람들의 청을 듣지 않고 한결같이 모두 용서해 주기만 하십니다. 그 때문에 역적의 소굴이 더욱 단단해지고 뿌리가 점점 뻗어가기만 하더니 결국 흉악한 역적 무리가 배출되기에 이르렀습니다. 악인을 치는 일이 하루가 늦어지면 의리가 하루만큼 어두워지고, 이틀 늦어지면 의리도 이틀만큼 어두워집니다. 진실로 빨리 처참한 벌을 내려 성인의 뜻을 드러내야 할 터인데, 어찌 전하께서는 여러 날을 고이 기다려도 어떤 명령조차 내리지 않으시니 이 대체 무슨 일입니까?"

그리고 역적 신기현과 그의 아들을 과거에 합격시킨 윤영희의 죄를 구구절절 늘어놓고는 "엎드려 바라건대 그들이 극악한 역적임을 분명히 밝히시고 속히 죄를 물어 벌을 주소서" 하고 청을 넣습니다. 그리고 두 역적보다 더 나쁜 배후로 채제공을 지목합니다. 이동직은 상소에서 아주 작정한 듯이 채제공을 비난하지요.

"아, 저 채제공이 군주를 저버리고 나라를 등졌으며 역적을 감싸고 악당과 무리를 이룬 죄를 어떻게 다 처벌하겠습니까. 지엄한 자리를 지척에 두고서도 조금도 주저하거나 꺼리는 기색 없이 오직 제 가진 마음이 드러나지 아니할까, 제 입지가 행여 흔들릴까, 그것만을 두려워하면서 역적을 위해 절의를 지키는 양하니, 그야말로 흉측하고 끔찍합니다."

엄청난 험담이 이어집니다. 정조가 뻔히 채제공을 아껴 정승으로 중용해 쓰고 있음을 알면서도 이토록 모욕을 주고 비난하고 있으니, 정조에

대한 공경심이 참 없는 느낌이지요.
그리고 마침내 이가환의 이야기가 나옵니다.

"또 이가환 같은 자는 채제공에게 빌붙어 그의 후원을 받아 왔으면서도 역모의 진상이 낭자하게 드러난 오늘까지 당여黨與 같은 무리의 처벌에서 빠져 있으니, 행운이라 할 것입니다. 그런데도 이가환은 외람되이 벼슬자리에 그대로 머물러 있으면서 대각의 바른 논박도 무시하고 대신들이 소를 올려 배척하는데도 아랑곳하지 않습니다. 결국에는 염치도 없이 의기양양하게 임명받은 벼슬에 부임하여 갔으니, 그 방자하고 기탄없는 것이 비록 그들이 늘 하는 버릇이라고는 해도 도무지 인간의 수치를 모르는 자들이라 하겠습니다."

이가환 또한 엄청난 비난을 받지요. 하지만 사실 이 상소에서 이가환이 등장하는 것부터 조금 어긋나는 일입니다. 채제공과 달리 이가환은 앞서 역적인 신기현과 윤영희와는 그다지 접점이 없으니까요. 그런데도 이즈음 채제공과 윤영희의 관계 때문에 이가환이 함께 동류로 몰려 비난 받는 일이 잦았습니다. 이 상소에서도 이동직이 이가환을 끌고 들어와 "인간의 수치를 모르는 것"이라고 굉장한 비난을 퍼붓고 있지요. 더욱 이상한 것은 그다음에 느닷없이 이가환의 '문장'을 들고 나온다는 것입니다.
역적죄와 문장이 무슨 관계인지는 모르겠으나, 여기서 이동직은 문장을 내세운 자신의 논리를 위해 정조의 문체반정을 대놓고 이용합니다. 곧 이가환을 탄핵하는 것이 마치 정조를 진심으로 떠받들고 정조가 펼치는 훌륭한 정책을 따르기 때문이라는 것처럼, 곧 문체반정의 '귀한 뜻'을 기리기라도 하는 것처럼 슬쩍 이가환의 문장에 패관소품을 붙여 비판하는 것입니다.

"그네들의 문장이라는 것이 학문상으로는 대부분 이단 사설들이고, 하물며 그 문장이라는 것도 순전히 패관소품을 숭상할 뿐입니다. 누구나 알고 있는 경전을 늘상 별 쓸모도 없는 것으로 만들고 있으니 그네들 문장은 문장이라고도 말할 수 없습니다. 이단을 물리치고 정도를 지키는 이때에 그러한 무리들을 어찌 그냥 내버려둘 수 있겠습니까? 신은 가환에게 성균관을 관리하도록 내린 명을 되돌리고, 이어 사판仕版, 벼슬아치 명부에서 그 이름을 삭제하여 세도를 위하고 귀한 벼슬자리를 소중히 여기는 뜻을 보여 주어야 한다고 생각합니다."

결국 앞서 나온 내용과는 상관없이 이가환이 패관소품체를 썼으니 그것을 벌주라는 말입니다. 정조가 문체반정을 일으키며 다른 벼슬아치들을 혼내 주었듯이요. 하지만 문체반정으로 반성문을 쓰고 벼슬을 잠시 떼었을지언정 피해를 본 사람이 아무도 없는데, 유독 이가환만큼은 벼슬도 떼고 그것도 모자라 벼슬아치 명부에서조차 아예 빼라고 강경 발언을 하고 있는 것이지요.

이동직의 상소는 여기서 끝납니다. 역적과 그 역적을 비호한 채제공 무리를 벌주자는 상소문에서 느닷없이 이가환과 그 문장이 나오는 것도 모자라, 마지막도 소품체를 쓴 이가환의 벼슬을 빼앗으라는 말로 끝을 맺는 것입니다. 이게 대체 무슨 뜻일까요? 이동직은 정확히 이가환을 노린다는 뜻이고, 더 나아가서는 이가환을 아끼는 정조에게 정면으로 대항한다는 뜻이지요.

이쯤 되면 이동직의 수를 짐작할 수 있겠습니다. 이동직은 바로 정조의 논리(문체반정)로 정조의 측근을 옭아매려는 것이지요. 패설을 물리치고 바른 문체를 지키는 것이 왕, 당신의 논리라면 그 논리에 가장 위배되는 나쁜 문장을 쓰는 이가환도 처벌해야 하지 않겠는가? 하고 말입니다. 앞서 역적인 신기현과 윤영희는 순전히 이 논리를 펼치기 위한 포석에 지나지 않지요. 결국 노리는 것은 정조가 아끼는 남인 학자 이가환이요, 더 나아가 정조가 펼치려는 문체반정인 것입니다. 정조가 이가환을 아껴 문체반정의 뜻을 꺾거나, 문체반정의 뜻을 따라 이가환을 벌주거나, 어느 쪽이 됐든 이동직, 곧 노론으로서는 전혀 손해 볼 게 없으니까요.

아마도 상소를 쓰고 나서 이동직은 스스로 신이 났을 듯합니다. 자신의 논리가 완벽하다는 생각을 하지 않았을까요? 이가환을 벌주자니 그 재주가 아깝고, 그렇다고 벌을 주지 않자니 그토록 높였던 문체반정의 뜻이 무색해지겠고, 정조는 아마 이러지도 저러지도 못한 채 끙끙 앓고 말리라고 이동직은 생각했던 것 같습니다.

자, 이 명백히 "문체반정을 정치 놀음으로 바꾸려는" 이동직의 도발에 정조는 뭐라고 답했을까요? 끙끙대기는커녕 그야말로 흥미진진한 첫마디를 슉 날립니다.

"먼저 이가환 문제부터 말해야겠구나. 그대는 가환의 문체가 경전을 쓸모없는 것으로 여긴다는 말로 이야기를 꺼냈는데, 이것이야말로 내가 이제껏 한마디 하고 싶으면서도 계속 못 하고 있던 문제였다. 그런데 그대가 그 말을 하니 참으로 가려운 곳을 시원하게 긁어 주는 격이로구나."

이동직이 "어라라, 이게 아닌데?" 했을 법합니다. 바른 문체를 내세우는 정조에게 이가환이라는 패를 들이밀면 좋아하는 이가환을 죽일 수도, 나쁜 문체를 지닌 이가환을 살릴 수도 없는 깊은 함정에 빠지리라고 생각했는데 의외로 정조가 선선히 인정을 하다니요. 그것도 평소 가려웠던 곳을 시원하게 긁어 줄 만큼 좋다고 하지 않습니까.

그 뒤로 이어지는 정조의 대답은 그야말로 막힘없이 유려하고 그지없이 우아합니다. 문장가 정조, 학자 정조의 논리와 화려한 문체가 활짝 피어나는 꽃처럼 터져 나오지요. 여기에 다 옮길 수는 없으니 중간중간 맛을 보면서 대답을 들어 볼까요?

"대체로 우리나라가 비록 작으나 많은 백성이 팔도 곳곳에 살고 있다.

그들을 다스리는 방법은 그저 하늘 나는 것들은 나는 것대로, 물속에 잠겨 사는 것들은 잠겨 사는 대로, 그렇게 본성을 거스르지 않게, 모난 것은 모난 대로 둥근 것은 둥근 대로 기량에 따라 쓰면 그뿐인 것이다. 그것이 바로 형편에 따라 잘 이용하는 방법일 것이니라."

백성들을 저마다 본성대로 다스리는 것이 중요하다는 어진 군주의 말로 부드럽게 시작합니다. 그러면서 정조는 훌륭한 주자의 문장과 저속한 패관소품 문체를 명쾌하게 비교해 설명을 하지요.

"주자의 문장은 하늘 같고 땅 같고 바람 같고 구름 같으며, 권도와 정도를 적절하게 쓰고 천지의 기운을 닫았다 열었다 할 수 있는 큰 재주를 지녀, 세속의 누추함을 완전히 씻어버리고…… 그 글을 읽노라면 마음이 상쾌해지고 맑아져서 마치 증점의 비파 소리와 안자의 거문고 소리를 듣는 듯하다…….
　그 밑으로 내려와서 비속하고 음란하면서도 그럴싸한 맛을 지닌 자질구레한 패관 소품들을 살펴보면, 입 가진 자들은 누구나 다 한마디씩 떠들더구나. 하지만 그것은 가령 귀자나 부여같이 작은 나라들이 저마다 제 나름대로 꼴을 갖추고 있는 듯 보이지만, 실상은 모기 눈썹이나 달팽이 뿔만큼이나 보잘것없는 것과 마찬가지가 아니더냐?"

바로 그렇기에 정조는 문체반정을 일으킬 수밖에 없었던 것입니다. 글을 읽으면 저절로 마음이 상쾌해지고 맑아지는 문체를 두고, 비속하고 음란하고 달팽이 뿔같이 보잘것없는 문체를 어찌 따를 수 있는지 정조는 알 길이 없으니까요.
　여기서 정조의 세련된 화술이 드러납니다. 곧 정조는 처음에는 "네가 한 말이 옳다" 하고 말을 꺼내지요. 하늘 같은 주자의 문장과 모기 눈썹 같은 패관소품을 비교하면서 네가 말을 잘 꺼냈다고 거듭 칭찬을 하는 것입니다. 하지만 그러면서도 은연중에 "그래서 내가 문체반정을 일으킨 것이다" 하는 명분을 확실히 챙기고 있지요.

그리고 자연스럽게 이가환의 이야기를 꺼내는데, 이번에는 칭찬이 아닌 험담으로 시작을 합니다.

"저 가환으로 말하면 일찍이 가문이 나쁘지는 않았지만, (당쟁으로) 백년 동안이나 벼슬길에서 밀려나 수레바퀴나 깎고 염주 알이나 꿰면서 시골에 묻혀 떠돌이 백성으로 지내온 것이다. 그러자니 나오는 소리는 온통 분노에 찬 내용일 것이고, 어울리는 자들도 우스갯소리나 하고 괴벽한 짓이나 일삼는 하찮은 무리일 것이 당연한 일. 그렇게 주위가 외로우면 외로울수록 말은 더욱 한쪽으로 치우쳤을 것이고, 말이 치우치면 치우칠수록 문장도 더욱 괴벽했을 것이다."

아하, 확실히 정조는 이동직의 말대로 이가환의 문장이 나쁘다는 것을 인정하는군요. 하지만 그 뒤가 중요합니다. 정조는 그리하여 이가환이 "오색 빛깔로 수놓은 고운 문장은 당대에 빛을 보고 사는 자들에게 양보해 버리고" 패관소품의 나쁜 문장이나 흉내 낸 것인데, "그것이 어찌 가환이 좋아서 한 짓이었겠는가?" 하고 묻습니다. 그러면 누가 그렇게 했겠는가? 정조가 대답하지요.

"조정이 그렇게 만든 것이다."

노론이 아니면 발붙이지 못하게 하던 당대의 세도 정치가, 사람을 재능이나 학문으로 뽑는 것이 아니라 당파나 파벌로 뽑는 터무니없는 당쟁 정치가, 바로 이가환을 그렇게 만든 것이다 하고 정조는 말하는 것입니다.

이 대목은 얼핏 보면 이가환을 깎아내리는 것처럼 보이지만, 사실은 이가환이 오랫동안 자신의 실력에 걸맞은 자리를 받지 못했던 울분을 오히려 대변해 주고 있다고 봐야 할 것입니다. 대학자 성호 이익의 학풍을 이었으며, 머릿속에 수천 권의 책이 들어 있어 어려운 편찬 작업만 있다 하면 어김없이 불려 가고, 하나를 물으면 열이 아니라 백을 대답했던 천재 이가환. 이 정도의 인물을 그 선조까지 무려 백 년이나 벼슬길에서 물러나게 한 붕당 정치가 얼마나 한심한 것인가를 정조는 짚고 있는 것입니다.

그리하여 자연스럽게 문제는 더는 이가환 개인이 아니라 그를 그렇게 만든 '조정'으로 돌아갑니다. 그 조정이 어떤 조정이던가요? 여기서 정조는 갑자기 자기 침실에 놓인 편액 이야기를 꺼내 놓습니다. 갑자기 웬 편액? 할 터인데 그다음 대목을 보면 이해가 갑니다. "선왕의 뜻을 이어 특별히 단" 편액에는 바로 다음과 같은 다섯 글자가 쓰여 있다는 것입니다.

탕탕평평실蕩蕩平平室

바로 '탕평'이지요. 곧 정조는 선왕인 할아버지 영조의 후광을 빌려 자연스럽게 탕평의 중요성을 짚은 것입니다. 영조야말로 평생을 탕평을 위해 노력한 임금. 그러므로 그 할아버지 영조의 뜻을 따라 이가환을 뽑은 것이라고, 번쩍번쩍한 노론 가문에서뿐만 아니라 한미한 남인 가문에서도 인재를 뽑아야 비로소 탕평을 이룰 수 있는 게 아니냐고 정조는 묻고 있는 것이지요. 그리고 노론 대신들도 이 논리에는 무릎을 꿇을 수밖에 없습니다. 감히 선대왕인 영조마저 부정할 수는 없으니까요. 선기를 잡은 정조가 우아하게 말을 잇습니다.

"그리하여 (탕평책에 따라) 한미한 집안의 누더기를 걸친 자들을 초야에서 뽑아 올렸는데, 이가환이 바로 그중 한 사람인 것이다. 가환은 지금 골짜기에서 교목으로 날아 오른 것이고, 썩은 두엄에서 새롭게 바뀐 것이다. 왜 가환의 심중에서 나오는 소리가 점차 훌륭한 경지로 들어가지 못할 것이라고 쓸데없이 벌써부터 근심하는가?"

이가환은 얼마든지 더 나아질 수 있습니다. 이제야 겨우 시작인 셈이니까. 그런데 그 발전을 기다려 주기는커녕, 탕평으로 뽑아 올린 사람을 다짜고짜 쫓아내 "점차 훌륭한 경지로 들어"갈 수 있는 싹마저 무자비하게 자른다는 게 과연 옳은 일일까요?

모름지기 군자란 모자란 사람에게도 어짊을 베풀고 기회를 주어야 하는 법입니다. 그런데 어짊을 보이기는커녕 이제 막 시작한 사람을 당장 자르라니, 얼마나 한 치 앞을 못 보는 근시안적인 행동에 편파적인 사고 방식일까요. 게다가 그것은 선대왕의 거룩한 이념인 탕평마저 흐트러뜨리는 고약한 발언이기도 합니다. 결코 제대로 배운 유학자가 할 말이 아닌 것이지요. 결국 정조는 이가환의 나쁜 문체를 인정하면서도, 앞뒤 사정 아무것도 재지 않고 무조건 처벌을 청하는 이동직의 논리가 얼마나 짧고, 옹졸하며, 선왕의 뜻을 거스르는 고약한 생각인지 거꾸로 짚어 낸 것입니다.

그뿐인가요. 문제는 오히려 나쁜 환경에 있던 이가환이 아니라 좋은 환경에서도 패사소품에 빠진 노론들에게 더 있습니다. '썩은 두엄'에서 새롭게 바뀌어 "교목으로 날아 오른" 이가환이 문제가 아니라, '기름진 논밭'에서 자란 주제에 정학은 멀리 하고 패사소품에 빠져 허우적대는 노론들이 더 큰 문제인 것을 정조는 놓치지 않고 있는 것입니다.

결국 자신들의 문체 문제를 명백히 해결하지도 못한 채 훨씬 더 나쁜 환경에 있는 다른 이의 문체를 뭐라고 하는, 우리나라 속담으로 "뭐 묻은 개, 겨 묻은 개 욕한다" 같은 꼴을 보인 이동직을 향해 정조는 확고히 못을 박습니다.

"그대는 가환에 대해 더는 말하지 마라!"

이가환은 내가 알아서 하겠다, 그것을 미주알고주알 군주에게 따지지 마라! 정조는 우아한 말투 속에 날카로운 침을 박아 말합니다. 더불어 내 신하들은 내가 알아서 하겠다! 하는 국왕으로서의 단호한 의지도 보이고 있지요.

앞서 "본성을 거스르지 않게, 모난 것은 모난 대로 둥근 것은 둥근 대로 기량에 따라 쓰면" 된다는 말도 그래서 한 것입니다. 이가환은 이가환의 기량에 따라, 다른 사람은 또 다른 사람의 기량에 따라, 모두 그 '본성'을 해치지 않고 쓰는 것이 가장 좋은 방법, 곧 "형편에 따라 잘 이용하는 방법"일 테니까요.

"무릇 똑똑한 백성도 있고 어리석은 백성도 있어, 먼저 깨닫고 늦게 깨닫는 차이는 있겠으나 일단 깨달으면 모두 다 같은 것이다. 설사 어리석어 탈을 벗지 못하는 자가 끼어 있더라도 이는 그저 태양 앞에 횃불이요, 군자에게 있어 소인이고, 고니에게 있어 땅 속 벌레와 같은 것. 그러니 주인은 주인 노릇 하고 손님은 손님 노릇 하면 그것으로 족하지 않겠느냐?"

문장이나 비유가 그야말로 물 흐르듯이 자연스럽고 고아한 맛이 있습니다. 부드럽게 말하면서도 조목조목 할 말을 다 하고 있으니까요. 주인은 주인 노릇, 손님은 손님 노릇 하듯 그리고 왕은 왕 노릇, 신하는 신하 노릇 해야 하지요. 하지만 지금 이동직의 상소는 그 '신하 노릇'을 제대로 하고 있지 않습니다.

결국 정조는 마지막으로 이렇게 일침을 놓습니다.

"오늘 이 정성이 담긴 깨우침을 들은 자들은 상대를 이해하는 마음에 깊이 감동하고, 갖기 바라는 것을 경계하라. 그리하여 자기도 모르는 사이에 날로 선한 곳으로 옮아가 집집마다 듣기 좋은 소리가 가득하다면,

나는 그것이야말로 나라의 운명이 영원하라고 하늘에 비는 근본이 되리라 할 것이다."

만약에 이렇게까지 말했는데도 여전히 토를 단다면? 임금의 탕평을 바라고 어짊을 보이려는 이 "정성이 담긴 깨우침"에 깊이 감동하기는커녕 깐죽이고 발을 건다면? 문체를 잘 다스려 세상을 "자기도 모르는 사이에 날로 선한 곳으로 옮아가"게 하려는 문체반정의 뜻을 따르기는커녕 거역하려 한다면? 그래서 "나라의 운명이 영원하라고 하늘에 비는 근본" 정신에 찬성은커녕 반대만 늘어놓는다면? 당장 그 자리에서 나라를 망치려는 역적으로 몰아 엄벌을 내려도 할 말이 없지 않겠습니까.

결국 정조는 또다시 누군가 이동직처럼 이렇게 어쭙잖은 토를 단다면, 그리하여 감히 바른 문체와 나라의 선한 운명을 세우려는 왕의 뜻을 왜곡하고 정치적으로 이용하려 든다면, 결코 용서하지 않겠다고 단호한 선언을 한 셈입니다. 문체를 바르게 세우겠다는 문체반정의 논리를 조금도 흐트러뜨리지 않으면서도 멋들어지게 상대의 정곡을 찌른 것이지요.

더 나아가 정조는 "비록 비답은 내렸으나" 이동직의 상소가 금지령에 저촉되는 말이 너무 많으니 승정원에서 태우라고 명을 내립니다. 상소를 태운다는 것은 그 상소가 남겨 둘 가치조차 없는 아주 보잘것없고 하찮은 상소라는 뜻이겠지요. 비록 정조는 우아하게 "금지령에 저촉된다"고 표현했지만 속내는 같다고 봐야 합니다.

아마 이동직은 항의조차 못 했을 것입니다. 아무리 상소를 태웠다고는 하나 임금께 직접 대답을 받았으니 자신을 왜 무시하느냐고 항의할 수도 없는 노릇이요. 무엇보다 정조의 대응 방식이 참으로 우아하고 문학적이며 한 수 위이니 그보다 더 뛰어난 학문으로 대항할 자신도 없는 노릇이고요.

이렇게 보면 정조가 무서울 만큼 정치적이라는 느낌이 듭니다. 이동직을 인정하는 듯하면서도 사실은 깎아내렸고, 분명 이가환을 비판했건만 그 처벌에는 입도 벙긋 못 하게 만들었으니까요. 칭찬도 하고, 인정도 했지만 정작 정조는 아무것도 손해 본 것이 없습니다. 오히려 이동직이 쓰레기 같은 상소를 쓴 데다 근시안이고 편협한 생각을 지닌 소인배가 됐으니, 문장 하나로 덜 떨어진 신하를 아주 '혼쭐'을 낸 셈이지요.

확실히 정조는 학자 군주라 불릴 만합니다. 어떤 경우에도 자신의 논리와 학문을 흔들지 않고 부드럽지만 강력한 대응을 하니까요. 이동직의 상소에 내린 답변에도 문체반정의 정치적인 논리와 학문적인 바탕이 유감없이 드러나고 있음을 알 수 있습니다. 그야말로 굉장히 정조다운 면모이지요.

하지만 이런 정조도, 사석에서는 굉장히 다른 모습을 보입니다. 문체반정의 와중에 눈에 띄었다면 당장 "저런 패관체는 내던져 버려라!" 하고 호통 칠 만한 문장을 정조 스스로도 자주 쓰고 있으니까요. 정조가, 정조를 배반한다고 할까요.

자, 그럼 이동직과 정조의 논쟁은 정조의 '한 판 승'으로 여기서 마무리하고, 다음 부록인 정조가 스스로 자신의 문체반정에 반하는 글을 쓴 '정조 대 정조' 이야기로 넘어가 볼까요?

부록2

바른 문체와 막된 문체, 정조 대 정조

문체반정 동안 내내 정조가 말한 것은 고전을 닮은 '바른' 문체였습니다. 본문에도 나오듯 반듯하고, 틀에 딱 맞으며, 무엇보다 군자의 도리를 문장에 담아 말하는 아주 점잖은 문체입니다. 실제로 《조선왕조실록》이나 《홍재전서》에 나타나는 정조의 문장은 반듯하고, 점잖고, 우아하며, 유식하고, 고상하지요. 읽다 보면 저절로 고개를 끄덕이게 하는 깊은 뜻과 아름다운 문장으로 가득합니다. 자신의 문장이 그렇기에, 더 자신 있게 신하들의 남루한 문장이나 가벼운 문체에 마음껏 '빨간펜'을 그으며 훈계할 수 있었겠지요.

그런데 만약 정조가, 정조 자신에게 빨간펜을 긋는다면?

이 대단한 학자 군주가 자신의 글을 읽고 저속하다거나, 군자의 도리에 맞지 않는다거나, "가볍고 날카롭고 감정적이고 막된" 패설체를 썼다고 빨갛게 북북 선을 긋는 일이 생길까요?

대답은 "그렇습니다." 만약 정조가, 정조에게 문장 교정을 받는다면 말입니다. 왜냐하면 정조조차 아주 자연스럽게 속된 패설체나 시장판 농지거리, 속담, 심지어 욕까지 마구 썼으니까요. 실록이나 문집 같은 공식적인 글이 아니라, 은밀하고 사적인 이야기가 오가는 개인 편지, 곧 '어찰'에서 말입니다.

지난 2009년 2월, 그동안 알려져 있지 않았던 정조의 어찰 297통이 세상에 공개되었습니다. 노론 벽파의 수장 심환지에게 정조가 1796년 8월 20일부터 1800년 6월 15일까지 거의 4년여에 걸쳐 보낸 편지들이지요. 당연히 그 안에는 온갖 정치 현안과 인사 문제, 고민, 지령, 평가, 개인적인 이야기까지 다 들어 있습니다. 그래서 어찰이 공개되었을 때 큰 반향이 있었지요. 반듯한 개혁 군주로 알려진 정조가 어찰을 통해 신하들을 조정하여 '막후 정치'를 폈다는 사실이 드러난 셈이니까요.

하지만 그런 정치적인 의미까지 살펴볼 필요는 없겠고, 여기서는 주로 어찰에 나타난 정조의 '문체'를 중심으로 보겠습니다. (어찰집의 내용은 정조 어찰이 처음 공개된 2009년, 성균관대학교 동아시아학술원에서 한 번역을 기초로 손질해 넣었습니다.)

먼저 정조가 문장을 어떻게 보는지 잠깐 정조 어록집 《일득록》에 있는 한 대목을 옮겨 볼까요?

"문장에는 도道가 있고 술術이 있거니와, 도는 바르지 않으면 안 되고 술은 삼가지 않으면 안 된다. 문장을 배우는 자는 반드시 '육경'을 중심 기둥으로 삼고, '제자서'와 '사서'를 양 날개로 삼아서 위아래를 아우르고, 지금과 옛날을 막힘없이 널리 알되, 마지막에는 주자의 글을 아주 깊이 이해하는 것으로 모두 모여야 한다. 그런 다음이라야 그 내용이 바르고 깨끗하여 도와 술에 어긋나거나 잘못되는 곳이 없게 될 것이다."

여기서 육경과 제자서, 사서는 모두 수천 년 전에 쓰인 중국 고전들입니다. 그런데 그것이 궁극적으로 깊이 모여야 하는 곳이 바로 주자의 글이라니. 그야말로 천생 성리학 군주, 천생 주자학 군주인 정조가 내놓을 만한 문장 공부의 '모범 답안'입니다.

특히나 주자학의 가장 기본이 되는 문장론이 바로 '문이재도文以載道', 곧 "문장은 도를 담아야 한다"는 것이고 보면 이런 글들에서 정조가 말하는 바는 뚜렷합니다. 도를 담은 반듯하고 곧은 문체를 써라!

하지만 어찰에서는 이런 모든 것이 무너집니다. 도를 담기는커녕 이놈, 저놈 욕을 하거나 "젖비린내 나는 놈!", "이런 호래자식 같으니!" 하고 벼락 화를 내기 일쑤이지요. "좋은 건수가 없는가?", "욕을 한 사발이나 잡수셨네", "도처에 동전 구린내를 풍기는구나!" 하고 저잣거리에서나 쓸 법한 속된 표현도 거침없이 토해 냅니다.

또 '때문에仍于', '도리어新反', '모쪼록某條' 같은 이두 문자도 흔하게 쓰지요. 우리 말을 한자로 나타내는 이두는 보통 사대부들도 품위를 지킨다고 거의 쓰지 않았습니다. 그런 이두 문자를 국왕이 스스럼없이 쓰고 있는 것이지요. 심지어는 '뒤죽박죽', '만조' 같은 말은 한자 사이에 불쑥 한글을 그대로 적어 놓기도 합니다.

그뿐인가요. "아닌 밤중에 홍두깨", "꽁무니를 빼다", "눈코 뜰 새 없이 바쁘다", "한 귀로 듣고 흘리다", "입에 맞는 떡", "냉수 중의 냉수로구나" 같은 속담이나 고사도 아주 적절하게 이용해서 자기 뜻을 전하고 있습니다. "껄껄" 하고 웃거나 "쯧쯧" 하고 혀를 차거나 하면서 의성어도 자연스

부록 275

럽게 섞어 쓰지요.

그야말로 정조가, 정조를 교정 본다면 틀림없이 붉게 죽죽 줄을 그었을 법한 표현들이 수두룩합니다. 하지만 남들의 눈을 의식하지 않는, 지극히 개인적인 어찰에서 정조는 마음껏 이런 속된 표현들, 속된 패설체를 쓰고 있습니다. 정조 스스로 이중 잣대를 지니고 있었던 것이지요.

과연 정조가, 정조에게 어떻게 빨간펜을 그었을지 한번 살펴볼까요?

1797년 1월 19일

일간에 잘 지냈는가? 나는 **차차 나아지고 있다**. 유생들의 통문이 있다고 들은 듯한데, 소문이 사실이라면 말이나 되는 것인가. **모쪼록** 조사하여 금지하는 것이 어떠한가? 결코 그들이 하는 대로 둘 수 없으니 **모쪼록** 만류하여 중지시키는 것이 좋겠다. 이명연의 일은 그 출처를 알기 어렵지 않은데, 혹시 이미 알아내었는가? 유생들의 통문에 관한 일을 알리고자 사람을 보낸다. 이만 줄인다.

◎ 여기서 '일간에', '차차', '모쪼록'은 모두 우리 말 어투를 한문으로 옮긴 이두입니다. 저 짧은 문단에서 무려 4번이나 쓰고 있으니 정조가 자주 이두를 썼음을 알 수 있지요. 게다가 "나는 차차 나아지고 있다"는 문장은 한문으로 해석하면 아주 이상해집니다. 애초부터 한문이 아닌 한글 어순으로 썼기 때문이지요. 이렇듯 우리 말 어순을 따른 표현을 정조는 어찰에서 자주 씁니다. 아마 정조는 개인에게 말할 때는 그런 표현이 훨씬 더 정확하고 자연스럽게 뜻을 전한다고 생각한 것 같습니다.

이것 말고도 "겸사겸사해서", "좌우간 하나만 가리키기는 어렵다", "아무쪼록 흔적 없이 급히 불러와라"처럼 우리 말 어순으로 적어 내려간 글이 어찰에서는 꽤 많이 보입니다.

1797년 4월 11일

요사이 벽패가 탈락한다는 소문이 자못 성행한다고 하는데, 내허외실 內虛外實에 견주어 본다면 그 이해와 득실이 어떠한가? 이렇게 한 뒤에야 우리 당의 열성 당원들을 얻을 수 있을 것인데. 지금처럼 벽패의 무리들이 **뒤죽박죽**이 되었을 때에는 종종 이처럼 근거 없는 소문이 있다 해도 괜찮을 듯하다. 이해할 수 있겠는가? 이만 줄인다.

◎ 여기서 '뒤죽박죽'은 한글로 쓰여 있습니다. 한문 문장을 쓰다가 중간에 한글을 쓰는 것은 아주 드문 경우지요. 그것도 왕의 어찰에서 말입니다. 아마 정조도 이 대목을 쓰면서 '뒤죽박죽'이라는 우리 말을 한자로 어떻게 표현해야 하는지 잠깐 고민하지 않았을까 싶습니다. 하지만 바로 대응되는 말이 떠오르지 않았겠지요. 그렇다고 고민을 오래 하기에는 시간도 없고, 어차피 개인적인 어찰이다 보니 느낌 그대로 한글로 써 버린 것이지요.

이와 비슷한 경우로 "그 사람이 '만조하다'고 말했다" 하는 표현도 있습니다. '만조하다'는 요즘 잘 쓰지 않는 말인데, "얼굴이나 모습이 초라하고 잔망하다"는 뜻입니다. 이 표현도 잠깐 한자말을 생각했다가 대체할 수 있는 정확한 말이 생각나지 않아 어색하더라도 그대로 쓴 것으로 보입니다. 어색하더라도 정확한 한글이, 보기는 좋지만 부정확한 한문을 이겼다고 할까요.

이렇게 보면 어찰을 쓸 때 정조는 격식에 맞춰 꾸며 쓰기보다는 자기 뜻을 정확히 전달하는 데 더 목적을 두었던 것 같습니다. 그래서 가장 정확하고 마음을 제대로 대변하는 '한글'을 선택해 쓸 수밖에 없던 것이지요. 아무리 한문에 능해도 정조 또한 우리 말을 쓰고, 우리 말이 훨씬 편한 우리 나라 사람이니까요.

1797년 6월 5일

대관에게 따져 묻게 하는 일로 말하자면, 풍문은 풍문이요 사면事面, 일의 치레와 체면은 또 사면이니, 사면에 관계된 곳을 조사하여 바로잡지 않을 수 없다. 비록 재상이 대관에 버금간다고는 하나, 지금의 꼴은 모두 거간꾼이나 다름없다. 설령 전하는 말이 지나치더라도 이 무리들이 항상 말하는 것이 바로 이 두 글자이니, 하고 말고는 따질 것이 없다. 조사하여 바로잡아야 한다는 주장은 서용보가 힘써 하고 있다. 그리고 비변사 당상 중 남공철의 얼굴을 봐서라도 공적인 중에서도 사사로운 정을 특별히 유념하여 어제 이익운으로 하여금 좌의정을 일으켜 즉시 차자를 올리게 하였다. 나의 지시로 좌의정이 **욕을 한 사발이나 먹게 만들었구나. 쯧쯧, 무슨 말을 하랴.**

◎ 정조가 쓴 표현이 재미있습니다. "욕을 한 사발이나 먹게 만들었다" 하고 바로 쯧쯧 혀를 차고 있으니까요. 마치 거리 어디에서나 흔히 마주치는 동네 아저씨나 할아버지들이 쓸 법한 말투이지요. 그렇게나 바른 문체를 쓰라고 강조하면서 정조 스스로도 이런 속된 표현들을 즐겨 썼던 것입니다.

1797년 7월 21일

이익모에게 비밀리에 즉시 편지를 보내 그로 하여금 처음 의견을 고수하여 물망을 얻도록 하는 것이 어떠한가? 앞으로는 이러한 경우가 있더라도 그 사람이 일단 들어왔으면 그 사람이 연좌되어야 할 무리가 아님을 알 수 있을 것이다. 어찌 법을 넘어서 합격시키거나 불합격시킬 수 있겠는가? 부디 이익모로 하여금 준론을 주장하게 하는 것이 어떠한가?
화성 유수를 새로 임명한 것을 두고 여론은 어떠한가? 이만 줄인다.

아, 이익모에게는 즉시 **귀띔을 해 주는 것이 어떠한가?**

◎ '귀띔을 하다'는 말은 굉장히 독특한 우리 말 표현입니다. 그런데 이 말을 정조는 '취이吹耳'라는 한자로 표현해서 맞춤하게 쓰고 있지요. 취이를 직설로 풀면 "귀에 대고 불다"쯤이 되겠지만 저 단어만으로도 충분히 우리 말 느낌이 납니다. 만약 정조가 유교 군주가 아니라 한글이 주된 표현 수단인 미래에 태어났다면, 좋은 국어 학자가 되지 않았을까요?

1797년 11월 1일

근래의 일은 알 수 없는 점이 있다. 와전이 와전되고 가짜가 진짜가 되니 답답한 노릇이다. **때문에** 경을 이조 판서에 제수한 것이니, 다 생각이 있어서 그런 것이다. 관직에 나온 뒤에 특별히 눈을 번쩍 뜨게 하는 새로운 일이 없으면 도리어 민망하겠지만, 머뭇거리며 뒤로 물러나는 것도 고상하지 못하니 한번 비답을 받은 뒤에는 나와서 숙배하는 것이 좋겠다. 오늘은 형세가 그래서 미처 그렇게 못한 것인가?

◎ 여기서 '때문에'는 앞서 말했듯 이두 문자입니다. 정조는 문장이 자연스럽게 이어지고 뜻을 정확히 전달하기 위해서 이런 이두를 쓴 것으로 보입니다. "설치한 본뜻이 도리어 반대로 원망을 부르는 단서가 되었다" 같은 문장에서도 '도리어'를 이두로 표현하고 있지요.

1798년 1월 9일

승보시 시험이 예로부터 참으로 시끄러웠지만, 그래도 이번에 대사성이 모욕을 받은 일은 어찌 수치스러운 일이 아니겠느냐? **그 주당은 다른 곳이 아니라 참으로 사복천 곁이라 하겠다. 껄껄 웃을 일이다.** 여수는 요사이 어찌 그리 조용한가? 바빠서 이만 줄인다.

부록 279

◎ "주당은 사복천 곁이다"라는 말도 재미있습니다. 여기서 주당周堂은 혼인이나 이사 같은 큰일을 할 때 피해야 하는 살煞을 말합니다. 그 살이 그런데 사복천 곁에 있다고 하네요. 사복천은 '사복개천'을 말하는데, 궁중의 말이나 가마를 돌보던 사복시 관청 앞을 흐르던 하천입니다. 말똥 따위로 개천은 늘 아주 지저분했고, 그래서 몹시 더러운 물이 흐르는 하천을 이르는 대표적인 말이 되었지요. 입이 더럽고 거리낌 없이 상말을 쓰는 사람도 곧잘 이 사복천에 비유해서 말했습니다.

여기서도 대사성이 사복천 같은, 입이 더러운 사람 때문에 모욕을 당했다는 뜻으로 쓰고 있지요. 그래서 정조도 "(대사성의) 살이 사복천 곁에 있구나" 하고 표현한 것입니다. 대체 임금인 정조가 어디서 이런 말을 듣고 딱 맞게 쓰는지 의아할 지경입니다.

그러고는 또 재미있다는 듯 껄껄 웃지요. 어찰에서 정조는 곧잘 이렇게 껄껄 웃습니다. 아주 통쾌할 때도, 조금 어색할 때도, 이야기를 슬쩍 돌리려 할 때도 적당히 눙치며 껄껄 웃곤 하지요. 어찰에서 아주 적절하게 저잣거리 입소문과 의성어를 활용하고 있는 것입니다.

이렇게 보면 정말 소품체를 잘 쓴 사람은 정조가 혼낸 신하들이 아니라 오히려 정조가 아니었을까요?

1798년 1월 19일

병조 판서를 추천하는 일에 대해서는 서용보의 말이 더욱 불가하다. 인사를 맡은 관원이 베껴 들였더라도 대신의 집에서 받아왔으니, 이러한 팽두이숙烹頭耳熟, 한 가지 일이 잘되면 다른 일도 저절로 잘된다는 뜻의 행동을 하는 것은 대신을 공경하고 국체를 존중하는 방법이 아니다. **게다가 한 대신은 미운 파리라고 할 만하나, 다른 대신은 고운 파리인데도** 함께 죄를 입는다니 어찌 이런 일이 있겠는가? 서용보의 일처리가 이처럼 더디고 둔하니 **껄껄** 웃을 일이다. 이만 줄인다.

◎ 역시 껄껄 웃는 의성어를 자연스럽게 쓰고 있지요. 게다가 이번에는 속담을 적절하게 구사합니다. 위에 나오는 파리 부분은 "미운 파리 치려다 고운 파리 상한다"는 속담을 인용한 것입니다. 나쁜 사람을 벌주려다가 좋은 사람까지 화를 입는다는 뜻이지요. 이 속담에 견주어 정조는 미운 대신과 고운 대신이 함께 죄를 입어서야 되겠느냐고 묻고 있는 것입니다.

> **1798년 8월 16일**
>
> 아침에 서용보의 편지를 받아 보니, 경의 이번 여행은 전혀 긴요하지 않은 일이라면서 심지어 장차 사설이 많아질 것이라고 하였다. 이른바 어떤 사설을 말하는 것인지 모르겠으나 아마도 떨어진다는 말인 듯하다. 내면이 충실하다면 왜 외면을 따지겠는가? 서용보는 그저 염량세태炎凉世態, 힘이 있을 때는 아첨하고, 힘이 없어지면 푸대접하는 세상인심만 볼 뿐이다. **참으로 호래자식이라 하겠으니**, 답답한 노릇이다. 근래의 일은 본색을 점점 가리지 못하고 있으니 어찌 하겠는가? 이번 여행은 행장에서 처음으로 손꼽을 일이다.

◎ 근엄해야 할 국왕이 신하를 두고 '호래자식'이라고 거침없이 말하고 있지요. "개돼지만도 못한 물건"이라거나, "오장에 숨이 반도 차지 않은 것들" 같은 격한 표현도 곧잘 내뱉습니다. 심지어 정조는 정조 자신에게도 이렇게 말합니다.

"어제 개성유수의 처리는 이놈의 혈기가 끓어올라 그만 멈추지 못했다. 나중에 생각해 보니 말과 기운을 너무 허비했음을 알겠다. 껄껄!"

한 나라 왕이 자신에게 '이놈此漢'이라는 비속어를 거침없이 쓴 것입니다. 물론 공식적인 문서가 아닌 비밀스런 개인 편지에서지만 말입니다. 문체반정을 일으킨 정조와 스스로 이놈, 저놈 하는 자유롭고 막된 정조. 그 차이는 과연 어디서 오는 걸까요?

1798년 9월 15일
어떤 관료가 입좌하였는데, 상을 당했다기에 마음이 슬펐다. 그런데 상례를 지키는 자세가 너무 지나쳐 장차 몸이 견디지 못할까 걱정이 된다. 대저 가법이 남다르다 하겠으니 탄복하지 않을 수 없다. 또 식솔을 데리고 시묘살이하러 간다고 하는데 가서 위문하는 일은 천천히 하는 것이 좋겠다. 그 사람이 **어찌 한 술에 배부르고 한 술에 굶주리는 사람이겠는가?** 그런데 인정이 박하다고 말한다면 경도 근래의 잡다한 이야기에 동요되어 그런 것인가? 어찌 그리도 내 말을 믿지 못하는가? 경은 반드시 7월 이후에 가서 위문하는 것이 좋겠다.
이 편지는 보고 나서 즉시 찢어 버리고 절대 잠시도 남겨 두지 마라.

◎ 이 또한 속담을 적절하게 인용하고 있습니다. 그리고 은밀한 지시를 내리는 어찰을 심환지에게 보낼 때마다 정조는 맨 밑에 저렇듯 "편지를 즉시 찢어 버리라"는 문구를 남깁니다. 이런 어찰이 남아 있으면 자칫 문젯거리가 될 수도 있으니까요. 하지만 심환지는 그렇게 하지 않았고(아마도 정치적인 이유였겠지요), 덕분에 후대 사람들은 정조의 어찰을 소중한 문헌으로 갖게 됐습니다. 그러나 정작 당사자인 정조는 참 곤혹스럽지 않았을까 싶습니다.

1799년 11월 23일
필시 말은 잘 알고 있을 것이다. 하지만 근래 날뛰는 모습이 처음에는 놀랍고 우습더니 중간에는 가만히 탄식하였으며, 이어서 **팔뚝을 걷어붙이고 노려보게 되었다.** 이른바 김매순처럼 **입에서 젖비린내 나고 사람 모습도 갖추지 못한 자**와, 김이영처럼 **경박하고 어지러워 동서도 분간하지 못하는 자**가 서간과 발문으로 감히 선배들의 의론을 비방하려 하니, 참으로 망령된 일이다. 김인순처럼 어리석고 미련한 백성과 서직수처럼 무지하고 천한 무리들은 또 그들을 본받아 소란을 일으키니 만고천하에 어찌 이런 때가 있었단 말인가?

◎ 이 편지에서는 점잖은 유교 군주의 모습은 조금도 찾아볼 수 없습니다. 시정 왈짜패처럼 흥분해서 마구 상소리를 하고 욕을 하는 정조가 보이지요. 팔뚝을 걷고 노려본다는 둥, 젖비린내가 난다는 둥, 동서 구분도 못 한다는 둥, 마음에 안 드는 신하를 아주 꾹꾹 밟고 있습니다. 가까운 신하였던 서용보도 '호래자식'이라고 욕했을 정도이니 젊은 문신들이야 오죽했을까요. 하지만 이런 부분에서 오히려 왕이 아닌 '인간적인' 정조의 모습을 볼 수 있다 하겠습니다.

1799년 12월 26일

편지를 받고 위안이 되었다. 나는 너무 바빠서 **눈코 뜰 새 없으니** 참으로 괴로운 일이다.

◎ 역시 "눈코 뜰 새 없다"는 속담을 상황에 맞게 자연스럽게 쓰고 있습니다.

1800년 4월 29일

근래 벽패가 퇴조한다는 소문을 경은 듣지 못하였다고 하는데, 경이 뒷방이 되었다는 소문도 듣지 못하였는가? 경이 모욕 받는 까닭을 반성해야 할 것이다. 경보다 한 등급 낮은 자조차 경을 이렇게 대우하니, 이것이 내가 분하고 답답한 일이다.
황인기와 김이수는 **과연 어떤 놈들이기에 감히 주둥아리를 놀리는 것인가?** 이것도 경이 어떻게 진정시키느냐에 달려 있다. 이만 줄인다.

◎ 비밀스런 어찰이라 그런지 정조는 자기 마음을 거의 숨기지 않습니다. "감히 주둥아리를 놀린다" 같은 표현을 여과 없이 쓰고 있으니까요. 평소의 정조와는 참 많이 다르지요.

사실 정조는 유교 군주답게 주자의 서간문 문체를 높이 평가했습니다. 하지만 사적인 편지에서는 전혀 따르고 있지 않지요. 사적이기도 하지만 문장을 고려하거나 정성을 기울이는 것보다는 뜻을 명확히 전달하는 것이 더 중요한 비밀 편지였으니까요. 정조가 어찰을 통해 막후 정치를 폈다는 가정이 가능한 것도 아마 그 때문일 것입니다.

1800년 5월 22일

대사성에 대해서 노론이 어찌 한마디 하지 않으려 하겠는가? 유생의 통문 내용은 참으로 **"볼기 까고 주먹 맞기"**라고 하겠다. 이렇든 저렇든 간에 **아닌 밤중에 홍두깨 같은 일**은 늘 잡류들이 제멋대로 구는 데서 생기니, 그 버릇을 어찌 그대로 둘 수 있겠는가. 다시 근본을 캐내는 것이 어떠한가?

형조 판서의 일은 한마디에 만 근 가치가 있다. 게다가 빈청에서 한 말도 들을 만하였으니 매우 다행이다. 서매수는 형편상 우의정의 처지를 보아 용서할 계획이다. **껄껄**. 이만 줄인다.

◎ 짧은 문장 안에 속담이 두 개나 인용되어 있습니다. 하지만 상황을 적절히 잘 표현해 주는 속담들이라 아주 자연스럽게 읽힙니다. 정조는 고전 경서만큼이나 우리 나라 속담이나 속어에도 능통했고, 개인 일을 말할 때는 이런 어투가 오히려 더 편했던 것이 아닐까 싶습니다. 그렇지만 정조는, 끝까지 "바른 문체를 써야 한다"는 문체반정의 뜻을 꺾지 않았지요. 그것은 결국 정조의 선택이었을 것입니다. 아무리 한글과 속어체가 편해도, 진짜 귀한 문장은 도를 담은 고전체라는 사실을 정조는 절대 부

정할 수 없었을 테니까요.

　지금껏 정조의 어찰 속에 나타난 속된 문체를 살펴보았습니다.
　어찰 속의 정조는 이제까지 우리가 흔히 알아 왔던 모습과는 참 많이 다릅니다. 화도 잘 내고, 욕도 잘하고, 호탕하게 껄껄 웃기도 하고, 속담과 고사를 맛깔스럽게 구사하기도 하는 참 편안하고 친근한 아저씨 같은 모습이 그려지지요. 아무리 비밀스럽게 주고받은 어찰에서라지만 확실히 문체에 대한 정조의 이중 잣대는 논란거리가 될 수 있겠습니다.
　본문에서도 나왔듯 정조는 아마 시대의 흐름이 자신이 원하는 고귀한 성리학 세계로 결코 갈 수 없다는 것을 알았을 것입니다. 자신조차 편하게 마음을 놓았을 때는 저토록 자연스럽게 속어와 패설체를 구사하는데, 어느 누가 온전히 과거로 돌아갈 수 있겠습니까. 하지만 결코 그것을 인정할 수 없는 유교 군주의 한계와 사명감이, 정조로 하여금 문체반정이라는 창을 휘두르고 얼음 갑옷을 입게 하였겠지요. 설사 뜨거운 태양빛 아래 다 녹는다 하더라도.
　정조의 선택이 과연 옳았는가는 따지지 않겠습니다. 하지만 정조는 기본으로 학자 군주였고, 마음속에 뜨거운 불과 얼음을 함께 지닌, 이중적이지만 현명한 군주이기도 했습니다. 여기서는 어찰 가운데서도 솔직한 욕설과 속어들을 중심으로 살펴보았지만, 실제로 정조의 어찰은 훨씬 더 다정하고 운치가 있는 글이 많습니다.
　1798년 설을 맞으며 정조가 섣달 열흘 내내 숙직하는 병조 판서에게 보낸 어찰을 살펴볼까요? 이때 정조는 제대로 설음식도 챙겨 먹지 못하는 병조 판서를 위해 손수 세찬을 내리면서 이런 어찰을 보냅니다.

　"숙직하는 긴긴 밤을 종알종알 떠드는 자들과 맞대고 있자면 기분 돋을 일이 뭐가 있겠는가? 민요에 '소녀들이 별을 세며 별 하나, 나 하나'라고 하던데, 이 세찬을 앞에 놓고 병조 판서가 한 해를 보낸다면, 나와 함께하는 것이 아니겠는가. 그러므로 민요에서 말한 것과 과연 똑같으리라. 이만 줄인다."

짧지만 참 다감하고, 정취가 있고, 기품이 있지요. 소녀들의 민요까지 살짝 끌어다 고생하는 신하를 어루만지는 문장들이 다사롭습니다. 그냥 세찬만 받아도 황공할 텐데 이런 편지가 곁들여서 왔다면 병조 판서는 그야말로 감격해서 마음이 울렸을 것입니다.

개인적인 이야기를 나누는 어찰의 문장과 조정에서 보여 주는 공식적인 문장은 확실히 다릅니다. 공식문에서는 그야말로 '국왕' 정조의 위엄과 학식과 의지가 드러나지만, 어찰에서는 좀 더 다정하고 솔직한 '인간' 정조의 모습이 드러나지요. 소설을 비판하면서도 돌아서서는 소설을 열심히 읽었던 신하들처럼, 정조 또한 문체에 이중 잣대를 가지고 있었던 것입니다.

하지만 어쩌면 정조는 스스로 이중이라는 느낌조차 없었던 게 아닐까 싶습니다. 공식적인 문서, 공부하는 자세는 마땅히 주자학의 고귀한 뜻을 따르고, 개인적인 문서나 사람을 대하는 태도는 편안한 본연의 모습으로 돌아가는 게 당연하다 여겼다고 할까요. 그게 정조에게는 더 자연스러운 일이었을지도 모르겠습니다.

그래도 여전히 의문은 남습니다. 만약 정조를 과거에서 불러와 물을 수 있다면, 정조는 뭐라고 대답했을까요?

"문체반정을 일으킨 당신이 왜, 그토록 속되고 막된 문체를 썼는가?"

과연 정조는 뭐라고 대답했을까요?

부록3

《조선왕조실록》속 문체반정

정조 11년(1787) 10월 10일

비변사에서 사행 재거 사목을 바치다

비변사에서 사행 재거 사목使行齎去事目을 바쳤다.
"1. 모든 본조本朝의 기휘忌諱해야 할 일은 누설할 수 없는데도 범한 자는 장 1백 도 3년에 처하고 관계가 중한 자는 일률을 적용한다.
1. 정수定數 밖의 물화物貨를 가져가는 자는 장 1백에 처하고 잡문서와 우리 나라의 서책을 몰래 지닌 자는 장 1백 유 3천 리에 처한다.
1. 공문 외에 몰래 금물禁物을 사면 장 1백 도 3년에 처하는 일률을 적용한다.
1. 나마騾馬, 화피樺皮를 사사로이 사는 것은 전례대로 금단한다.
1. 현, 황, 자조 대화 서번 연단玄黃紫早大花西番蓮緞, 기명器皿, 우각牛角, 유황硫黃, 마필馬匹 따위 물건을 사사로이 사 오는 자는 장 1백 유 3천 리에 처한다.
1. 삼화蔘貨를 몰래 가져가는 자는 일률을 적용한다.
1. 팔포八包의 정수定數 밖의 은화銀貨를 가져가는 자는 일률을 적용하고 수검搜檢하기 전에 나타난 자는 극변極邊에 정배定配한다……
1. 사신이 가고 돌아올 때에 수검하는 법이 요즈음 점점 해이해지니 일이 한심하기가 이보다 심할 수 없다. 위 항목의 금하는 물건을 몰래 사 가지고 나왔다가 뒤에 나타나는 일이 있으면 당해 의주 부윤이 구전舊典을 더욱 밝혀 엄중히 논감한다."
하였는데, 하교하기를,
"그 가운데에서 금조는 《경국대전》과 《대전통편》에 있기는 하나 항례恒例로 무역한 물건이 많으므로, 공문 외 석 자 이하를 첨서添書한 것은 개요槪要하는 것이 행하기 쉽기 때문이다. 병오년의 정식으로 말하면, 조령條令이 조금 오래되면 법이 해이하기 쉬우니, 이번 사행 때에 다시 더욱더 밝혀서 엄히 경계하라. 서책으로 말하면 우리 나라 사람의 집에 넘치고 찬 것이 모두 당본唐本인데, 이미 나온 본에서라도 탐독하면 해박한 사람이 될 수 있고 문장도 만들 수 있을 것이니, 선비가 다시 무엇하러 많이 사겠는가? 가장 미운 것은 이른바 명말明末청초淸初의 문집文集과 패관잡설稗官雜說이 더욱이 세도世道에 해로운 것인데, 근래의 문체文體를 보면 경박하고 촉급하여 관각館閣의 대수필大手筆이 없는 것이 다 잡된 책이 많이 나온 데에서 말미암은 것이다. 법을 만들어 금지할 것은 없더라도 사신인 자가 그중에서 심한 것을 금할 수 있다면 오히려 아주 없는 것보다 나을 것이니, 이 뜻을 사신이 알게 하라. 잡술의 글로 말하면 원사목 가운데에 특별히 과조科條를 세워서 반드시 매우 금하도록 하라."
하였다.

【원전】 45 집 673 면
【분류】 *사법-법제法制 / *사법-행형行刑 / *외교-야野 / *재정財政 / *금융金融 / *상업商業 / *무역貿易 / *출판出版

정조 12년(1788) 8월 6일
서학 금령에 관한 이경명의 상소 내용으로
비변사가 복주하다

비변사가 이경명李景溟의 상소로 복주覆奏하기를,
"대개 이 서학은 천근淺近하고 황당하여 지식인들을 물들일 수는 없습니다. 지난번 성교聖敎가 이미 준엄하셨으니, 어리석은 무리라 하더라도 감히 다시 학습을 일삼지 않는 것이 마땅합니다. 그런데 지금 사간원의 상소로 보건대 그 싹이 점점 성해지는 것을 알 수 있으니 그것이 오늘에 미쳐 엄금하지 않을 수 없습니다. 연경燕京에서 구입해 오는 길이 이미 끊겼고 보면 이전에 들어온 책이 많지는 않을 듯하니, 서울과 여러 도에 엄히 신칙하여 기한을 정하여 그 책을 수합收合하여 불사르게 하소서. 그리고 이렇게 신칙한 뒤에도 다시 은밀히 베껴 전하여 유혹하는 자가 있으면 적발해 중죄로 다스릴 뜻을 거듭 밝혀 자세히 알게 하소서."

하니, 전교하기를,

"정학正學이 밝아져서 사학邪學이 종식되면 상도常道를 벗어난 이런 책들은 없애려 하지 않아도 저절로 없어져서 사람들이 그 책을 연초燕楚의 잡담만도 못하게 볼 것이다. 그러니 근원을 찾아 근본을 바르게 하는 방법이 바로 급선무에 속한다.

그러나 이 일이 지금 이미 상소에 실려 상주上奏되었는데, 만약 각별히 금단하지 않는다면 폐단 또한 적지 않을 것이니, 묘당에서 이 판사判辭를 가지고 엄히 신칙하고 거듭 깨우쳐 각기 개과천선하게 하라.

그 책을 불사르라고 청한 말은 좋지 않은 것은 아니나, 만약 한 책이라도 빠뜨리는 것이 있을 경우 도리어 법과 기강을 손상시킬 것이다. 그리고 이 학설이 양묵楊墨이나 노불老佛과 달라 나온 지가 오래되지 않아서 그 전파가 넓지 않으니, 다만 집에 간직하고 있는 자들로 하여금 물이나 불에 던져 넣도록 하고, 명을 어기는 자는 드러나는 대로 심문해 처리하라. 사대부 중에 한 사람도 오염汚染되는 이가 없으면 화복설禍福說에 흔들린 어리석은 백성들도 스스로 깨닫고서 깨어날 것이니, 조정에서 이 일에 많은 힘을 쓸 필요가 없다."

하고, 이어 서울에서는 태학, 지방에서는 방백方伯으로 하여금 만일 그 책에 종사하는 사람이 있을 경우, 벌을 게시揭示해 대중에게 보이고 사류士類에 끼워 주지 말게 하였다.

[원전] 46 집 4 면
[분류] °사상思想

정조 15년(1791) 10월 24일
좌의정 채제공이 양사의 이단을 배격하는
상소로 인해 차자를 올리다

좌의정 채제공이 차자를 올리기를,
"삼가 양사가 함께 제기한 논계를 보니 이단을 물리치는 논의가 실로 사람으로 하여금 감복하게 합니다. 그러나 그 말은 오로지 홍낙안洪樂安이 쓴 장문의 편지를 근거로 삼은 것인데, 이른바 장문의 편지란 바로 신에게 보낸 것입니다. 신이 이미 그 속사정을 알고 있는 이상 어찌 침묵을 지킬 수 있겠습니까.

삼가 생각건대 이단의 간특한 설 가운데 양주楊朱나 묵적墨翟 같은 것이 어디 있겠습니까마는, 양주는 스스로 의리를 가탁하고 묵적은 스스로 인애를 가탁하였으니, 그들이라도 언제 임금이 없어도 되고 아비가 없어도 된다고 한 적이 있었습니까. 맹자孟子가 그들을 변론하여 물리치지 않았다면 그 재앙이 아비도 없고 임금도 없는 지경에까지 이르더라도 사람들이 쉽게 알지 못했을 것입니다. 오늘날 서양학은 부모를 도외시하고 임금을 소홀히 하는 것을 하나의 의리로 삼아 세상 사람들의 자식들을 모조리 망치려고 하니, 그 피해는 실로 양주나 묵적보다 백 배나 됩니다.

신은 그 학술을 원수처럼 미워하여 일찍이 글을 지어 분명하게 논변하였고 사람들을 대할 때마다 간절히 경계하였으며, 또 재작년 연석에 올랐을 때도 반복해 아뢰어서 영원히 그 근원을 막아 버릴 것을 바랐습니다. 그러다가 이번에 홍낙안의 편지를 받고서 비로소 호남에 권상연, 윤지충 두 자가 사판을 태워 버린 일이 있었다는 것을 알았으니, 심장이 놀라고 간담이 떨려 반드시 천벌을 빨리 내리게 하고픈 생각이 어찌 낙안보다 못하겠습니까. 다만 이단을 물리치는 것은 가상한 일이긴 하나 만약 이로 말미암아 한층 더 젖어들고 뻗어나갈 걱정이 있게 된다면 이는 군자가 마땅히 경계해야 할 일입니다. 한유韓愈가 좋은 말을 하였는데, 곧 '그 사람을 올바른 사람으로 만들고 그 책을 불태워 버리고 그 거처를 민가로 만들어야 한다' 하였습니다. 이단의 책은 물론 불태워 버려야 하고 이단을 믿는 자들의 거처는 응당 민가로 만들어야 한다 하였으나, 유독 이단을 믿는 사람들에 대해서는 그 사람을 죽이라 하지 않고 반드시 그 사람을 사람답게 만들라고 하였으니, 이것이 어찌 한유가 이단을 배격하는 것이 엄격하지 않아서 그런 것이겠습니까.

대체로 사람이 만약 이전에 하던 일을 부끄럽게 여기면 나쁜 사람이 좋은 사람으로 될 수 있고 사람이 만약 태도를 바꾸고 마음을 바꾸면 나쁜 사람이 좋은 사람으로 될 수 있으며 사람이 만약 형벌이 무서워 감히 못된 짓을 하지 못하면 역시 나쁜 사람이 좋은 사람으로 될 수 있는 것이니, 옛날 현인들이 글을 저술하고 논리를 전개하여 스스로 새로운 사람이 될 수 있는 길을 열어 놓은 것이 또한 어찌 의미심장하지 않습니까.

원과 운의 죄가 과연 전하는 자의 말대로라면 이는 오랑캐나 집승만도 못한 짓으로서 사람이라 하여 사람으로 인정하지 못할 자이니, 나라에 떳떳한 형벌이 있는 이상 다시 더 논의할 여지도 없습니다. 그러나 애석하게도 낙안의 글은 옳은 말을 하면서도 잘 가리지 못하고 문제 이외의 것을 부질없이 언급하였습니다. 노나라의 술맛이 박하여 한단邯鄲이 포위당하고 장공張公이 술을 마셨는데 이공李公이 취했다는 말처럼 이는 천고에 그럴 이치가 없는 말입니다. 낙안은 나이가 아직 어려 사실 깊이 책망할 것이 없지만 그의 말은 어찌 이처럼 근거가 없단 말입니까. 더구나 성명聖明께서 위에 계셔서 조정이 편안하고 국내에는 시끄러운 일이 없는데도 장각張角과 백련교白蓮敎 등의 말을 장황하게 끌어대 사람을 무섭게 만들면서 마치 국가의 재난이 당장 눈앞에 박두한 것처럼 하였으니, 비록 이단을 배척하는 마음이 급해서 말을 적절히 헤아리지 못했다 하더라도 유독 민심이 쉽게 놀라고 의심하는 것은 생각지 않는단 말입니까. 지금 그 글이 온 세상에 두루 퍼져 대각의 계사에 급한 편지라고 말하기까지 하였으니, 이는 낙안이 스스로 만들어 취한 것입니다.

사특한 학술은 물론 응당 깊이 미워하고 엄히 처벌하여 종자를 퍼뜨리지 못하게 할 일이지만 만약 아무런 관계도 없는 다른 사람에게까지 미친다면 꼭 세상일에 관한 걱정이 되지 않는다고 볼 수가 없습니다.

그러므로 일전에 낙안이 낸 통문 속에 쓸데없는 말이 들어 있다는 소리를 듣고는 신이 신의 자식에게 신의 이름을 삭제하게 하였으며 나중에 그 말을 고쳐 권과 윤만 배격하였다는 소리를 듣고 또 신의 자식으로 하여금 신의 이름을 함께 기록하게 하였습니다. 한 번은 삭제하고 한 번은 기록하게 한 것이 신은 스스로 대략 참작한 것이 있다고 생각하며 또한 이것을 가지고 두 끝을 잡고서 그 가운데를 취하는 우리 전하의 정사를 우러러 돕지 않을 수 없습니다. 바라건대 전하께서는 엄하게 대처하고 밝게 살피시어 어느 한쪽으로 치우치지 않는 정치를 밝히소서."

하니, 비답하기를,

"경은 어제 대간의 계사에 대한 비답을 보았는가? 이단이라 불리는 것은 비단 노자老子나 석가모니나 양주나 묵적이나 순자荀子나 장자莊子나 신불해申不害나 한비자韓非子뿐만 아니라, 제자백가諸子百家의 수많은 글들로서 올바른 법과 떳떳한 도리에 조금이라도 어긋나 선왕(先王)의 정당한 말씀이 아닌 것들은 모두 해당이 되는 것이다. 그러므로 공자 때는 사특한 설이 횡행하는 것이 맹자 때와 같은 지경에 이르지 않았다. 맹자는 이단을 홍수와 맹수, 난신적자亂臣賊子처럼 배척하였으나 공자는 단지 평범하게 그것이 해롭다고만 말하였는데, 그 이유는 각기 처해 있는 시대가 같지 않았기 때문이고 처지가 바뀐다면 반드시 다 그렇게 할 것이다. 지금 사람들은 소인의 마음으로 성인의 마음을 헤아려, 마치 탕서湯誓와 태서泰誓의 글이 각기 여유있고 각박한 차이가 있는 것처럼 여기니, 공자가 진짜 이단에 들어가지 않은 제자백가들까지도 오히려 이단이란 명목을 처음으로 만들어 교훈을 보여 주고 미리 막으려 했던 것을 너무도 모른다고 할 수 있다. 《논어》의 본지가 어찌 《맹자》의 호변장好辯章보다 더 엄격하지 않은 것이겠는가. 더구나 지금은 공자 때와는 천수백 년이나 떨어졌으니, 그 오도의 본지를 드러내 밝히고 이단을 배격하는 책임이 우리 무리의 젊은이들에게 있지 않겠는가.

내가 일찍이 연신筵臣에게 이르기를 '서양학을 금지하려면 먼저 패관 잡기稗官雜記부터 금지해야 하고 패관잡기를 금지하려면 먼저 명말청초明末清初의 문집들부터 금지시켜야 한다' 하였다. 대체로 그 근본을 바르게 하는 것은 오활하고 느슨한 것 같아도 힘을 쓰기가 쉽고, 그 말단을 바로잡는 것은 비록 지극히 절실한 것 같아도 공을 이루기가 어려운 것이다. 지금 내가 금지하려는 것이 근본을 바르게 하는 데에 하나의 도움이 안 되지는 않을 것이다. 만약 공자가 지위를 얻어 가지고 도를 행하여 제자백가의 설들이 경전과 함께 행세할 수 없었더라면 맹자가 무엇 때문에 그처럼 많은 이야기를 해서 당시 사람들에게 논변을 좋아한다는 비평을 받았겠는가.

 마침 경의 차자로 인해 다시 대간에 대한 비답 가운데 미처 다하지 못했던 곡절을 거듭 밝혔다. 경은 묘당에서 국가의 대계를 세우는 자리에 있으니, 모름지기 명말청초의 문집과 패관잡기 등의 모든 책들을 물이나 불 속에 던져 넣는 것이 옳겠는가의 여부를 여러 재상들과 충분히 강구하도록 하라. 이것을 만약 명령으로 실시하기가 혐의가 있다면 연경에 가는 사신들이 잡서를 사 오는 것을 금지시키는 문제를 추진하는 것이 경의 뜻에는 어떻겠는가?

 서양학의 고질적인 폐단에 대해서는 경의 차자 가운데 심지어 '그 학술을 원수처럼 미워하여 글을 지어 분명히 논변하고 사람을 만날 때마다 깊이 경계하였다'고까지 하였는데, 경은 일찌감치 인심을 바르게 하지 못하고 성학聖學을 밝히지 못한 것을 가지고 도리어 자신의 책임으로 삼는 것은 정말 지나치고 또 지나친 것이다. 내가 군사君師의 지위에 있으면서도 일이 일어나기 전에 바른길로 인도하여 교화가 행해지고 풍속이 아름답게 만들지 못하였으니, 경이야 무슨 책임이 있겠는가. 홍낙안 무리의 사적인 글 가운데 한두 구절 비유로 취한 말은 어제 대간의 계사 속에서 사실 보았지만 사방에서 알고 의혹을 일으킬까 염려하여 쓸데없이 드러내 쓰지 말고 즉시 수정하도록 하였다. 나이 어린 신진들의 말만 잘하는 병통을 경은 어째서 그대로 방치하려 하는가. 이 점은 도리어 내가 경에게 개탄스럽게 여기는 것이다."
하였다.

【원전】 46 집 253 면
【분류】 °정론政論 / °사상-서학西學

정조 16년(1792) 10월19일

동지 정사 박종악 등에게 당판의 수입 금지와
소설 문체 사용의 금지를 명하다

　동지 정사 박종악朴宗岳과 대사성 김방행金方行을 불러들여 접견하였다. 상이 종악에게 전교하기를,
　"어제 책문의 제목 하나를 내어서 위서僞書의 폐단에 관해 설문을 해보았다. 근래 선비들의 추향이 점점 저하되어 문풍文風도 날로 비속해지고 있다. 과문科文을 놓고 보더라도 패관소품稗官小品의 문체를 사람들이 모두 모방하여 경전 가운데 늘상 접하여 빠뜨릴 수 없는 의미들은 소용없는 것으로 전락하였다. 내용이 빈약하고 기교만 부려 전연 옛사람의 체취는 없고 조급하고 경박하여 평온한 세상의 문장 같지 않다. 세도와 유관한 것이어서 실로 작은 걱정이 아니다.
　내가 그것을 바로잡아 보려고 고심 끝에 책문의 제목으로까지 내었던 것인데 만일 그 폐단만을 말하고 실효를 거두지 못하면 무슨 보탬이 되겠는가. 이러한 폐단의 근원을 아주 뽑아서 없애 버리려면 애당초 잡서雜書들을 중국에서 사 오지 못하게 하는 것이 제일이다.
　그리하여 앞서의 사행 때도 물론 누누이 당부해 왔지만 이번 사행에는 더욱더 엄히 단속하여 패관소기稗官小記는 말할 것도 없고 경서經書나 사기史記라도 당판唐板인 경우 절대로 가지고 오지 말도록 하고, 돌아오는 길에 압록강을 건널 때 하나하나 조사해서 군관이나 역관 무리라도 만일 가지고 오는 자가 있으면 바로 교서관에서 압수하여 널리 유포되는 폐단이 없게 하라.
　경사經史는 잡서와는 다르므로 이렇게 엄금한다면 다소 지나친 것 같으나 우리 나라에 있는 것만도 빠진 것 없이 다 갖추어져 있어 그것만 외우고 읽어도 무슨 일인들 참고하지 못하겠으며 어떤 문장인들 짓지 못하겠는가. 더구나 우리 나라 서책은 종이가 질겨 오랫동안 두고 볼 수 있으며 글자가 커서 늘 보기에도 편리한데 하필 종이도 얇고 글씨도 자잘한 당판을 멀리서 구하려 하는 것인가. 그런데 이것을 꼭 찾는 이유는 누워서 보기에 편리해서인 것이다. 이른바 누워서 본다는 것이

어찌 성인의 말씀을 존숭하는 도리이겠는가."

하니, 종악이 아뢰기를,

"지금 성교를 받자오니 문교文敎를 숭상하고 바른 학문을 부양하여 만세를 두고 영원한 장래를 염려하시는 위대한 전하의 말씀임을 알고 이루 말할 수 없이 흠앙스럽습니다. 신도 당연히 엄히 금하여 만에 하나라도 그 뜻을 받들도록 하겠습니다."

하였다. 상이 대사성 김방행에게 이르기를,

"성균관 시험의 시험지 중에 만일 조금이라도 패관잡기에 관련되는 답이 있으면 비록 전편이 주옥 같을지라도 하고下考로 처리하고 이어 그 사람의 이름을 확인하여 과거를 보지 못하도록 하여 조금도 용서가 없어야 할 것이다. 내일 승보시陞補試를 보일 때 여러 선비들을 모아두고 직접 이 뜻을 일러주어 실효가 있게 하라.

엊그제 유생 이옥李鈺의 응제應製 글귀들은 순전히 소설체를 사용하고 있었으니 선비들의 습성에 매우 놀랐다. 지금 현재 동지성균관사로 하여금 일과日課로 사륙문四六文만 50수를 짓게 하여 낡은 문체를 완전히 고친 뒤에야 과거에 응시하게 하도록 하였다. 그런데 그 사람은 일개 유생에 불과하여 관계되는 바가 크지 않지만 띠를 두르고 홀을 들고 문연文淵에 출입하는 사람들도 이런 문체를 모방하는 자들이 많으니 어찌 크게 안타까운 일이 아니겠는가.

일전에 남공철南公轍의 대책對策 중에도 소품小品을 인용한 몇 구절이 있었다. 그가 누구의 아들인가. 나도 문청文淸에게서 배웠지만 지성으로 가르치고 인도해 주었기에 비로소 글을 짓는 방법을 알았다. 그의 문체는 고상하고 전중典重하여 요사이의 문체에 비할 바 아니었으므로 나도 그 문체를 매우 좋아하고 있다. 그런데 그런 아버지의 아들로서 그러한 문체를 본받는다면 되겠는가.

오늘 이 하교가 있었음을 듣고서 마음을 고쳐먹고 다시 올바른 길로 가기 전에는 그가 비록 대궐에 들더라도 감히 경연에 오르지는 못할 것이며 집에 있으면서도 무슨 낯으로 가묘家廟를 배알하겠는가. 공철의 지제교 직함을 우선 떼도록 하라. 그 밖에 문신들 중에서도 너무 좋아하는 자들이 상당히 있으나 일부러 한 사람 한 사람 지명하고 싶지 않다. 정관政官으로 하여금 문신 중에서 그런 문체를 쓰는 자들을 자세히 살펴 다시는 교수教授의 후보자로 추천하지 말도록 하라."
하였다.

[원전] 46 집 349 면
[분류] °왕실王室 / °출판出版 / °인사人事

정조 16년(1792) 10월24일

패관소설을 보아 파직된 이상황이
함답을 올리자 다시 전직을 맡기고 남공철에게도
공초를 받아 오게 하다

승정원이 서학 교수西學敎授 이상황李相璜의 함답緘答에 관해 아뢰자, 전 교하기를,
"일전에 보니 초계문신 남공철의 대책문은 패관문자稗官文字를 인용하고 있었고, 상재생上齋生 이옥李鈺이 지은 표문表文은 순전히 소품小品의 체재를 본받고 있었다. 이옥이야 한미한 일개 유생이므로 그렇게 심하게 꾸짖을 것까지야 없겠지만 그래도 반장泮長을 특별히 단속하여 승보 시험의 시부詩賦에도 그렇게 불경不經스런 문체는 엄히 금하도록 아울러 명했다. 명색이 각신이고 또 문청공文淸公의 아들이라는 자가 가훈을 어기고 임금의 명령도 저버리고 그렇게 금령을 범하는 일을 하다니 어찌 몹시 놀랍지 않겠는가. 옛날 유자儒者들도 이단異端의 글들을 인용하는 일이 많았으니 참으로 이른바 '주인을 꼭 물어 무엇하리'인 것이다. 이단은 물론이고 비록 패관체의 글이라도 그 글이 혹 이치에 가깝다거나 그 말이 사람에게 도움을 주는 것이고 그것이 구미에 맞아 모방한 것이 아니라 별 생각 없이 그냥 써 본 것이라면 이는 공적인 죄에 불과한 것이다. 그런데 공철이 대책문 중에 인용한 골동古董 등의 말은 그것이 비록 그를 배척하는 뜻으로 쓴 것이기는 하지만 만일 그 학문을 즐기지 않았다면야 그 책을 볼 리가 있었겠는가. 더구나 그 출처

를 따져보면 이치에 어긋나고 사람에게 해를 주는 것으로 음란한 음악이나 사특한 여색 정도가 아닌 경우이겠는가. 특별히 초계문신을 불러 더욱 엄하게 신칙하고 이어 공철로 하여금 마음을 바꾸어 바른길로 돌아오기 전에는 대궐에 들어오더라도 감히 경연에 오르지 못하게 하고 대궐을 나가서도 감히 집안 사당에 절을 드리지 못하게 했던 것이다. 이것이 어찌 다만 공철 한 사람의 문제 때문에 그랬겠는가.

또 이상황 등에게도 연전에 역시 엄히 경계한 일이 있었다. 마음으로 생각하기에 아직 옛 버릇을 완전히 고치지 못한 때문이라고 여겨서 먼저 그가 맡고 있던 상임庠任을 해임시키도록 명하였다. 그런데 오늘 마침 물어서 아뢰게 하였더니 그 대답이 그러한데 설마 입으로만 그렇게 하고 마음은 그렇지 않을 리가 있겠는가. 악을 버리고 선으로 향하는 정성이 말 이외로 나타나고 있으니 매우 가상한 일이다. 그야말로 사람이 누가 허물이 없겠는가. 문제는 허물을 고치는 것이 중요하다.

직급이 낮은 최필공崔必恭에게도 칭찬을 해 주었는데 하물며 경악을 출입하던 신하이겠는가. 전 교수 이상황에게 전직을 그대로 맡기고 대신 임명하려던 후보자 추천은 그만두도록 하라. 다시 생각해 보니 공철 역시 애매하게 내버려 둘 수는 없을 것 같다. 내각으로 하여금 공함公緘을 보내 공초를 받아 올리게 하라."

하였다.

앞서 정미년에 상황과 김조순金祖淳이 예문관에서 함께 숙직하면서 당송唐宋 시대의 각종 소설과《평산냉연平山冷燕》등의 서적들을 가져다 보면서 한가히 시간을 보내고 있었다. 그런데 상이 우연히 입시해 있던 주서注書로 하여금 상황이 하고 있는 일이 무엇인가를 보게 하였던 바 상황이 때마침 그러한 책들을 읽고 있었으므로 그것을 가져다 불태워 버리도록 명하고서는 두 사람을 경계하여 경전에 전력하고 잡서들은 보지 말도록 하였다. 상황 등이 그때부터 감히 다시는 패관소설을 보지 않았는데 지금 와서 남공철이 대책對策에 소품의 어투를 인용한 것을 인하여 마침내 공함을 보내 그의 답을 아뢰도록 명하였던 것이다. 그것은 그 사람들이 나이 젊고 재주가 있었으므로 그들로 하여금 실학에 힘쓰도록 하여 그들의 뜻과 취향을 보려 함이었다.

[원전] 46 집 351 면
[분류] *교육敎育 / *어문학語文學

정조 16년(1792) 10월 25일

남공철을 전직에 복직시키고
그 함답 내용을 조지朝紙에 반포하여
이후 문풍을 엄히 할 것을 명하다

내각이 부사과(副司果) 남공철의 함답에 대해 아뢰자, 비답하기를,
"대답 내용이 비록 장황한 느낌이 드나 문체는 소품을 본 따지는 않았다. 그냥 되돌려 주지 않고 그대로 판하判下한다. 그가 이 뒤로는 단 한 마디 반 마디라도 혹시 옛 버릇이 묻어 나오기만 하면 이는 참으로 어버이를 저버리고 나라를 저버린 것이라고 다짐했는데, 그에게 있어서는 그야말로 나무꾼이 벼슬아치가 되고 미천한 자가 높은 자리에 오르는 듯한 일대 좋은 소식이다. 공함 발송에 관한 전교와 답통答通의 공초供招를 조지朝紙에 반포하여 많은 사람들이 다 보게 하라. 그가 비록 전철로 되돌아가고픈 생각이 있을지라도 그도 사람인데 어떻게 그렇게야 하겠는가. 그러니 법을 적용할 필요 없이 그냥 직에 임하게 하여 그 스스로 새로운 길을 찾도록 하라.
지금 이 처분은 생각없이 한 일이 아니다. 문풍文風이란 세도와 관계되는 것이기에 남공철 한 사람으로 많은 선비들이 타산지석을 삼게 하고자 함이다. 직책으로나 지위로 보아 나와 아주 가까운 각신들도 조금도 가차 없이 금지하고 꾸짖고 하여 부끄러움을 알게 하는데, 더구나 나이 젊은 유생으로서 승보시陞補試의 과제課製 사이에 발을 내디디고 후일 모두 사대부가 될 자들이겠는가. 우선 반시泮試에서부터 만일 전교를 따르지 않는 자가 있으면 한결같이 태학의 법전 격례格例에 따라 바로 선비들이 모이는 곳에다 죄과를 쓴 판자를 매달아 두고 더 심한 자는 북을 치며 성토하고 그 다음가는 자는 매를 때리고 그 사실을 기록하여 괄목할 만한 실효가 있도록 하라. 그리고 이번 재가한 사항을 대소과의 과거 규정에 기록해 두도록 예조가 잘 알아서 처리하라."
하였다.

[원전] 46 집 351 면
[분류] *교육敎育 / *사상思想

정조 16년(1792) 11월 3일

패관소설을 본 김조순과 심상규에게
공초를 받도록 하다

내각에 전교하기를,
"그것이 비록 한 가지 일이지만 역시 형정刑政에 관계되니 어찌 죄를 짓고서 요행히 면할 수 있겠는가. 이상황李相璜과 남공철南公轍은 서울에 있다는 이유로 문계問啓하고 김조순金祖淳만은 동일한 죄를 지은 부류인데도 죄의 그물을 벗어났을 뿐만 아니라 감히 사행길에서 의기양양하였다. 상황과 공철은 어떤 사람이기에 저같이 고생을 겪어야 하고 조순은 그가 하는 대로 내버려 둔다는 것인가. 상황과 공철에게 물었던 조목으로 그대로 김조순이 도착해 있는 지방의 도신에게 관문關文을 띄워 그가 압록강을 건너기 이전에 답통答通을 받고 반성하는 글과 시詩도 지어 올리게 하여 공철이 지은 것과 함께 게시판에 써 걸도록 하라. 그리고 심상규沈象奎도 요행히 제재를 피하게 할 수 없으니 역시 공함을 띄워 공초를 받도록 하라."
하였다. 내각이 전 대교待敎 심상규의 함답 내용을 아뢰자, 상이 이르기를,
"구두가 떨어지지 않으니 언문으로 번역하고 주해를 달아 올리게 하라."
하였는데, 대체로 곤욕을 주기 위해서였던 것이다. 상규가 글자마다 주해를 달아 올리자, 상이 그의 재주에 대해 연신筵臣들 앞에서 칭찬을 아끼지 않았다.

【원전】 46 집 352 면
【분류】 °외교外交 / °사법司法

정조 17년 계축(1793) 12월 20일

《육영성휘》가 완성되다

《육영성휘育英姓彙》가 완성되었다. 상이 매양 당시의 문장이 날로 시들어 가는 것을 밤낮없이 걱정하여 진작시키고 제도할 방도에 대해서 끝없이 마음을 썼는데, 정전에 나와 직접 시험을 보이기도 하고 성균관에 제목을 주어 시험하기도 하여 해마다 시험을 치루고 달마다 점수를 따져서 많은 문체의 법식을 남겼다. 이때에 이르러 각신에게 명하여 매년 응제應製에서의 방목을 가져다가 부문을 나누고 항목을 모아 각각 성姓으로 분류하여 그의 관향貫鄕과 세파世派 및 전후로 받은 등급을 갖추어 써넣게 하였는데 모두 29권이었다. 어안御案에 놓아두고 열람하는 데에 대비하니 이로부터 당시의 문장을 배운 사람은 대궐에 이름이 알려지지 않은 사람이 없었다.

【원전】 46 집 434 면
【분류】 *출판出版 / *가족家族

정조 18년(1794) 8월 16일

홍문관 제학 김재찬이 사직 상소하다

홍문관 제학 김재찬金載瓚이 상소하기를,
"신이 조방朝房에 도착하여 인사 담당 관리를 불러 물으니 '제학의 새로운 후보자는 애당초 대제학과 제학에게 서찰로 묻기도 전에 먼저 추천하였다'고 했습니다. 이조가 관리 임명의 격식을 깨뜨린 것이 진실로 적지 않습니다. 제학으로 향하는 한 걸음은 즉시 철한鐵限을 이루고 있으니 신에게 새로 제수한 직책을 빨리 삭탈하소서."
하니, 비답하기를,

"경의 문체는 요즈음의 젊은이들과는 같지 않다. 이 때문에 각료閣僚중에서 글에 능하다고 일컬어지는 여러 사람들에게 이만수李晚秀와 경만을 가하게 여기는 것이다. 내 뜻이 문장의 폐단을 바로잡아 세상의 가르침을 삼는 데 있으니, 그렇다면 이러한 때 이러한 임무를 경이 아니면 그 누구가 맡겠는가. 상소 중에 덧붙여 진술한 일에서 이처럼 의리를 끌어 사임을 청했으니 내일 어떻게 인원을 갖추어 고시하겠는가. 방편으로 일을 끝맺는 것도 어렵지 않으니, 경의 제학 벼슬은 지금 일단 체직을 허락한다. 격식을 어기면서 제학 벼슬의 후보자를 추천한 이조의 당상관을 추고하라."
하였다.

【원전】 46 집 497 면
【분류】 *정론-간쟁諫諍 / *인사-임면任免 / *사법-탄핵彈劾

정조 19년(1795) 11월7일

진하 정사 이병모 등을 소견하고, 문체와 관련하여 우리 나라 시문에 대해 논평하다

진하 정사進賀正使 이병모李秉模, 관상감 제조 정호인鄭好仁, 사역원 제조 윤시동尹蓍東·이시수李時秀, 정례 이정소定例釐正所 당상 서용보徐龍輔, 승문원 공사 당상公事堂上 이만수李晚秀를 성정각誠正閣에서 불러 보았다. 상이 병모에게 이르기를,
"사대事大하는 문서는 본래 신중하게 작성해야만 한다. 이번에 보내는 표문表文과 자문咨文을 경이 모쪼록 보살펴 주어야 하겠다. 그런데 근래의 문체文體가 점점 옛날과 같지 않으니 매우 걱정이 된다. 경은 식암息菴의 시문詩文에 대해서 어떻게 생각하는가?"
하니, 병모가 아뢰기를,
"역시 신으로서는 미치기 어려운 점이 있습니다."

하자, 상이 이르기를
"나는 우리 나라에서 명明나라 문체의 못된 폐단을 답습하게 한 풍조를 이 글이 실제로 열어 놓았다고 생각한다. 그 자신은 그런 글을 짓는 것에 대해 꽃과 달을 새긴 비단과 같다고 하면서 동방의 찌든 때를 한 번 씻어 내게 되었다고 하였지만, 순일하며 온후한 점에 있어서는 태허정太虛亭이나 사가四佳 등 제자諸子보다도 훨씬 못하다.
그리고 시라는 것은 세상 풍속을 교화시키는 것과 관계가 있으니, 보여 주는 것이 있고 하소연하는 것이 있어야 감동을 불러일으키고 잘못을 바로잡을 수가 있는 것이다. 그리하여 가까이는 아비를 섬기고 임금을 섬기며 멀리로는 사방에 사신으로 가서 역할을 수행하는 것이 모두 이 시의 효능이라 할 것이다. 그런데 근세의 시들을 보면 슬프고 울적한 음조를 띠고 있으니 모두 시를 배우는 본뜻을 잃었다 하겠다.
읍취헌이나 박눌재朴訥齋 같은 이들의 시를 보면, 처음에는 좋게 여겨지지 않다가도 오래 보면 볼수록 좋아진다. 내 생각에 우리 동방의 시집詩集으로는 마땅히 이 두 시가詩家의 것을 정종正宗으로 삼아야 하리라 여겨진다. 그래서 일찍이 예전 홍문관에서 《천마잠두록天磨蠶頭錄》을 찾아내어 간행토록 하였고, 또 《눌재집訥齋集》을 간행하여 배포토록 하였는데, 이를 통해서도 순박한 경지로 되돌리려 했던 나의 고심을 엿볼 수가 있을 것이다.
삼연三淵의 시를 누가 아끼지 않겠는가마는, 다만 그토록 화려하고 번성한 문족門族에서 이처럼 산야山野의 싸늘하고 파리한 어휘가 나오게 된 것이 어찌 우연이라고만 하겠는가. 또 농암農巖의 문장을 그 누가 추중推重하지 않겠는가. 나 역시 매우 좋아한다. 그러나 자신은 늘 명나라 사람들의 어투를 피하려 힘쓴다고 했으나 가끔 그런 병통을 면하지 못한 곳이 나오곤 한다. 이런 경우를 두고 문장도 시운時運에 따라 오르락내리락한다고 하는 것인지 모르겠다."
하였다.

【원전】 46 집 611 면
【분류】 *왕실王室 / *외교外交

정조 21년(1797) 11월 8일

소품의 글로 인해 선비들의 추향이
바르지 않으므로 그 방도를 논의하다

차대次對를 행하였다. 상이 이르기를,
"근일에 선비들의 추향趣向이 바르지 않은 것은 대체로 소품小品의 글에서 말미암았으니, 이른바 소품의 글이란 곧 명청明淸 문체文體의 지류支流이다. 오늘날에 와서 바로잡는 방도는 그 도道를 한 번 변화시킴에 달려 있으니 또한 지나치게 사교辭敎를 허비할 필요도 없다. 다만 마땅히 그 사람을 평상적인 사람이 되게 하고 그 글을 불태우기만 하면 될 뿐이다. 가정에서는 부형이 조정에서는 담당 관원이 효박淆博함을 돌이켜 순박함으로 돌아오게 하는 방도를 생각하여 능히 이 도에서 나가면 노예로 삼고 이 도道로 들어오면 주인으로 삼는 정사를 쓰면 그 풍속이 변화하지 않고 선비가 바르게 되지 않음을 걱정할 것이 뭐가 있겠는가."
하였다.

[원전] 47집 53면
[분류] *왕실-경연經筵 / *어문학語文學

정조 21년(1797) 11월 12일

강이천 등의 일을 논하고, 승보시에서
문체와 필획으로 가려 뽑도록 하다

대신, 비변사 당상, 형조 당상을 불러 접견하였다. 상이 이르기를,
"근래에 인심이 착하지 못하고 선비의 취향이 단정하지 못한 나머지 성인이 아닌 자의 글을 보기 때문에 바르지 못한 일을 행하게 되고, 그

결과 폐단이 마침내는 젊은 사람이 어른을 능멸하고 천한 사람이 귀한 사람을 능멸하기에 이르렀다. 그리하여 점차 군부君父를 대수롭지 않게까지 보게 되어 스스로 가르침을 따르지 않는 죄에 빠지기에 이르러 이번 일이 있게 된 것이다."

하였다. 우의정 이병모李秉模가 아뢰기를,

"지금 이 죄수들의 죄는 비록 헐하게 매긴다 하더라도 대중을 의혹시킨 형률과 말을 어지럽게 한 주벌誅罰을 면하기 어렵습니다. 돌아보면 지금 백성의 뜻이 안정되지 못하고 거짓말이 그치지 않고 있는데 이런 때를 당하여서는 이런 무리를 더욱 엄히 다스려야 합니다."

하니, 상이 이르기를,

"강이천은 내가 일찍이 한두 번 보고서 이미 경박하고 행검이 없다는 것을 요량하였다. 조금 재화才華가 있으나 전혀 글을 읽지 않았기 때문에 소품小品에 잘못 빠져들어 이에 이른 것이다. 그러나 그도 세록世祿의 집안인데 어찌 굳이 나라를 원망하는 마음이야 있겠는가.

대체로 선비가 성경현전聖經賢傳에 잠심潛心하면 못되고 편벽된 마음이 어디로부터 생기겠는가. 내가 매양 좌상 쪽에 속하는 사람들은 먼저 사마천司馬遷의 사기史記를 읽기 때문에 병패病敗가 있음을 면하지 못한다는 것으로 좌상에게 말하였다. 오늘부터 경연經筵에 오르는 신하들은 아비로서 아들을 가르치고 형으로서 아우를 면려勉勵하여 경전에 잠심潛心하고 소품의 문자를 보지 못하도록 함으로써 기필코 경박함을 돌이켜 순박함으로 돌아오게 해야 할 것이다. 이것은 부형의 책임일 뿐만이 아니라 담당한 관원 역시 그 책임을 피할 수 없는 것이다.

승보시陞補試는 곧 과문科文의 첫 관문이다. 대사성이 된 사람은 고시考試할 즈음에 혹 문체와 필획筆劃이 서틀고 갸날프며 경박하고 비뚤어졌을 경우에는 일체 축출함으로써 유생이 된 자로 하여금 좋아하고 미워하는 것의 소재를 환히 알게 해야 할 것이니, 그러면 어찌 크게 새로워지고 다시 볼만해지는 효과가 없겠는가."

하였다.

【원전】 47 집 53 면
【분류】 *사법-치안治安 / *인사-선발選拔 / *정론政論

정조 23년(1799) 6월 4일

불순한 학설을 물리치는 방도에 대해
신하들에게 이르다

차대하였다. 상이 이르기를,
"올해는 바로 온릉이 복위한 60돌이 되는 해이기 때문에 지난번 전교에서도 이미 말하였다마는 조금이나마 추모하는 뜻을 나타내기 위하여 오늘 향과 축문도 직접 내주었다.

　신도공信度公의 일을 알지 못하는 자는 필시 옳으니 그르니 말이 많을 것이다마는 이 일은 그렇지 않은 점이 있다. 그가 갑자년의 일에 간여하지 않았을 뿐만 아니라, 설령 짚고 넘어가야 할 일이 있다고 하더라도 송宋나라의 왕륜王倫의 일과 같다. 왕륜이 처음에는 화의론을 주장하여 청론의 공격을 받았으나 마침내 한 번 죽음으로써 군자들의 칭송을 받았다. 더구나 애당초 짚고 넘어가야 할 일이 없는 신도공의 경우야 무슨 문제가 있겠는가."
하였다. 좌의정 이병모가 아뢰기를,
"성상의 하교가 참으로 지당합니다. 대개 그의 처지로 보아 충분히 화를 면할 수 있었지만 끝내 구차스럽게 모면하려 하지 않았으니, 그의 우뚝한 절개를 알 수 있습니다."
하였다. 상이 이르기를,
"이존창李存昌에 대해서 감사의 장계에서는 용서해 주자고 청하였다. 스스로 깨달았다고 하였는데 그대로 말라 죽게 하는 것은 또한 불순한 책을 불사르고 불순한 사람을 사람다운 사람으로 만드는 의리가 아니다. 심환지沈煥之 판부사는 의논 가운데에, 그것이 참으로 깨달은 것은 아니라고 하기는 했으나 그 말은 오히려 억측에 가깝다. 성인聖人이 《주역周易》을 만들면서 혁괘革卦에서, 그 태도부터 고치고 마음을 고치는 데에 이르게 하였다. 어찌 먼저 마음부터 고치기를 바랄 수 있겠는가. 설령 이존창이 과연 마음을 고친 실지가 없더라도 용서하자는 감사의 장계가 올라온 이상 조정의 체면으로서야 어찌 의심을 가지고 용서에 인색하게 해서야 되겠는가."

하니, 이병모가 아뢰기를,

"신의 어리석은 생각으로는 감사의 장계가 경솔함을 면치 못한 듯합니다. 그가 이미 여러 해를 감옥에 갇혀 있었으니, 이른바 깨달았다고 하는 것은 형장을 이기지 못하여 그런 것이지 반드시 정말 반성하여 새롭게 된 것은 아닌 듯합니다. 완전히 용서하는 일을 가벼이 의논해서는 안 될 듯합니다."

하였다. 상이 이르기를,

"오늘날 온 세상이 모두 비린내 나고 더러운 와중으로 휩쓸려 들어가고 있는데도 우리나라만은 유독 깨끗함을 보존해 왔다. 그런데 어찌하여 불순한 학설이 횡행하여 그 피해가 장차 오랑캐나 금수와 같은 지경에 이르게 되었단 말인가.

지금 이 불순한 학설을 물리치는 방도는, 나는 바른 학문을 밝히는 길뿐이라고 생각한다. 이에 대해서는 앞뒤 경연의 하교에서 거듭 당부했을 뿐만 아니다. 먼저 조정에서부터 인재를 등용하거나 버릴 때에 반드시 경학에 밝고 행실이 바른 사람을 구하여 등용하고 육예六藝의 과목에 들어 있지 않은 자는 물리치고 배척하여 조금도 용서하지 말아야 한다. 그런 뒤에야 불순한 학설이 절로 사라질 것이다.

내가 한 세상을 속이려는 것이 아니다. 오늘날 사람들은 위로는 높은 벼슬을 하는 사람으로부터 아래로는 조정에 널려 있는 관리들에 이르기까지 태반이 경학의 뜻에 대해서는 이야기하기를 부끄러워하고 바른길을 벗어나 알맹이 없는 외형만을 오로지 일삼는 사람들이다. 문체는 난잡하고 글씨는 바르지 못하며 몸은 선왕의 행실을 본받지 않고 입은 성현들의 말씀을 말하지 않는다. 위의나 용모에 이르러서도 모두가 이 모양들이다. 혹 타고난 자질이 도에 가까운 자가 있다고 하더라도 먼저 배우는 것이 이런 것들이고 벗어나지 못하는 것이 속된 투이기에 도도하게 흐르는 폐단을 구제할 만한 약이 없다. 바른 학문이 좋다는 것을 마치 고기 음식이 맛있다는 것을 아는 것처럼 참으로 알아서 애쓸 것도 없이 실천할 수 있는 자가 몇 사람이나 되겠는가.

만약 후대에 이런 무리들이 선배가 되어서 후배들을 가르치게 된다면 세도에 끼칠 피해가 필시 오늘날의 불순한 학문보다 더 심하게 될 것이다. 이것이 바로 주자朱子가 《대학大學》의 서문에서, 시나 문장을 기억하고 암송하는 것과 허무하고 적멸한 것 이외에 따로 권모술수라고 하는 한 가지가 더 있다고 한 그것인 것이다.

　어려서 공부하는 자가 가까이 부모를 섬기는 일이나 멀리 임금을 섬기는 일에 대한 진정한 도리에는 관심이 없는 데다 경서는 읽지 않고 다른 책을 먼저 읽으니, 평소 마음속에 주객主客과 내외內外의 구분이 이미 분명하지 않게 된다. 그러므로 불순한 학설이 이와 같이 쉽게 들어가게 되고, 결국에는 명교名敎까지 내던져 버리고야 마는 것이다.

　우리 나라의 문장을 가지고 말하더라도, 최항崔恒이나 서거정徐居正 등의 평이하고 질박한 글을 근래에는 글로 보지를 않는다. 그들이 일삼는 것은 명나라 말기와 청나라 초기의, 경학을 벗어난 올바르지 못한 글들이다.

　명나라 문장의 폐단은 이루 말할 수가 없다. 일전에 우연히 정초鄭樵의 《통지通志》를 보았는데, 반고班固의 문장을 깊이 배척한 것이 바로 내 생각과 꼭 일치하였다. 반고와 사마천의 문장은 예로부터 아울러 일컬어지고 있지만, 나는 곽광이나 조 황후 등의 열전列傳 따위가 벌써 소품小品의 뿌리가 되고 있다고 생각한다. 이것 또한 육예를 벗어난 것이라고 해야 할 것이다."

하였다.

【원전】 47집 192면
【분류】 *왕실-경연經筵 / *왕실-종시宗社 / *사법司法 / *정론政論 / *역사-고사故事 / *사상-서학西學 / *사상-유학儒學

보리 한국사 2
문체반정, 나는 이렇게 본다

2012년 9월 25일 1판 1쇄 펴냄

글쓴이 | 김용심

책임 편집 | 김용심
편집 | 김성재, 김용란, 홍석주
디자인 | 장소연
제작 | 심준엽
영업 | 김가연, 박꽃님, 백봉현, 윤정하, 이옥한, 조병범, 최민용
홍보 | 김누리
콘텐츠 사업 | 위희진
경영 지원 | 안명선, 유이분, 전범준, 한선희
인쇄와 제판 | (주)로얄프로세스
제본 | 과성제책

펴낸이 | 윤구병
펴낸곳 | (주)도서출판 보리
출판등록 | 1991년 8월 6일 제9-279호
주소 | (413-756) 경기도 파주시 직지길 492
전화 | (031) 955-3535
전송 | (031) 950-9501
누리집 | www.boribook.com
전자우편 | bori@boribook.com

ⓒ 김용심, 2012

이 책의 내용을 쓰고자 할 때는, 저작권자와 출판사의 허락을 받아야 합니다.
잘못된 책은 바꾸어 드립니다.

값 15,000원
ISBN 978-89-8428-762-4 04910
     978-89-8428-742-6 04910 (세트)

보리는 나무 한 그루를 베어 낼 가치가 있는지 생각하며 책을 만듭니다.

이 책의 국립중앙도서관 출판시도서목록(CIP)은 e-CIP(http://www.nl.go.kr/ecip)와
국가자료공동목록시스템(http://www.nl.go.kr/kolisnet)에서 이용하실 수 있습니다.
(CIP제어번호: 2012004232)